光の手 上

HANDS OF LIGHT

by Barbara Ann Brennan

バーバラ・アン・ブレナン

菅靖彦 訳

河出書房新社

目次

目次（下巻）

愛は、宇宙の根本原理であり、私たちの存在のコア（核）である。愛は、宇宙の営みを支える絆であり、それなくして私たちは生きていけない。愛とは、万物と一体であるという経験であり、普遍的な神性とつながっているという実感だ。

すべての苦しみは、分離の幻想によって生み出される。分離の幻想が恐怖と自己嫌悪を生み、最終的に病を引き起こすのだ。

あなたは自分の人生の主人である。あなたの中には、自分が思っている以上の能力が眠っている。「不治の病」さえ自力で治せるのである。

肉体は死を免れないが、人間は決して「不治」ではない。なぜなら、死は単に別のレベルの存在への移行にすぎないからだ。

私はあなたに勧めたい。ありきたりの人生の「枠」からはみ出して、自分自身を違った目で見るようになることを。時代の最先端で生き、刻一刻と新しい人生に生まれ変わってもらいたいのだ。

あなたが真の自分に目覚めるお手伝いをする、それが私の望みである。

序文

私たちは今、新しい世紀に突入している。「天と地の間には、私たちがいまだ知りえない未知の領域が横たわっている」と語ったのは、シェイクスピアだった。本書は、従来の医学の常識を超えた身体や心のプロセスを理解しようとしている人たちを扱っており、心身の相関性に着目する癒しの技術に焦点を当てている。心身相関性の概念を開拓し、発展させたのは、ヴィルヘルム・ライヒ、ウォルター・キャノン、フランツ・アレクサンダー、フランダース・ダンバー、H・バーとF・ノースロップといった先駆者やその他多くの心身医学の研究者たちである。本書はその理解を一層深める新たな次元を切り開くものだ。

内容には、生体エルギーフィールド（Human Energy Field：HEF）やオーラの科学的研究の歴史、実際のヒーリング体験が含まれている。本書の独自性は、精神力学を生体エネルギーフィールドに結びつけ、性格の働きとエネルギーフィールドの変化の関わりを説明している点にある。

本書の後半部分は、オーラのエネルギー障害に結びつけられる形而上的な概念に基づいて、病気の原因を明らかにしている。ヒーラーと被験者に関する霊的なヒーリングの性質についても説明している。

本書は、物理学者兼心理療法家として科学的なトレーニングを受けた著者の主観的な経験から書き起こされている。客観的知識と主観的経験の融合が、客観的知識の制約を超えて意識を拡大させる素晴らしい方法を生み出したのだ。

そのようなアプローチを積極的に取り入れようとしている人たちにとって、本書は、学び、経験し、実験するための、きわめて豊富な材料を提供してくれるだろう。かたくなに異議を唱える人たちには、「論理的で客観的な科学的実験手法を超えたこの新しい物の見方に可能性がないのだろうか？」という問いかけに耳を傾けてほしい。

肉体のレベルを超えた超自然的な生命の現象に興味を抱いている人たちに、本書を強く勧めたい。本書は長年の献身的な努力の賜物《たまもの》であり、著者のパーソナリティの進化と、特別な癒しの才能がどのように発達するかを表している。読者は驚異に満ちた素晴らしいスピリチュアルな世界を探検することになるだろう。

科学者としての主観的経験と客観的経験をあますところなく世界に明らかにしてくれたブレナン女史の勇気を称えたい。

ジョン・ピエラコス医師
コアエナジェティクス協会
ニューヨーク市

光の手（上）

本書を、真の故郷への帰途についているすべての旅人に捧げる。

第一部　エネルギーの惑星で暮らす

「宇宙的な宗教的感情が、科学的な研究のもっとも強力な気高い誘因であると信じている」
——アルバート・アインシュタイン

第1章　ヒーリング体験

　私は長年ヒーラーとして活動してきたが、その間に、たくさんの素晴らしい人たちの治療に取り組む幸運に恵まれてきた。ヒーラーとしての日々の生活を充実させてくれたそれらの人々の何人かを、ヒーリングの体験を交えて紹介したい。

　私がヒーラーとしての活動を始めたのは一九八四年一〇月のある日のことで、最初のクライアントはジェニーという名の二〇代後半の女性だった。ジェニーは背丈一六五センチほどで、大きな青い瞳と黒髪の活発な教師だった。友人たちの間では、ラベンダー・レディーとして知られていた。というのも、ラベンダーが大好きで、いつもラベンダーをどこかに身に着けていたからだ。パートタイムでフラワーショップの手伝いもしており、結婚式やその他のお祝い事があるときには、この上なく美しい豪華なフラワーアレンジメントをしていた。当時、彼女は成功した広告業の男性と結婚し、数年経《た》っていた。数ヶ月前に流産し、再び妊娠できずにいた。なぜ妊娠できないのかを知りたくて、かかりつけの医師のところに行くと、悪い報告を受けた。多くの検査をし、数人の他の医師の意見も聞いたところ、できるだけ早く子宮摘出手術をするべきだという見解で医師たちは一致した。子宮内の胎盤が付着する箇所に異常な細胞が見られたのだ。ジェニーはおびえ、ひどく動揺した。彼女と夫はお金の心配がなくなるまで、家族を作るのを待っていたのだが、その計画がだいなしになったような気がした。

その年の八月に、ジェニーが初めて私のところにやってきたとき、自分の治療歴について一言も語らなかった。「あなたの助けが必要です。私の身体に何が見えるか教えてください。大切な決断をする必要があるんです」とだけ言った。

ヒーリングセッションにおいて私は、「超感覚的知覚（High Sense Perception：ＨＳＰ）」を用いて彼女のエネルギーフィールド（オーラ）をくまなく走査し、子宮内の左側の下の部分に異常な細胞があるのを「見た」。と同時に、流産した周囲の状況も「見えた」。異常な細胞は胎盤が付着している箇所に位置していた。私はまた、ジェニーの状態やそれにどう対処すべきかを説明する言葉も「聞いた」。それは、一ヶ月の休暇をとって海辺に行き、特別なビタミンを摂取し、決められた食事をし、毎日、瞑想し、一日に少なくとも二時間、一人で過ごす必要があるという声だった。その声は癒しのひと月を過ごした後は、通常の医療の世界に戻り、再び検査を受けるようにと言った。それでヒーリングは完了し、私のところに戻ってくる必要はないとも言った。ヒーリングをしている最中、彼女の心理学的な傾向と、それがどのように自分自身を癒すのを難しくしているかについての情報も受け取った。彼女は流産したことで自分自身を責めていたのだ。その結果、自分自身に過度のストレスをかけ、流産をした後、セルフ・ヒーリング（自己治癒）力を妨げていたのである。少なくとも一ヶ月は、他の医師のところに行くべきではないと私は告げられた（それをジェニーに伝えるのが一番辛かった）。なぜなら、異なった診断や、子宮摘出手術を受けなければならないというプレッシャーは、ストレスを増大させるだけだからだ。心の底から子どもを欲していたので、彼女は傷ついていたが、私の診療所を去るときには幾分ホッとした様子で、ヒーリングセッションの期間中に起こったことをすべて考えてみますと言った。

一〇月に再びやってきたとき、ジェニーは最初に私をハグし、私に感謝する優しい詩を贈ってくれた。彼女の医学検査は正常だった。彼女は八月を、ファイヤー島で友人の子どもたちの世話をして過ごした。きちんとしたダイエットを守り、ビタミンを摂取し、多くの時間を、一人で自己治癒力を高めるエクササイズをして過ごしていた。彼女はあと数ヶ月待って、再び子作りに挑戦する決心を固めていた。一年後、ジェニーが元気な男の子を産んだことを知らされた。

一〇月に私が扱った二番目のクライアントはハワードだった。ハワードは以前、私が扱ったことがあるメアリーの父親である。メアリーはステージ3の子宮頸癌症状（前癌症状）をもっていたが、およそ六ヶ月のヒーリングで症状は消えていた。この数年の子宮頸癌検査でも正常と診断されている。看護師であるメアリーは、看護組織を立ち上げ、看護師たちに最新のトレーニングを提供するだけではなく、フィラデルフィア地域の病院に看護師を派遣している。彼女は私の仕事にも興味をもち、定期的にクライアントを紹介してくれている。

ハワードは数ヶ月、私のところに通っていた。彼は肉体労働者だったが、すでに退職していた。治療するのが楽しい人物だったが、初めて私のところにやってきたとき、彼は青ざめた顔をし、絶えず心臓に痛みを抱えていた。部屋の隅から隅まで歩くのさえ、疲れて辛そうだった。最初のヒーリングで、顔色が紅潮し、痛みが消え去った。一週間に一度のヒーリングセッションを二ヶ月続けると、再びダンスを踊れるようになった。私はメアリーと協力して、患部に手を当てるヒーリングと、自然医療の専門医によって処方された動脈壁にへばりついた脂肪性沈着物を除去するための薬草療法とを組み合わせた。その日、私は彼のエネルギーフィールドを調整し、強化し続けた。彼が改善していることは担当医にも友人たちにも明白だった。

その日見たもう一人のクライアントはエドだった。彼が初めて私のところにやってきたのは、手首の治療のためだった。腕と手首の関節が、どんどん弱くなっていく症状が見られたのだ。セックスの際にオルガスムに達したときも痛みを伴っていた。しばらく前から彼は背中を患っており、今では、病状が進んで、数枚の皿でさえもてない有様だった。最初のヒーリングのセッションで、彼が一二歳の頃、尾てい骨を痛めるのを、オーリックフィールド（オーラのフィールド）を通して「見た」。怪我をした当時、彼は、思春期に経験する膨れ上がる性的感情を処理するのに、とても苦労していた。事故によってそうした感情が薄れたため、彼はうまく対処できるようになった。

彼の尾てい骨は左側につぶれており、正常な経路で脳脊髄液を送り出すのを助ける機能を、果たせなくなっていた。そのことが、彼の全エネルギーシステムに、大きな不均衡と衰弱をもたらしていた。この衰弱のプロセスが進むと、次には、腰が悪化し、さらには、背中の中央部や上部が衰える危険があった。身体の一部で、エネルギーの流れが不足することで彼が衰弱するたび、他の部分がそれを補おうとした。彼の場合、腕の関節に多大な負担を強いるようになり、最終的に、関節は機能しなくなり、衰弱した。こうした衰弱のプロセスが数年も続いたのだ。

私はエドと数ヶ月にわたってヒーリングのセッションを行い、成果をあげた。最初に、尾てい骨の歪《ゆが》みを治し、エネルギーの流れを円滑にすることに取り組んだ。尾てい骨を再調整し、彼のシステムを流れるエネルギーの流れを増大させ、バランスを取ったのだ。すると、少しずつ、彼は元の力を取り戻した。その日の午後、残っていた唯一の症状は、左の手首の多少の弱々しさだけだった。けれども私は、それに注目する前に、再び全エネルギーフィールドのバランスを取り、強化した。その後、時間をかけて、ヒーリングのエネルギーを彼の手首に流れ込ませた。

その日の最後のクライアントは、有名な外科医の妻でアーティストのムリエルだった。三度目の訪問で、三週間前に初めて私の診療所にやってきたとき、甲状腺肥大を患っていた。最初の訪問のとき、私は再び超感覚的知覚を用いて、ムリエルの状態についての情報を集めた。肥大化した甲状腺は癌のせいではないこと、二度のヒーリングセッションと、担当医が彼女のために処方した薬を組み合わせれば、正常に戻るだろうということがわかった。

私の見立てでは、手術の必要は一切なかった。彼女はすでに何人かの医師を訪問し、甲状腺を縮小させるための薬を与えられていた。医師たちは、薬はある程度甲状腺を縮小させるだろうが、依然として手術の必要があり、もしかしたら癌である可能性もあると語っていた。手術は私たちの二度目のアポイントメントの一週間後に予定されていた。そこで私は一週間の間隔を空けて二度ヒーリングを行った。彼女が手術を受けにいく頃までには、手術の必要性がなくなっていた。医師たちは大変驚いた。その日彼女は、すべてが正常に戻ったかどうかを確認するために、私のところに戻ってきた。すべてが正常だった。

一見、奇跡的に見えるこのような出来事はどのようにして起こるのだろうか？　私はこれらの人々を助けるために何をしているのだろう？　私が用いている療法は、手当て療法、もしくは進行療法や心霊療法などと呼ばれている。決して神秘的なものではない。多くの場合きわめて複雑だが、すこぶる直接的な手法である。それは、私たちめいめいの周囲に存在する「生体エネルギーフィールド」と私が呼んでいるエネルギーフィールドのバランスを取る処置法である。誰でも肉体を取り巻き、内部にまで浸透しているエネルギーフィールド（オーラ）をもっている。このエネルギーフィールドは健康と密接に関わっている。超感覚的知覚は通常の人間の知覚では捉えられない物事を感知する方法である。それを用いれば、普通は知覚できない物事を、見たり、聞いたり、匂いを嗅いだり、味わったり、触れたりすることができる。それは、通常の視覚を用いないで、心の中に現れる映像を通して「見る」方法であるが、想像ではない。ときに透視として言及されることもある超感覚的知覚は、あらゆる物質を取り巻き、浸透する生命エネルギーのフィールド（一般的な意味でのエネルギーフィールド）と相互作用するダイナミックな流動的世界を明らかにする。私は人生の大半を、私たちが存在する、生きているエネルギーの海とダンスをしながら過ごしてきた。そして、エネルギーが私たちを支え、養い、私たちに命を与えてくれていることを発見してきた。エネルギーによって私たちはお互いに知り合う。私たちはエネルギーの一部であり、エネルギーは私たちの一部なのだ。

私が初めて人々を取り巻くエネルギーフィールドに気づいたのはいつか、とクライアントや生徒は尋ねる。それが役に立つツールであることに初めて気づいたのはいつだっただろう？　通常の人間の五感では捉えられないものを知覚できる能力をもつのはどのような感じだろう？　私には特別な才能があるのだろうか？　それは習得できるのだろうか？　できるとすれば、自分の知覚の範囲を広げるためにどんなことをすればいいのだろう？　そのような能力は自分の人生にとってどのような価値があるのだろう？　こうした疑問に答えるためには、出発点に戻らなければならない。

私の幼少期は、とてもシンプルな生活だった。私はウィスコンシン州のある農場で育った。その界隈にはあまり遊び仲間がいなかったので、多くの時間を一人で過ごした。何時間も森の中で一人で過ごしたものだった。じっと座り、小動物が近づいてくるのを待っていたのだ。私は風景に溶け込む訓練をした。沈黙や待つ時間の意義を理解し始めたのは、ずっと後のことだった。森の中でのそうした静寂の瞬間、私は拡大した意識状態に入り込み、通常の人間の経験領域を超えた物事を知覚できた。目で見なくても、小動物がどこにいるかわかったのを覚えている。その様子を感じることもできた。森の中を目隠しして歩く練習をしていたときには、手で樹木に触れるずっと前に樹木の存在を感じたものだった。樹木が目に見えるよりも大きいことにも気づいた。樹木は周囲に生命エネルギーのフィールドをもっており、私はそのフィールドを感じていたのだ。後に、樹木や小動物のエネルギーフィールドを見る方法を学んだ。すべてのものが周囲にロウソクの光に似たエネルギーフィールドをもっていることを私は発見した。すべてのものがそうしたエネルギーフィールドによってつながれていることや、エネルギーフィールドがなければいかなる空間も存在しないことにも気づき始めた。私を含め、すべてのものはエネルギーの海の中で暮らしていた。

これは私にとって刺激的な発見ではなかった。木の枝でどんぐりを食べるリスを見るのと同じぐらい自然な経験にすぎなかった。こうした経験を、世界がどのように動いているかの理論と結びつけたことはなかった。すべてをまったく自然なこととして受け入れ、誰もが知っていることだと思い、忘れてしまった。

思春期になると、森に出かけるのをやめた。代わりに、物事がどのように働くかや、なぜ今のようになっているのかに興味を抱き始めた。私は秩序を見出し、世界がどのように動いているのかを知りたいという探求心に駆られ、あらゆることに疑問を抱いた。私は大学に行き、大気物理学の修士号を取得した後、NASAに勤め、何年間も研究を行った。その後、カウンセラーの訓練を受け、カウンセラーとなった。子どもの頃の森の中での経験を思い出したのは、何年間もカウンセリングをやり、人々の頭部の周りに色を見始めてからだった。その後、当時の経験が私の超感覚的知覚ないし透視能力の目覚めだったことに気づいた。それらの楽しい秘密の幼少期の経験が、最終的に、重い病の診断とヒーリングに導いてくれたのだ。

振り返ると、誕生から始まる私の能力の発達のパターンを見ることができる。あたかも私の人生が何らかの目に見えない手によって導かれ、一歩一歩経験を積みながら、ここまで連れてこられたかのようだった。

森での経験は私の知覚を広げるのを助けた。大学でのトレーニングは、私の論理的思考を育むのを助けた。カウンセリングのトレーニングは、人間性に対する目とハートを開かせてくれた。最後に、私の霊的なトレーニング（後に詳しく述べることになるだろう）は、私の非日常的な経験に十分な信憑性を与え、それらを「現実」として受け入れることを可能にした。その後、これらの経験を理解するための理論的枠組みを作り始めた。徐々に、超感覚的知覚と生体エネルギーフィールドが、私の人生の欠くことのできない部分になっていった。

それらはどんな人の人生でも欠かせない一部にもなりうると私は確信する。超感覚的知覚を開発するには、拡大された意識状態に入る必要がある。その方法はたくさんあるが、もっともよく知られているのは瞑想である。自分に合った方法を見出すことが大切である。下巻で推奨できるいくつかの瞑想法を紹介しているので、そこから選んでもいいだろう。

ジョギングやウォーキング、フィッシングでも拡大された意識状態に入ることができることを私は発見した。さらに、砂漠に座る、波が岸に打ち寄せるのを見ている、あるいは、私が子どものときにやっていたように森の中に座るといったことでも可能である。それを瞑想、幻想、その他何と呼ぼうとかまわない、あなたがすでにやっているのはどんな方法だろう？　ここでもっとも大切なことは、自分自身の内なる声を聞く時間をもつことだ。何をしなければならないとか、どうしたらその議論に勝てるかとか、何をすべきだっただろうとか、何が間違っているのだろうといったことについて絶え間なくおしゃべりする騒々しい心を沈黙させる時間である。絶え間ないおしゃべりのスイッチを切ると、まったく新しい調和のとれた現実世界があなたの前に開かれる。私が森の中でそうだったように、あなたは周囲に溶け込み始める。同時に、あなたの個性は失われるのではなく、高められる。

周囲に溶け込むプロセスは、拡大した意識の経験を説明するもう一つの方法である。たとえば、もう一度ロウソクとその炎を思い浮かべてもらいたい。普通、私たちは自分を、意識（炎）をもった肉体

（ロウと芯）〉とみなす。変性意識（拡大した意識）に入ると、自分自身を、炎からくる光としても知覚する。光はどこで始まり、炎はどこで終わるのだろう？　そこには境界線があるように思えるが、仔細に見てみると、はっきりとした境界線はわからない。炎は完璧に光によって貫かれている。ロウソク（エネルギーの海）からくるのではない室内の光が炎に浸透しているのだろうか？　室内の光はどこで始まり、ロウソクの光はどこで終わるのだろう？　物理学によれば、ロウソクの光に境界はない。それは無限にまで届いている。では、私たちの究極の境界はどこにあるのだろう？　拡大した意識によって引き起こされる私の超感覚的知覚での経験では、境界など存在しない。自分の意識が拡大すればするほど、私の超感覚的知覚も広がり、すでに存在しているけれども、以前は私の知覚の範囲の外にあった現実が見えるようになる。超感覚的知覚が広がると、より多くの現実が見えるようになるのだ。最初は、私も、物の周囲の粗いエネルギーフィールドだけしか見えなかった。それは皮膚から二・五センチぐらいしか離れていなかった。熟達すると、フィールドが皮膚からさらに遠くまで広がっているのを見ることができた。それは、明らかにより微細なフィールド、あるいはさほど強烈ではない光のフィールドだった。境界線を見つけたと思うたびに、後日、その線を越えていると感じた。その線はどこにあるのだろう？　存在するのは光の層だけだと言った方が簡単だという結論に至った。炎の層、次に炎の光の層、そして部屋の光の層という具合に。一つ一つの線は見分けるのは困難である。それぞれの層を知覚するには、より拡大した意識の状態や、より微細に調整した超感覚的知覚が必要となる。あなたの意識状態が拡大すると、以前、ぼんやりとした明るさとして見えていた光が、より鮮明に見えるようになるのだ。

年月をかけて超感覚的知覚を徐々に発達させながら、観察結果を積み上げていった。こうした観察の大半は、カウンセラーとして活動していた一五年の間に行われたものである。元々、物理学で訓練を受けた私は、人々の身体の周囲にエネルギー現象を「見」始めたとき、どちらかと言うと懐疑的だった。

けれども、目を閉じてその現象を消そうとしても、また、部屋の中を歩き回っても、その現象が続いたので、もっと緻密に観察し始めた。そのようにして、私の個人的な旅は始まった。それは、以前には存在することを知らなかった世界に私を導き、現実や人々、宇宙そのものや宇宙との関係についての認識を完全に変えてしまった。

エネルギーフィールドが人々の健康や安寧《あんねい》に密接に関わっていることがわかった。不健康になると、当人のエネルギーフィールドに、不安定なエネルギーの流れや、流れが止まり黒ずんだ色に見えるエネルギーの淀みとして示される。対照的に、健康な人は、安定したフィールドを滑らかに流れる明るい色として示される。これらの色や形はそれぞれの病によって異なる。超感覚的知覚は医療や心理カウンセリングにとってきわめて貴重である。私は超感覚的知覚を用いることによって、身体と心の問題両方の診断と、それらの問題を解決する方法を見つけられるようになった。

超感覚的知覚を用いれば、心身相関的な病のメカニズムが、あなたの目の前に示される。超感覚的知覚は、ほとんどの病がエネルギーフィールドで始まり、時間の経過と共に習慣によって身体に伝達され、重い病になるプロセスを明らかにする。多くの場合、このプロセスの源や最初の原因は、心身のトラウマに関連している。超感覚的知覚は病がどのようにして始まるかを明らかにするので、病になるプロセスを逆転させる方法も明らかになる。

私はフィールドを見る方法を学ぶ過程で、目に見えるものと同じように、エネルギーフィールドと意識的に相互作用する方法も学んだ。自分自身のフィールドを操作することで、他人のエネルギーフィールドと交流することもできた。すぐに私は、不健康なエネルギーフィールドのバランスを調整し、健康な状態に戻す方法を学んだ。さらに、クライアントの病の源についての情報を自分が受け取っていることに気づいた。この情報は、私より高次の知性体からもたらされているように思えた。このようにして情報を受け取るプロセスは一般に「チャネリング」と呼ばれる。チャネリングされる情報は、クライアントのエネルギーフィールドのバランスを調整しているときに私の心に入ってくる言葉や概念、象徴的な映像などの形でやってくる。その最中、私は常に変性意識の状態に入っている。私は、超感覚的知覚（すなわちチャネリングや透視）を用いる方法を組み合わせることで、情報を受け取ることに上達していった。心の中の象徴的な映像、一つの概念や直接的な言葉のメッセージなど、どんな形で受け取ろうと、それをエネルギーフィールドで見たものと関連づけた。たとえば、あるケースでは、「彼女は癌だ」というメッセージを直接聞き、彼女のエネルギーフィールドに黒い点を見た。その黒点は大きさ、形、位置に関し、後に行われたCATスキャン（コンピュータX線体軸断層撮影法）の結果と一致していた。超感覚的知覚とチャネリングの組み合わせは非常に有効で、クライアントの状態をきわめて正確に知ることができた。私はまた、治療期間中にクライアントが取るべき自己治癒力を高めるための行動についての情報も受け取った。このプロセスは普通、病の重さに応じて数週間から数ヶ月続く一連のヒーリングセッションを伴っている。ヒーリングセッションは、エネルギーフィールドのバランス調整、生活習慣の改善、病の引き金になったトラウマへの対処などを含んでいる。

病のより深い意味を考えるのは重要である。病気が自分にとってどんな意味をもっているか自問する必要がある。この病気から何を学べるか？　病気は、身体からのあなたへのメッセージにほかならない。「ちょっと待て。何かが間違っている。お前は自分の内なる声を聞いていない。自分にとってとても大切な何かをないがしろにしているのだ。それは何だろう？」心理的なレベルのものであれ、感情的レベルのものであれ、認識や生き方の変化によるものであれ、病の原因をこのようにして探るべきである。健康の回復は、医師によって処方された薬をただ単に飲めばいいということではなく、個人的な努力と変化を要する。当人が変わらなければ、最終的に、最初に病を引き起こした原因にあなたを連れ戻す別の問題が生み出されるだろう。私は、ソース（原因）が鍵であることを発見した。原因に対処するためには、最終的に、本人のコア（核）に結びついた私生活に導く生活の変化が必要である。そうすれば、ときに、ハイアーセルフとか内なる神のひらめきと呼ばれる私たちのより深い部分に導かれるだろう。

第2章　本書の使い方

本書は主として、自分を深く知ることや、未知の自分を発見することに興味をもつ人、現在［本書の最初の出版は一九八七年］アメリカに広まりつつある新しいヒーリングのメソッドである手当てによるヒーリングの技術に興味を抱いている人たちのために書かれている。人間のオーラとヒーリングのプロセスの関係について心身両面から深く掘り下げた研究を提示している。健康や成長に向けての包括的な人生観がここにはある。健康管理のプロ、セラピスト、聖職者に加えて、身体的、心理的、霊的な健康を志すすべての人たちに手に取ってもらいたい。

もしあなたがセルフ・ヒーリング（自己治癒）の手法を学びたいと思っているなら、本書はよい刺激になるだろう。なぜなら、第1章で述べたように、自己治癒とは自己変容を意味するからだ。心理的、身体的を問わず、どのような病も、あなたを自己探求と発見の旅に導き、あなたの人生を内側から根本的に変える。本書は、自己治癒や他人のヒーリングにおけるそうした旅の手引書である。

プロのヒーラーにとっては、どのような健康管理の分野でトレーニングしたとしても、本書は長い年月、いつでも参考文献として使えるだろう。生徒にとっては、経験を積んだヒーラーの監督下で、クラスで用いられる教科書となる。各章の終わりに質問があるので、ヒーリングを習っている生徒は、本文を読み返さずにそれらの質問に答えることにチャレンジしてもらいたい。そのためには、テキストをしっかり学び、テキストに含まれているエクササイズを実践してみる必要がある。これらのエクササイズは、ヒーリングや「見る」テクニックだけではなく、自己治癒や自己鍛錬にも焦点を当てている。あなたの人生のバランスを取り、心を鎮めて知覚の能力を広げることを目指しているのだ。本書はヒーリングのクラスの代用品ではない。クラスの中で、あるいはヒーリングのクラスの予習として用いられるべきものだ。エネルギーフィールドを知覚し、それを用いてヒーリングを行う方法を学ぶことに上達するまでに必要となる努力の量を見くびってはならない。直接手当てによるヒーリングを経験し、教師の資格をもつヒーラーに検証してもらわなければならない。生体エネルギーフィールドを知覚するには、研究や実践だけではなく、人間としての成長も欠かせない。そのためには、内的変化を通して感受性を高め、内部のノイズと、心を黙らせることによってしか知覚できない微細な情報とを区別できるようにならなければならない。

一方、もしあなたがすでに通常の知覚の範囲を超えて微細な情報を知覚し始めているなら、本書はそのような経験を確認する手引書として使うことができる。それぞれの人の経験は独自なものだが、知覚を拡大する（チャンネルを開くとよく言われる）過程にあるとき、人々が味わう共通の経験がある。それを知れば、自分が歩んでいる道が間違っていないと確信できるだろう。あなたは決して気が変になってはいない。あなたの他にも、「どこからともなく」聞こえてくる音を聞いたり、存在しない光を見たりしている人がいるかもしれない。すべては、おそらく尋常ではないが、きわめて自然な形で人生に起こり始めている素晴らしい変化である。

今日、多くの人が、通常の五感を超えて、超感覚的なレベルに達していることを示す豊富な証拠がある。ほとんどの人は、気づいていようがいまいが、ある程度の超感覚的知覚をもっている。熱心に努力して学習すれば、さらにそうした能力を高めることができる。すでに意識の変容が起こっており、より多くの人々が新しい感覚を発達させて、より高い周波数で情報を受け取っている可能性がある。私がまさにそうだった。ということは、あなたにも起こりうるということだ。私の場合、変化はゆっくりとしたきわめて有機的なプロセスで、私を新しい世界に導き、私の個人的なリアリティをほとんど全部変えてしまった。超感覚的知覚を発達させるこのプロセスは、人類の自然な進化のステップであり、私たちを次なる進化の段階に導くものだと信じている。そこでは、新たに獲得した能力ゆえに、他人に対して心の底から正直にならざるをえなくなるだろう。感情やプライベートな事情を、他人に隠せなくなるからだ。それらはエネルギーフィールドを通して自動的に伝達される。誰もがこの情報を知覚する術《すべ》を学べば、私たちは今よりも隠し立てなくお互いを知り、理解し合えるようになるだろう。

たとえば、誰かが非常に怒っているとき、あなたにはそれがわかるかもしれない。それは簡単なことだ。超感覚的知覚を使えば、怒っている人間の周囲に赤い靄《もや》を見ることができるだろう。その人物の心の奥で何が起こっているかを見出すために、現時点での怒りの原因だけではなく、幼児体験や親との関係にも焦点を当てることができる。赤い靄の下には、深い悲しみを伝える灰色の分厚い流動物質が見えるだろう。灰色の物質の本質に意識を集中すれば、根の深い痛みを引き起こした幼少期の場面を見ることができるかもしれない。その怒りが身体にどのような害を及ぼしているかも見えるかもしれない。その人物が特定の状況に対して怒りをもって反応する癖があることも見えるだろう。その状況を解決に導くために解き放つべきもっと有効な感情は、おそらく泣くことである。超感覚的知覚を用いれば、当人を落ち着かせる言葉を見つけて、より深いリアリティに波長を合わせて解決策を見出すのを助けることができるだろう。けれども、怒りの表現こそが、その状況を癒すためにまさに必要なものだというケースもある。

一度こうした経験をすると、何事も同じままではいられないことがわかる。私たちの人生は予期せぬ仕方で変わり始める。私たちは原因と結果の関係を理解する。自分の思考がエネルギーフィールドに影響を及ぼし、それが身体や健康に影響を及ぼすことがわかるのだ。私たちはこのフィールドを通して、自分自身の現実の経験を生み出していることに気づく。私たちの創造は生体エネルギーフィールドという媒体を通して起こっている。そのフィールドは、どうすれば現実を創造する手助けができるか、どうすれば現実を私たちの選択に沿って変えることができるかを知る鍵になる。また、深層の存在に到達する道を見出す媒体となる。つまり、私たちの魂や内的な私生活、そして、私たち一人一人の中にある神のひらめきへの橋渡しをしてくれるのだ。

これから超感覚的知覚の世界を通して、あなたを生体エネルギーフィールドの世界へと案内するので、自分は何者かというあなたの固定観念を手放してもらいたい。あなたの行動や信念システムがあなたの現実をどのようにしてよい方に、または悪い方に影響し、あなたの現実を生み出しているかがわかるだろう。一旦、それがわかれば、好ましくない状況を変え、生活の好ましい点を一層高める力を自分がもっていることに気づくはずだ。それには、多大な勇気と個人的な探求、多くの作業と正直さが必要となる。楽な道ではないが、紛れもなく価値のある道である。本書は、その道を示している。あなたは、健康とどう関わるかだけではなく、現在のあなたの人生を含む、過去のすべての人生や宇宙との関わり方についての新しいパラダイムを知ることになるだろう。この新しい関係を経験するために、必要な時間を確保してもらいたい。あなた自身が、宇宙へと拡大するロウソクの光になってもらいたいのだ。

私は本書を、いくつかのセクションに分け、主に生体エネルギーフィールドについての情報や、そのフィールドとあなたとの関係に焦点を当てている。最初のパートは、あなたの人生のオーリック（オーラの）フィールドを扱っている。長い間、神秘家によって報告されてきたこの現象は、あなたとどのように関わっているのだろう？　あなたの生活のどこに当てはまるのだろう？　役に立つとしたら、どんな役に立つのだろう？　症例研究のデータは、この現象の知識が私たちの現実の様相を一変させる力をもっていることを示してきた。たとえば、ジェニーは出産する前に、十分な時間を取って自分の身体を癒しておく必要があると思った。そうやって自分の健康や人生を自分自身の手中に収め、不幸になったかもしれない未来を、自分好みの幸せな未来に変えたのである。この種の知識は、私たち全員をよりよい世界に導く可能性がある。深い理解から生まれる愛の世界、敵と思い込んでいた人たちが理解し合い友人となる兄弟姉妹の世界だ。

第二部は、エネルギーフィールドの現象をもっと具体的に取り上げる。ここでは、歴史や理論科学、実験科学の観点からその現象を説明する。その後、文献から得た他者の結論と私自身の観察結果を混ぜ合わせ、私自身の生体エネルギーフィールドの見解を展開する。それは、心理学的なワークとスピリチュアルなヒーリングの両方で使える生体エネルギーフィールドのモデルである。

第三部は、生体エネルギーフィールドと精神力学との関係について私が発見したことを紹介する。あなたは心理療法や、過去に自分の心がたどってきた道に興味がないかもしれないが、自己発見という面で、このパートがきわめて啓発的であることを見出すだろう。このパートは、何があなたに行動を起こさせるかだけではなく、あなたがどのように行動を起こすかを理解するのを助けてくれる。第三部の情報は、通常の心理学や身体心理療法の境界を超える広い視野に立った人間の見方や、私たちのエネルギーやスピリチュアルな側面に興味をもっている人たちにとってとても有益である。ここでは、生体エネルギーフィールドの現象を実践的な精神力学に統合するための、具体的な参照の枠組みを提供する。また、カウンセリングをしている最中の生体エネルギーフィールドの変化の図が示されている。これらの章は、自己発見に興味をもっている人たちを新たな境地に導いてくれるだろう。日々の生活において相互作用しているエネルギーフィールドの真実が、より深い新しい意味を帯びるようになるからだ。第三部を読めば、愛する人や子どもたち、友人との関係で、エネルギーフィールドの力学を活用する実践的な方法が見つかるだろう。さらに、会社内で一緒に働いている人たちとの相互作用で何が起こっているかを、もっと深く理解するのを助けてくれるだろう。第三部の一部は非常に専門的なので、一般読者はいくつかの章（第11章、第12章、第13章）を飛ばして読みたくなるかもしれない。後に、生体エネルギーフィールドの働きについてもっと具体的に知りたくなったら、これらの章に戻ればいいだろう。

第四部は私たちの知覚可能な範囲を広げるすべての問題を取り上げる。私たちが暮らす社会を改革するという観点に立ったとき、知覚を拡大することが、個人的なレベルや実践的なレベルで、さらにはもっと広いレベルで何を意味するかを考える。ここでは、知覚を広げられるエリアや、各エリアで実際に知覚を広げた経験とそのやり方について、明確に説明している。私たちが一つの集団として、こうした知覚の変革を進めていくとき、それが人類にとってどんな意味をもつかというスケールの大きい問題を論じる理論的枠組みも提供する。このような変化は個人としての私たちに影響を及ぼすだけではなく、私たちが慣れ親しんでいる人間の生活すべての構造を変えてしまうだろう。

第五部はスピリチュアル・ヒーリングのプロセスを説明する。私がスピリチュアル・ヒーリングと呼ぶのは、それが常に、私たちが生まれながらにもっている霊性とつながっているからだ。第五部では、ヒーリングの経験やテクニックを紹介し、生体エネルギーフィールドとの関係を解説する。ヒーリングの最中のオーリック（オーラの）フィールドの変化を描いた図も含まれていて、生体エネルギーフィールドのさまざまな層でのヒーリングのテクニックを鮮明に描き出している。第五部は、第四部で与えられる拡大された知覚についての情報とヒーリングとを組み合わせ、ヒーラーが自分や他者のヒーリングのプロセスをきわめて効果的に開始できるようにした。

これらのテクニックの大半は簡単には習得できない。専門のクラスで学ばなければならないだろう。このような特殊なテクニックの文章による説明は、生徒がその素材を頭で理解するのを助けてくれても、テクニックを教えるところまではいかない。ヒーリングに上達するためには、ヒーリングのやり方を知っている人から個人指導を受けなければならない。あなたの経験を、資格をもったヒーラーに確認してもらうことがとても大切なのだ。プロのヒーラーになるには、実践を伴う個人授業で多くのトレーニングを積む必要がある。本気で望むものは誰でも、ヒーリングやチャネリングに熟達できる。どんな職業にも言えることだが、スキルを磨くためには、学習と訓練が必要である。それほど遠くない未来に、手当てによるヒーリングやチャネリングの公認のトレーニングプログラムができると確信する。もしあなたがプロのヒーラーになりたければ、優秀なヒーラーを見つけて弟子になるべきだ。

第六部では、クライアント自身がヒーリングに積極的な役割を果たしているという、デヴィッドの詳細な症例研究を紹介する。クライアントがどのようにしてヒーラーになるかをそこでは示している。その後で第六部は、実用的なセルフ・ヒーリングの手法に焦点を当て、ヒーリングを実践したい人たちのために次のステップを提示し、健康や人生のバランスを再構築する方法やそれを維持する方法を明らかにしている。ここではまたヒーラーになるための個人的な発達段階を明らかにし、健康とは何か？ ヒーラーとは何者か？ という疑問を掘り下げている。

第3章　トレーニングの注意点とガイドの育成

ヒーラーがたくさんの技術的なトレーニングを積むことは、とても重要だと思う。カウンセリングの手法、解剖学、生理学、病理学、マッサージの方法に加えて鍼《はり》治療、ホメオパシー、栄養学、薬草療法などの知識が必要となる。カウンセリングの手法は、治療にあたるヒーラー、その他の健康管理の従事者によって、ほとんどいつも手当て療法と組み合わされる。ヒーラーはさまざまな手法を組み合わせてヒーリングを完全なものにし、クライアントの治癒に関わっている人たちとコミュニケーションを図るためにも、ある程度の広範な知識をもっていなければならない。ヒーラーのチャネリングを通して、他にもいろいろな健康管理の手法が示されることもある。ヒーラーは、受け取った情報を適切に解釈するために解剖学や生理学の知識をもつ必要がある。他の医療従事者と一緒に治療にあたるときに大切なのは、クライアントが自らを癒す力をつけるのを助けることである。

私のトレーニングは、州立大学で通常の物理学の学士と大気物理学の修士を取得することから始まった。その後五年間、NASAの気象衛星を使ってリサーチをした。それから、バイオエナジェティック・カウンセリングのトレーニングを二年、マッサージ療法を一年、解剖学と生理学を二年、変性意識、特にディープ・リラクゼーションの専門的研究を二年、ホメオパシーを一年、コアエナジェティック・トレーニングを三年、パスワーク・ヘルパーシップ・トレーニングを五年行い、国中のさまざまなヒーラーたちと、個人的に、またはワークショップで数年間一緒に学んだ。私はまた、一五年以上もの間、人々の診察を通して、個人的に、あるいはグループで、彼らのエネルギーフィールドと取り組んできた。すでにカウンセラーとして活動していたので、人々がヒーリングを求めて私のところにやってくる態勢は整えられていた。人々はただ、私とのアポイントを取ればよかった。セラピーではなくヒーリングを求める人々がどんどん増えていき、カウンセリングは徐々にヒーリングの施術になっていった。最終的に、心理学的なカウンセリングの仕事は、それを専門とする人々に任せざるをえなくなった。私はヒーリングのみで人々を受け入れ始めた。

この期間、生体エネルギーフィールドを測定するためのさまざまな実験にも関わった。以上のことをすべてやり終えた後に初めて私は、ヒーリングを実践する資格を得たと感じ、ニューヨークでクラスやワークショップなどで教え始めた。

どんな職業でもプロになるのは簡単なことではないが、ヒーラーになるのは易《やさ》しいことではない。技術的なトレーニングだけではなく、精神的なトレーニングも必要なのだ。自分の性格の弱い部分を克服し、創造力を養い、心の底から願うことや意図する力を育むために、自らに課した試練を乗り越えなければならない。ヒーラーは試練が外部からもたらされると思うかもしれないが、現実はそうではない。ヒーラー自身が試練を生み出しているのだ。ヒーラーとして成長するにあたって、自分自身のエネルギーシステムの中で育んでいるエネルギーやパワー、明晰さを扱う準備ができているかどうかを確認するためである。こうしたエネルギーとパワーは、誠実さや愛をもって正直に用いなければならない。というのも、あらゆる行為には、常に原因と結果の力が働いているからだ。あなたが生み出したものは、必ずあなたに還ってくる。それが仏教で「カルマ」と呼ばれているものである。ヒーラーとしてのあなたを通して流れるエネルギーが高まると、あなたのパワーも増す。このパワーを少しでも否定的な仕方で用いると、最終的に、否定的結果として還ってくる。

そうこうしているうちに、私を導いていた目に見えない手をどんどん知覚できるようになった。最初は、ぼんやりとそれを感じただけだったが、そのうち、幻のような霊的存在が見え始めた。それから、私に語りかけてくる声が聞こえ、私に触れる手を感じ始めた。今では、自分がガイドをもっていることを受け入れている。ガイドの姿を見、その声を聞き、触れるのを感じることができるのだ。「彼」は男性でも女性でもないと言う。彼の世界では、性別など存在せず、彼の存在レベルにある存在は全体（ホール）だと言う。自分はヘヨアンだと名乗った。「何世紀にもわたって真実を囁いている風」という意味である。私への自己紹介は、ゆっくりとした自然なものだった。日々、私たちの関係の質が成長するにつれ、私は新たな理解のレベルに導かれていった。読者と共にこの冒険を続けていけば、読者にも、私とヘヨアンの関係が構築されていく過程が見えてくるだろう。ときに私は簡単にそれを暗喩と呼ぶこともある。

本書を通して、ガイダンスとその力のもっと明白な例を読者と分かち合うつもりである。ここでは、簡単なガイダンスとそれが働く仕組みを教えよう。

もっとも単純なガイダンスは不快感という形で一日何度もやってくる。もしこのガイダンスの言うことを聞き、それに従えば、滅多に病気になることはないとヘヨアンは言う。換言すれば、自分の感じる不快感に注意を向ければ、あなたはバランスを取り戻し、結果的に健康になるということだ。この不快感は、身体的な不調や痛みといった身体的な形を取る場合もある。感情的、心理的、霊的な、どんなレベルにも現れる可能性がある。あなたの人生のどの領域にも現れる可能性があるのだ。ヘヨアンは次のように尋ねる。「あなたの身体や人生のどこに不快感があるのか？　どのくらい前からそれに気づいていたのか？　それはあなたに何を語りかけているのか？　それに関してあなたは何をしてきたのか？」

こうした疑問に正直に答えれば、自分自身の健康、幸福、賢さを保つための最善のツールをいかにないがしろにしてきたかがわかるだろう。身体や人生のすべての不快感は、あなたが真の自己との調和を失っていることを告げる直接的なメッセージである。

この単純なレベルでのガイダンスに従うことは、疲れたら休息し、空腹なら食べ、身体が欲するものを、欲するときに食べることを意味する。あなたを煩わせている生活環境に気を配り、必要なら変えるということである。そうするために、どれだけうまく自分の生活を組み立てているだろう？　決して簡単ではないことがおわかりだろう。

不快感という形をとって訪れる内部のメッセージに耳を傾けることによって、自分の個人的な欲求にもっと注意を向けるようになれば、バランスが取れスッキリすると同時に、健康にもなる。耳を傾ける訓練はまた、直接的な、あるいは言葉によるガイダンスの現象を生み出す。あなたは、「内部」の声からとてもシンプルな言葉による指示を受け取り始めるかもしれない。それはあなた自身の内側から聞こえてくるが、実際には、自分を超えたところからやってくる声である。ガイダンスに従う方法を学ぶ上で重要なポイントが二つある。一つは、他人のためにガイダンスを受け取る資格を得る前に、自分自身のためにガイダンスを受け取る練習をする必要があるということ。第二に、あなたの受け取る情報や指示は、あまりにシンプルなため、最初はまったく重要ではないかのように思えるかもしれない。実際に、それに従うのはどう考えても時間の無駄なように思えるかもしれない。それには理由があることに私は気づくようになった。プロのチャネラーは、他人の人生についての大切な情報や、病気についての具体的な情報をチャネリングする際、事前に全然意味をなさない情報や無関係と思われる情報、あるいはただ単に間違った情報を受け取ることがある。そのような場合、チャネラーの理性が関与していることが多い。本物のチャネリングを通して入ってくる情報は、チャネラーの理性が理解できる範囲を超えている場合が多く、チャネラーは、受け取った情報がそのときには意味をなさないように思えても、その後に入ってくる情報に注意すべきである。すべての情報がもたらされたとき、とても有益な情報だったと理解できるようになるときがあるからだ。私は今、ヒーリングやチャネリングをしているとき、直線的ではない方法で情報を受け取ることに気づいている。時間をかけてゆっくりと生み出される理解可能な映像の方が、直線的で合理的な情報よりも多くのことを教えてくれるからだ。

注意していれば、大きなパターンからなるあなたの人生のそこかしこでガイダンスが働いていることがわかってくるだろう。ある出来事の後に、なぜもう一つの出来事が続いて起こったのか？　それぞれの出来事からあなたは何を学んだのか？　私が最初、物理学者としてトレーニングを積み、次にカウンセラー、そしてヒーラーになったのは偶然ではない。すべてのトレーニングが私のライフワークに備えてのものだった。物理学のトレーニングは、オーラを検証する背景となる基盤を与えてくれた。カウンセリングのトレーニングは、オーリックフィールドのエネルギーの流れに関連する精神力学を理解する背景になった。また、多くの人々のオーリックフィールドを観察する機会をもたらしてくれた。そのようなトレーニングがなかったら、これらの素材を本書にまとめることはできなかっただろう。ＮＡＳＡにいたときには、ヒーラーになるためのトレーニングだとは気づかなかった。ヒーリングのことなど聞いたことがなかったし、病気にも関心がなかった。関心があったのは、世界が動く仕組みであり、何が世界を動かしているか、だった。私はいたるところに答えを探した。こうした渇きが、人生を通じて私を導いてきたもっとも強力な要因の一つだった。あなたの渇きは何だろう？　あなたの憧れは？　それが何であれ、渇望はあなたの仕事をやり遂げるために次に必要なところに連れていってくれるだろう。

たとえその仕事が何かをまだ知らなくても。目の前にやるべきことがあって、それをするのが素晴らしく、楽しいと感じるなら、どんなことをしてでもそれをしてもらいたい。それがガイダンスである。人生のダンスを自由に楽しんでもらいたい。そうでないと、ガイダンスを拒み、あなたの成長を妨げることになる。ガイダンスが一段とはっきりするときがある。その一つに、とても楽しい意義深い経験があった。その後の人生に決定的な影響を及ぼすことになる経験である。当時、私はワシントンDCのカウンセラーだった。集団セッションをしている最中、私は「過去生《かこしょう》」と呼ぶべきものを初めて見た。カウンセリングをしていた人物の、違う時代のまったく異なる人生が見えたのだ。どんな情景であれ、それは当人の人生で進行していることに何らかの形で関わっていた。たとえば、水を恐れていた女性は、別の人生で溺れる経験をしていた。彼女はまた、今の人生で助けを求めることに困難を抱えていた。それは過去の人生で、ボートから転落したとき、助けを求めて叫んだのに、誰も助けてくれなかったからだ。人を信じられないそうした性格が、水を恐れる以上に彼女の人生を妨げていた。けれども、そのとき私はこうした情報のすべてを適切に扱う方法を知らなかった。そこで、ガイダンスを求めて祈り始めた。こうした情報を専門的な方法で扱うことのできる、信頼しうる人間や集団を見出す必要があったのだ。

メリーランド州アサティーグのビーチでキャンプをしていたある晩、答えが訪れた。雨の夜だったので、半透明のプラスチック製の防水シートを頭にかぶり、寝袋で寝ていた。真夜中、誰かが私の名前を呼ぶのが聞こえ、目を覚ました。非常に鮮明な声だった。「誰もいない」と思いながら、曇った空を見つめた。やにわに、自分が頭を覆うプラスチックの防水シートを見ていることに気づいた。腕でシートを払いのけた私は、頭上に瞬く満天の星を見て畏怖の念に打たれた。星々の間から天空に鳴り響く神々しい歌が聞こえた。祈りに対する回答としてそれを受け止めた。ほどなくしてフェニシア・パスワーク・センターを見つけた。そこに引っ越して、九年間にわたり、過去生やその他の超感覚的素材を解釈するのに必要なトレーニングを受けた。

ニューヨーク市でカウンセリングをするときがやってくると、すぐにそれがわかった。そうするよう促す内的な声がとても強かったからだ。診療所のスペースはすぐに見つかった。人生に変化が欲しかったので、ガイダンスに本を書くことを相談した。はっきりとした「イエス」という答えを受け取ったので、執筆の準備を始めた。その後、徐々にカウンセリングをヒーリングの実践に変えるよう導かれていった。前にも述べたように、それは「自動的」に起こった。人々が私のところにやってきてヒーリングを求め始めたのだ。その後、ヒーリングを多くの人たちに知ってもらうために、自分がヒーリングするのはやめて、教えることと本書の執筆に集中するよう直接言葉によるガイダンスを受け取った。こうした変化についていくのは容易なことではなかった。一つ一つの変化がチャレンジだった。やっと生活が「安定した」と思うと、次の変化（成長）が訪れるといった具合だった。次に何が起こるのか本当のところ私にはわからないが、一歩一歩導かれているのはわかっている。

すべての人間の人格の中には子どもが存在している。誰でも内的に自由だった子どもの頃、シンプルな生き方をしていたのを思い出すことができる。この内なる子どもはとても賢い。すべての生命とつながっていると感じ、疑いなく愛を知っている。だが、私たちが大人になり、理性だけで生きようとすると、覆い隠されてしまう。それが私たちを制限する。ガイダンスに従うには、内なる子どもを解放してやる必要がある。ガイダンスを受け取り、それに従う能力を養うには、内なる子どもの愛する力や信頼する知恵を取り戻さなければならないのだ。私たちはみな自由に憧れる。自由は内なる子どもを通して獲得される。あなたの中の内なる子どもを自由にしてやることで、あなたは自分の人格の大人の部分と子どもの部分との対話を始めることができる。その対話が、あなたの人格の自由で愛に溢れた部分と洗練された大人の部分とを統合し、全人的な人格を作り上げるのである。

本書のいたるところで、あなたは内なる子どもと、ヒーラー、カウンセラー、物理学者との対話を聞くことになるだろう。それはあなたの固まった現実をほぐし、経験の幅を広げさせてくれるだろう。この対話は驚異の世界への入口である。あなた自身の中にそれを見つけ、育ててもらいたい。

私たちはみな、夢の中や直感を通して私たちに語りかけてくるスピリチュアルな教師によって導かれている。耳を澄ましていれば、最初はおそらく書物を通して、次に、音や声、コンセプトを通して直接語りかけてくる。これらの教師たちは愛に満ち、私たちに敬意を払ってくれる。この道を進んでいけば、ある時点で、あなたも私と同じように、彼らを見たり直接彼らとコミュニケーションを取ったりすることができるようになるかもしれない。そうなれば、あなたの人生は変わるだろう。なぜなら、今この瞬間、まさにそうであるように、自分が非の打ちどころなくとことん愛されていることに気づくからだ。あなたはそうやって愛されるに値する人間である。健康で幸せで満たされるに値するのだ。それを自分で創造できる。自分の人生を変え、充実したものにするプロセスを一歩一歩学ぶことができるのだ。充実した人生に至る道はたくさんある。どこに行くべきか、今、どの道に従うべきかガイダンスを求めよう。そうすれば導いてもらえるだろう。たとえ今、命を脅かす病にかかっていたり、結婚生活で苦労していたり、遺言の問題に悩まされていたり、うつ病に苦しんでいたりしても、あるいは、自分が選んだ仕事で困難な状況と闘っていても、あなたは今この瞬間、変わり始めることができる。心の奥底の願望と、自分や他者に惜しみなく与える偉大な善の力で、自分自身を再創造できる。ただ助けを求めるだけでいいのだ。あなたの要求は叶えられるだろう。

第3章の復習

1. ヒーラーになるには、どのような技術的なトレーニングがあり、それらがどうして必要なのだろうか？
2. あなたの人生におけるもっともシンプルなガイダンスの形態とは何だろうか？

考えるヒント

3. あなたの人生においてもっとも深遠なガイダンスを受けた経験はどのようなものだったか？　それはあなたの人生にどのような効果をもたらしたか？
4. どのようにすればあなたはガイダンスにうまく従うことができるだろうか？
5. あなたは自分自身で意識的にガイダンスを求めたり、ガイダンスの声を聞いたりしているだろうか？　どの程度の頻度でそれをしているだろうか？

第二部　人間のオーラ

「奇跡は自然に反して起こることはない。自然の中には、私たちがまだ知らないことがあるというだけにすぎない」

——聖アウグスティヌス

イントロダクション　個人的体験

　自分の中に新しい感受性が育つと、世界がまったく違って見えてくる。以前は瑣末《さまつ》なことのように思えた経験の側面に注意を払うようになるのだ。すると、自分が新しい経験を伝えるために、それまで使っていなかった言葉を用いていることに気づく。「悪い波動（バイブレーション）」とか「すさまじいエネルギー」といった言葉が日常の慣用句になるのだ。また、初対面の人と会ったとき、その人物について何も知らないのに、即座に好き嫌いの感情を覚えることがある。いつのまにか、そうした直感を信用し始めているのだ。私たちは物事を「知る」と言うが、どのようにして知るのかわからない。何かを気に入るのは、「波長」が合うからだ。直感はさまざまな場面で働いている。たとえば、誰かにじっと見つめられていると、それに気づいて顔を上げ、その人物が誰かを確かめる。あるいは、何かが起こりそうな気がすると、実際に起こったりする。また、友人がある感情を抱いたり、何かを必要としていることを感じ取り、友人の欲求を満たそうとして手を差し伸べて初めて自分の直感が正しかったことに気づくこともある。誰かと口論をしていると、みぞおちをえぐられたり、尖ったもので「刺される」かのように感じることがある。胃のあたりにパンチを食らったかのように感じたり、べたつく糖蜜をかけられているかのように感じたりすることもある。一方、愛に包まれ、愛撫されているように感じたり、甘美な祝福と光の海に浸っているように感じるときもある。このような体験はすべて、エネルギーフィールドで実際に起こっていることである。固い物質からなるニュートン物理学の世界は、海のように絶え間なく動き、変化する輝くエネルギーから成る流動的な世界に取り囲まれ、浸透されているのだ。

長年の観察を通して、私はこうした経験にあたるものを、人間のオーラの内部に形として見てきた。オーラは身体を取り囲み浸透する、観察や測定が可能なエネルギーフィールドの構成要素から成っている。たとえば、誰かが恋人に「恋の矢」で射抜かれると、透視者にはその矢が文字通り見える。みぞおちがえぐられたように感じるときには、普通はその通りのことが起こっている。透視者には、みぞおちがえぐられるのが見えるし、私にも見える。あなたも、自分の直感に従い、感覚を養えば、やがては見えるようになるだろう。

現代の科学者たちがダイナミックなエネルギーフィールドの世界について学んできたことを考察すれば、超感覚的知覚を開発する助けになる。そればかりか、私たちも宇宙の法則に従って生きているという事実を見えなくさせている脳の障害物を、取り除く助けにもなるだろう。現代の科学は、人体が分子から成る単なる物質的な構造ではなく、他のすべてのものと同じように、エネルギーフィールドから成っていると語っている。私たちは静的な固体の世界から出て、ダイナミックなエネルギーフィールドの世界に入りつつあるのだ。私たちもまた、海のように干満を繰り返し、絶え間なく変化しているのだ。人間としてそのような情報にどのように対処すればいいのだろう？　適応すればいいのだ。もしそのようなものが現実に存在するなら、それを体験したいと願って当然である。幸い、科学者たちはこうした微細な変化を測定する方法を習得しつつある。身体に関わっているエネルギーフィールドを見つけ、その周波数を測定するための機械を開発しているのだ。また、心電図（Electrocardiogram：ＥＣＧ）を使って心臓からの電流を測定し、脳波図（Electroencephalogram：ＥＥＧ）によって脳からの電流を測定している。嘘発見器は皮膚の電位差を測定するものである。現在では、スクウィッド（超伝導量子干渉計）と呼ばれる精密な装置を用いて身体を取り巻く電磁場さえ測定できるようになっている。この装置は電磁場を測定する際、身体に触れることさえしない。ニューヨーク大学のサミュエル・ウィリアムソン博士は、スクウィッドが通常の脳波図より脳の働きの状態についてより多くの情報をもたらしてくれると述べている。

医学が、身体のインパルス（神経線維を通って伝達される刺激）を測定するこうした精密な機械に頼ることが多くなるにつれ、健康や病気、そして生命さえも、徐々にエネルギーのインパルスとパターンという観点から再定義されていくだろう。一九三九年の早い時期に、イェール大学のＨ・バー博士とＦ・ノースロップ博士は、植物の種のエネルギーフィールド（それを彼らはＬすなわち、ライフフィールドと名づけた）を測定することによって、その種から成長した植物がどの程度健康になるか予想できることを発見した。また、カエルの卵のフィールドを測定することによって、成長したカエルの神経系の位置を見分けることができることを発見した。女性の排卵日をピンポイントで当てる測定もあった。それは、新しいバースコントロールの可能性をほのめかすものだった。

一九五九年、ウィリアム＆メアリー大学のレオナルド・ラビッツ博士は、生体エネルギーフィールドが本人の精神的、心理的な安定性によって変動することを示した。彼は思考プロセスに関わるフィールドがあると主張した。その思考フィールドの変異が心身相関的な症状を生み出すと考えたのである。

一九七九年、もう一人の科学者、ニューヨーク州シラキュースにあるアップステート・メディカル・スクールのロバート・ベッカー医師が、中枢神経系のような肉体上の複雑な電場をマッピングした。彼はこのフィールドを直接電流制御系（Direct Current Control System）と名づけ、生理的・心理的変化に伴って形や強さを変えることを発見した。また、このフィールドを動き回る電子ぐらいの大きさの粒子も発見した。

ロシアのカザフ大学に在籍するヴィクトール・イニューシン博士は一九五〇年代以降、生体エネルギーフィールドの広範な研究を行ってきた。さまざまな実験の結果に基づいて、彼はイオンや自由な陽子と電子から成る「バイオプラズミック」エネルギーフィールドが存在すると主張した。これは、四つの既知の物質の状態――固体、液体、気体、プラズマ――とは異なっており、第五の物質状態だとイニューシンは述べている。彼の観察は、バイオプラズマの粒子が細胞内の化学的プロセスによって絶えず刷新され、休むことなく動いていることを示した。比較的安定したプラズマの内部では、プラスの粒子とマイナスの粒子がバランスを取っているようだ。このバランスが大きく変化すると、有機体の健康が影響を受けるのだ。バイオプラズマは普段安定しているが、かなりの量のエネルギーが空間に放出されていることをイニューシンは発見した。有機体から放たれるバイオプラズマの粒子の雲は、空中を動いていることが測定できる。

このように私たちは、身体から流出して動き回っている生命エネルギーのフィールドや思考フィールド、さまざまな形態のバイオプラズマの世界にすでに入り込んでいるのだ。私たちは振動し、輝くバイオプラズマそのものになったのである! けれども、文献を見てみると、これは新しいことではない。人々は、太古の昔からこの現象について知っていた。現代に再発見されつつあるだけなのだ。科学者たちが物質世界の知識に集中していた長い期間、西欧の一般大衆には知られていなかったか、否定されていたのだ。この知識が深まって、ニュートン物理学が相対性理論や電磁波と粒子の理論に取って代わられれば、世界を客観的に説明する科学と主観的な人間の経験の世界とのつながりが、もっとはっきりと見えてくるだろう。

第4章　自分自身や現実に対する見方と西洋の科学的見解との類似点

私たちは、自分で認める以上に西洋の科学的遺産の産物であるのは確かだ。私たちの思考方法も自己認識の多くも、物質的宇宙を記述する物理学者たちによって用いられているのと同じ科学的モデルをベースにしている。この章では、科学者たちが物質世界をどのように捉え、説明してきたのか、そして、それらの説明が、私たちの自己認識の変化にどのように対応しているかを簡単に振り返ってみたい。

まず第一に、西洋の科学的手法の力点が、数学的証明と実験によるデータ解析の一致点を見出すことにあることを、記憶にとどめておくことが大切である。もし一致点が見つからなければ、物理学者は一連の現象を説明する数学的な証明と、それを裏付ける実験的な証拠が見つかるまで、別の理論を探すことになる。それこそ、西洋の科学的手法を強力な実用的な道具にし、電力の使用やX線、コンピュータX線体軸断層撮影法（CATスキャン）、レーザーといった、医療における原子内現象の活用という偉大な発明に導いた要因だった。

私たちの知識が進歩するとき、必ず新しい現象の発見がある。多くの場合、これらの新しい現象は、既存の理論によっては説明できない。普通、それまでに得られたすべての知識に基づくより広い新たな理論が仮定される。そのことに加えて、新しい実験が考案され、実験結果と新しい数学的証明とが合致するまで、繰り返される。そして、新しい理論は物理の法則として受け入れられる。新たな現象を説明する新しい方法を発見するプロセスは、常に、私たちの見方を広げ、物理的現実の性質に関する現行の限られた考え方に、疑問符を投げかける。その後、私たちは新しいアイデアを日々の生活に組み込み、自分自身を異なった目で見始める。

本章は、私たちがエネルギーフィールドから成っているという考えを、現実の科学的見方も支持していることを示す。さらに、新しい経験領域であるホログラフィー的な宇宙像にまで踏み込んでいる。この宇宙の中では、万物が相互に関連し合い、ホリスティックな現実体験に対応している。だが、まず最初に、現代に至る科学の歴史を簡単に振り返ってみよう。

ニュートン物理学

東洋の宗教が私たちの文化により大きな影響力を及ぼすようになる最近まで、私たちの自己認識（大半が無意識）のほとんどは数百年前の物理学を基盤にしていた。ここで私が言及しているのは、自分自身を固体とみなす頑なな考え方である。宇宙が固い物質でできているというこうした考え方は、一七世紀後半から一八世紀初頭にかけて、主としてアイザック・ニュートンとその仲間たちによって支持されていた。ニュートン物理学は一九世紀になるまで影響力をもち続け、原子と呼ばれる基本的構成要素から成る宇宙を描きだした。ニュートンの原子は、固い物質――核となる陽子と中性子の周囲を、地球が太陽の周囲を回るように、電子が回っている――でできていると考えられていた。

ニュートン力学は天体運動や力学的な機械の動き、そして絶え間ない動きの中にある流体の運動を説明することに成功した。機械的モデルが大きな成功を収めたため、一九世紀初頭の物理学者たちは、実際に宇宙がニュートンの運動法則に則《のっと》って動いている巨大な機械システムだと信じた。これらの法則は自然の基本法則とみなされ、ニュートン力学は自然現象の究極的な理論と考えられた。この理論はまた、絶対時間と絶対空間の概念を基本の枠組みとし、もろもろの物理現象は自然に原因をもっていると考えた。この理論によれば、すべてのものが客観的に説明することができた。すべての物理的反応は、ビリヤードの玉突き台の上ではじき合うボールのように、物理的原因をもっていると考えられたのだ。当時はまだ、目に見えない電波によって音楽を奏でるラジオのような、エネルギーと物質の相互作用は知られていなかったのだ。ましてや、実験する人自身が実験結果に影響を及ぼすことなど、誰も想像すらしなかった。今では、心理学的な実験だけではなく、物理的な実験においても、実験する人の感情が結果に影響を与えることを、物理学者自身が証明している。

ニュートンの世界観は非常にわかりやすいものだった。今でも、世界を、一連の明確なルールに則って運動する、不変の固い物質からできていると考えるのを好む人たちにとってはそうである。私たちの日常生活の大半は、いまだにニュートン力学で動いている。電気システムを除けば、私たちの家庭での生活はほぼニュートンの法則に基づいている。私たちは自分の肉体を機械とみなし、ほとんどの経験を、絶対的な三次元空間と直線時間の枠組みに当てはめて定義する。私たちは誰しも時計をもっているが、ほぼ直線的に組み立てた生活を続けるために、どうしても時計が必要なのだ。

タイムスケジュールを必死に守ろうとして、日々の生活をあわただしく送っていると、自分自身を機械とみなす方が便利ではあるが、人間としての奥深い内的体験を見失いがちになる。宇宙が何でできているか誰かに尋ねれば、大方、ニュートンの原子モデル（陽子と中性子から成る核の周りを電子が回っている）を口にするだろう。けれども、それを文字通り敷衍《ふえん》すれば、私たち自身、お互いの周囲をぐるぐる回っているとてもちっぽけなピンポン玉のような存在になってしまう。

フィールド理論

一九世紀の初め、ニュートン力学では説明できない新しい物理現象が発見された。電磁現象の発見と研究が、フィールドの概念を生み出すことに導いたのである。フィールドは力を生み出す潜在的可能性を秘めた空間の状態と定義された。従来のニュートン力学は、陽子や電子のように、正の電荷をもつ粒子と負の電荷をもつ粒子が相互作用するのは、質量をもった二つの粒子がお互いに引き合うからだと解釈していた。ところが、マイケル・ファラデーとジェームズ・クラーク・マクスウェルは、フィールドの概念を用いて、それぞれの電荷が周りの空間に「乱れ」やある「状態」を生み出すために、他の電荷が力を受けると言った方がより適切であると考えた。このようにして、相互作用する力を生み出すフィールドに満たされた宇宙という概念が生まれた。そして、言葉や視覚ではない手段を通して、離れたところからお互いに影響し合う私たちの能力を説明できる科学的な枠組みができあがった。たとえば、電話がかかってきたとき、受話器を手にとって、言葉を交わす前に、相手が誰だかわかるという経験を誰でもしたことがあるはずだ。一般的に母親は、自分の子どもたちが、たとえどこにいようと、トラブルに巻き込まれるとわかると言われている。それはフィールド理論で説明がつくかもしれない。

過去一五年から二〇年の間（物理学者に遅れること一〇〇年）に、ほとんどの人は自分の個人的な相互作用を説明するのにそのような概念を用いるようになった。私たち自身がフィールドから成っているということを、今私たちは受け入れつつある。たとえば、「姿を見たり声を聞いたりしなくても、部屋の中にいる他者の存在を感じる（フィールドの相互作用）ことがある」、「あの人はよい（悪い）波動をもっている」、「他者にエネルギーを送る」、「お互いの心を読む」といった話をよく聞く。人の好き嫌いや、その人と仲良くやっていけるかどうかも直感的にわかると言う人もいる。そのような「わかり方」は、フィールドの相互作用における調和や不調和によって説明できる。

相対性

一九〇五年、アルバート・アインシュタインは特殊相対性理論を発表し、ニュートンの世界観を支える主要な概念をことごとく打ち砕いた。相対性理論によれば、空間は三次元ではないし、時間は分離独立した実体ではない。時間と空間は緊密につながっており、「時空」と呼ばれる四次元の連続体を形成している。したがって、時間のない空間について、また空間のない時間について語ることはできない。さらに、普遍的な時間の流れなどというものは存在しない。すなわち、時間は直線的ではないし、絶対的なものではない。時間は相対的である。もし二人の観測者が、観測している出来事に対して異なった速度で動いているとすれば、時間的に異なる仕方で出来事を報告するだろう。それゆえ、空間と時間を含むすべての測定は、絶対的な意味を失うことになる。時間も空間も現象を説明するための単なる要素となるのだ。

アインシュタインの相対性理論によれば、一定の状況下で、二人の観測者が二つの出来事を時間的に逆の順序で見ることさえありうる。観測者1にとって、出来事Aは出来事Bの後に起こるが、観測者2にとっては、出来事Bが出来事Aの前に起こる。

時間と空間は、自然現象や私たち自身を説明する際の基本になるものなので、時間や空間の概念の変更は、私たちが説明するために用いる理論的枠組み全体の修正を伴わざるをえない。私たちはアインシュタインの相対性理論のこの部分を、いまだ日常生活に組み込んでいない。たとえば、友人が階段から落ちるトラブルに巻き込まれたという虫の知らせがあったとしよう。私たちは時間をチェックし、友人が大丈夫かどうかを確かめるためにすぐに電話をする。また、自分の洞察が正しいかどうかを確かめるために、そのような出来事が起こったかどうかを知りたくなる。電話をすると、友人はそのようなことはなかったと言う。自分の想像力が引き起こした錯覚だったと私たちは結論し、その経験を無視する。これがニュートン的な思考法である。

私たちはニュートン力学では説明のつかない現象を経験していることを理解しなければならない。ところが、超感覚的な経験を確かめるためにニュートン力学を用いている。換言するなら、私たちが見たものはリアルな経験だったのである。時間は直線的ではないので、それはすでに起こってしまったことかもしれない。あるいは、私たちが見ると同時に起こるかもしれないし、将来起こるかもしれない。決して現象として現れない起こりうる出来事であるかもしれない。関連づけようとした時間に、それが起こらなかったからといって、その可能性についての私たちの直感が間違っていたということにはならない。けれども、友人についての洞察の中で、ニュートン的な時間を示すカレンダーや時計も見たとすれば、私たちの洞察は、その出来事の時空連続体に関する情報を含むものとなるだろう。それはニュートン的な物理的現実の中で、より簡単に検証できるだろう。

ニュートン的な考え方から外れる体験を無効にするのをやめ、現実の基盤を広げるときがきている。誰でも、あっという間に時間が過ぎ去る経験や、時間を忘れて何かに没頭したりする経験をしたことがあるはずだ。自分の気分を観察することに精通するようになると、時間感覚がそのときの気分や、そのときしている経験によって変わることがわかるだろう。たとえば、車が衝突する直前や危うく衝突しそうになる直前、恐怖が異様に引き延ばされる時間を経験すれば、時間が相対的であることがわかるだろう。その時間は時計で測れば数秒にすぎない。けれども私たちには、時間が減速したように思える。経験する時間は時計では測れない。なぜなら、時計はニュートン力学によって定められた直線的な時間を測るために考案されたニュートン的な装置だからだ。

私たちの経験はニュートンの体系の外部に存在する。何年も離ればなれになっていた人と再会し、まるで昨日会ったばかりのように感じることもある。退行療法では、多くの人が子ども時代の出来事を、現在起こっているかのように経験する。また、一つの同じ出来事を、他人とは異なった順序で記憶していることもある（子ども時代の記憶を兄弟姉妹と比較してみてもらいたい）。

直線的時間を生み出す時計をもたないネイティブ・アメリカンの文化は、時間を、現在とその他の時間の、二つに分ける。オーストラリアのアボリジニーも二種類の時間をもっている。過ぎ去る時間とドリームタイムだ。ドリームタイムで起こることには順序があるが、日にちを特定することはできない。

心理学者のローレンス・ルシャンは、透視者を検証した経験から、二つの時間を定義した。通常の直線的時間と透視時間である。透視時間とは、透視者が自分の才能を用いる際に経験する時間の質だ。それはドリームタイムに似ている。起こることには順序があるが、その一連の流れの中にいるか、その流れを経験しているという観点からしか見ることができない。透視者が目撃している出来事の順序に積極的に介入しようとしたとたん、即、直線的な時間に連れ戻され、通常の今、ここの出来事しか見えなくなる。そのため、透視者は透視時間に再び注意を集中しなければならない。一つの時間枠から別の時間枠へのそのような移動を司るルールはあまりよく理解されていない。ほとんどの透視者は、必要に応じて、現在の人生や過去生の特定の時間枠を読むよう導かれる。どのような時間の枠を要求されようと、それに集中することができる透視者もいる。

アインシュタインの時空連続体は、出来事の見かけの直線性は観測者次第であると述べている。私たちはみな過去生を、今と同じ物質的環境の中で、過去に起こった文字通りの物質的人生として受け入れることに性急でありすぎる。私たちの過去生は異なった時空連続体の中で、まさに今起こっているかもしれない。私たちの多くは「過去生」を経験したことがあり、あたかもそれが少し前に起こったかのように感じる。だが、未来の人生が今ここで私たちが経験していることにどのような影響を及ぼしているかについてはめったに語らない。今の人生を生きることが、過去と未来の個人の歴史を書き換えていくことになるのだ。

アインシュタインの相対性理論のもう一つの重要な結果は、物質とエネルギーが交換可能だという認識である。物質の塊はエネルギーの一形態に他ならない。物質とはただ単に、減速または結晶化したエネルギーにすぎない。私たちの肉体もエネルギー体だ。そのことが、この本全体で伝えようとしていることなのだ！　私は本書の中でエネルギー体の概念を紹介したが、私たちの物質的肉体もエネルギーであることを強調してこなかった。

パラドックス（逆説）

一九二〇年代、物理学は素粒子の世界の、不思議な予期せぬ現実に入り込んだ。物理学者が実験で物質の最小単位を究《きわ》めようとするたびに、自然はパラドックスによって応えたのである。状況を明確にしようとすればするほど、パラドックスは強くなっていった。最終的に物理学者たちが気づいたのは、パラドックスこそ、私たちの物質的現実が拠りどころにしている素粒子の世界に内在する性質の一部であるということだった。

たとえば、光が粒子であることを証明する実験を企てるとしよう。ところが、この実験で小さな変化が生じ、光が波動であることが証明される。そのため、光の現象を説明するには、波動と粒子、両方の概念を用いなければならなくなる。このようにして私たちは現在、「あれもこれも」という概念に基づく宇宙に入り込んでいる。物理学者たちはこれを「相補性」と呼んでいる。つまり、現象を説明するためには（もし粒子と波動といった用語で考え続けるとしたら）、両者のタイプの表現を用いなければならないということだ。これらのタイプは、「あれかこれか」の古い概念に従うなら、対立しているというよりもお互いに補完し合っている。

たとえば、マックス・プランクは、（家の中の暖房器のような）熱放射のエネルギーは連続的に放出されるのではなく、量子と呼ばれる別個の「エネルギーの束」のような形態を取ることを発見した。電磁放射のすべての形態は、波動だけではなく、量子の形態でも現れるとアインシュタインは推測した。これらの光量子またはエネルギーの束は、実在の粒子として受け入れられてきた。物理学研究のこの時点で、「物質」のもっとも近い定義である粒子は、エネルギーの束ということになったのである！

物質の中に深く入り込んでいくと、自然は、ニュートン物理学が提唱したような独立した「基本的構成要素」など一切示さない。物理学者たちが「素」とは呼べないほど多くの素粒子を発見したため、物質の基本的構成要素の探求は断念せざるをえなかった。過去数十年間の実験を通して、物質はとても変わりやすく、原子より小さいレベルでは、一定の場所に確実には存在せず、存在する「傾向」を示すだけであることを物理学者たちは発見した。すべての粒子は他の粒子に変わることができる。エネルギーから生まれ、他の粒子に変わることもできるし、エネルギーに還ることもできるのだ。いつどこでそれが起こるかは正確に決められないが、休みなく起こっているのは確実である。

個人のレベルでは、現代の心理学や精神性の発達の世界により深く分け入るにつれ、「あれかこれか」の古い形態が「あれもこれも」の形態に溶け込んでいった。私たちはもはや善か悪ではない。誰かを憎んでいるか愛しているかでもない。自分の中により広い能力を見出すのだ。私たちは、同一人物に対して、愛と憎しみを感じ、その間にあるすべての感情を感じられるようになる。また、責任をもって振る舞うようになる。神と悪魔という古い二元性が全体に溶け込み、内部の女神／神が、外部の神／女神と合体するのがわかる。邪悪なものはどんなものでも、女神／神に対立するものではなく、神／女神への抵抗である。万物は同じエネルギーから成っている。女神／神の力は、黒でも白でもあり、男性的であると共に女性的である。それは白い光と黒いベルベットの虚空、両方を含んでいる。

読者もおわかりのように、私たちはいまだに二元論が染み込んだ概念を用いているが、それは、「実際」に対立しているのではなく、「見かけの上」で対立している相互に補完しあう世界である。その世界では、二元性が統一へと私たちを駆り立てるために用いられている。

二元論を超えて――ホログラム

粒子は同時に波動にもなりうることを物理学者たちは発見した。というのも、それらの粒子は音とか水の波のような現実にある物理的波動ではなく、（確率でしか示せない）蓋然性《がいぜんせい》の波動だからだ。蓋然性の波動は物質の蓋然性を表すのではなく、相互のつながりを表す蓋然性である。理解するのが難しい概念だが、かいつまんで言うなら、本質的に、「物」というものは存在しないと物理学者たちは言っているのだ。私たちが習慣的に「物」と呼んでいるものは、実際には、「出来事」である。もしくは、出来事になるかもしれない過程なのだ。

古典的な固体の世界や決定論的な自然の法則は現在、相互につながった波動のようなパターンの世界に溶け込みつつある。「素粒子」「物質」「孤立した物体」などの概念は、その意味を失ってしまった。

全宇宙は、分離できないエネルギーパターンのダイナミックな織物のようだ。宇宙はこうして、なくてはならない要素として必ず観測者を含む、分離できないダイナミックな全体として定義される。

もし宇宙が本当にそのような織物から成っているとするなら、論理的に部分のようなものは存在しない。したがって、私たちは切り離された全体の一部ではなく、全体そのものなのだ。

物理学者のデヴィッド・ボーム博士は、自著『内蔵秩序（*The Implicated Order*）』の中で、世界を部分に分割しようとする科学では、根本的な物理法則を発見することはできないと述べている。彼は、顕在化していない状態で存在し、すべての顕在化した現実の基盤となっている「内蔵秩序」について書いている。顕在化した現実を、彼は「顕前秩序」と呼んだ。「部分は直接つながっているとみなされ、部分同士のダイナミックな関係は、還元できない仕方で、全システムの状態に依存する。……このようにして、世界を分離独立した部分に分析できるとする古典的な考えを否定する、途切れることのない全体性という新しい概念に導かれる」

ホログラフィー的な宇宙の見方は、内蔵秩序や顕前秩序を理解するための出発点であるとボーム博士は語っている。ホログラムの概念は、すべての断片が全体の正確な表現であり、ホログラム全体を再構築するために用いることができるとしている。

一九七一年、電気工学者のガーボル・デーネシュは、最初のホログラムを組み立て、ノーベル賞を受賞した。それはレンズを使わない写真で、物体から放出された光の波動フィールドがプレート上に干渉パターンとして記録されるものだった。ホログラムか写真を録画したものをレーザー光線やコヒーレント光線［干渉し合う性質をもつ光線］の中に置くと、元の波動パターンが三次元のイメージで再構築されるのである。ホログラムのすべての断片が全体を正確に表現し、全体のイメージを再構築するのだ。

有名な脳の研究者であるカール・プリブラム博士は、一〇年かけて、脳の深層構造が基本的にホログラフィー的であることを示す証拠を集めた。多くの研究所で、時間的・空間的周波数を綿密に分析したところ、脳が視覚、聴覚、味覚、臭覚、触覚をホログラフィー的に構造化していることがわかったと彼は述べている。情報はシステムの隅々にまで配信されるので、それぞれの断片から全体の情報を生み出すことができる。プリブラム博士は、ホログラムのモデルを用いて、脳だけではなく、宇宙の仕組みも説明している。脳は時間や空間を超越するホログラフィー的な領域から情報を抽出するとき、ホログラフィー的なプロセスを採用すると博士は述べている。超心理学者たちは、テレパシー、念力、ヒーリングを伝達できるエネルギーを求めて研究してきた。ホログラフィー的な宇宙の観点に立つと、それらの出来事は時間と空間を超越する周波数から生まれる。だから、伝達される必要がない。潜在的に同時にあらゆるところで起こっているのだ。

本書の中で、オーラのエネルギーフィールドについて語るとき、私はこうした物理学者たちの観点からすれば、非常に古典的な用語を用いている。オーラの現象は直線的な時間や三次元の空間の内部にも外部にも明らかに存在している。すでに紹介した症例研究の中で、エドが思春期に尾てい骨を骨折した出来事を私が「見た」のは、彼がエネルギーフィールドの中に、その出来事を携えていたからだった。恋人の「裏切り」さえ現在のエネルギーフィールドで知ることができる。透視者が時間を遡って、目の前で起こっているかのようにその出来事を目撃できるのだ。本書に述べられている経験の多くは、三次元を超えた説明が必要である。その多くは瞬間的な経験であるようだ。どんなレベルでも、さまざまな解像度で肉体の内部を見ることができる能力は、別の次元を使用していることをほのめかす。過去の出来事を、その情報を求めるだけで認識できる能力や、起こりえそうな出来事を見抜き、ヒーリングのプロセスを通して介入することによって、それを変える能力も、直線的な時間の枠を超えている。また、未来に起こる出来事を見る能力もそうである。

オーラを説明するためにフィールドの概念を用いることで、私たちは二元論にどっぷり浸《つ》かることになるだろう。自分からフィールドを切り離し、自分の「パーツ」として存在する一つの現象として、「それ」を観察するからである。そのため、「私のフィールド」とか「彼女のオーラ」といった二元論的な言い回しをすることになるだろう。そのことに関しては素直に謝りたい。正直言って今の時点では、古い理論的枠組みを用いないでこうした経験を伝えることができないのだ。

　現実のホログラフィー的な観点に立つと、オーラの一つ一つの断片は全体を表現するだけでなく、全体を含んでもいる。それゆえ、私たちは観察すると同時に自ら創り出している現象によって、体験を説明することしかできない。観察はすべて、観察されるパターンに影響を与える。私たちはそのパターンの単なる一部ではなく、パターンそのものである。それは私たちであり、私たちはそれなのだ。ただ、「それ」という言葉を捨てて、コミュニケーションを図ろうとするときに脳内に生じる障害を解放するために、もっと適切な用語に置き換える必要がある。

　物理学者たちは、「相互的なつながりの蓋然性」とか「分離できないエネルギーパターンのダイナミックな織物」といった用語を用いてきた。分離できないエネルギーパターンのダイナミックな織物という考え方に立つなら、本書で述べられているすべてのオーラの現象は取り立てて異常にも不思議にも思えない。

　すべての経験は相互につながっている。したがって、私たちがそのことに気づき、相互につながっていることを認知プロセスに受け入れれば、時間とは無関係に、すべての出来事に気づくことができるだろう。けれども、「私たち」と言ったとたん、二元論に逆戻りしてしまうのだ。主要な人生経験が二元的である場合、このつながりを経験するのは困難である。ホリスティックな意識は、直線的な時間と三次元空間の外にあるので、簡単には認識できないだろう。それを認識できるようになるには、ホリスティックな体験を積まなければならない。

瞑想は直線的な心の限界を超越する一つの方法であり、万物のつながりが経験的な現実になることを可能にする。この現実を、言葉で伝えるのはきわめて困難である。私たちは直線的に言葉を使っているからだ。このような経験にお互いを導くことができる手立てを開発する必要がある。日本の禅の瞑想では、師が弟子に短いフレーズを与え、集中させる。公案と呼ばれるこのフレーズは、弟子が直線的な思考を超越するのを助けるよう工夫されている。私のお気に入りの公案を一つ紹介しよう。

片手の拍手はどんな音がするか?

この有名な公案を聞くと、私は、永遠に流れ続ける耳に聞こえない音のパターンに乗って、自分自身が宇宙に広がっていくのを感じる。

超光速のつながり

科学者たちは現在、数学的、実験的な科学の枠組みの中に、宇宙規模の即時的なつながりを示す証拠を見出している。

一九六四年、物理学者のJ・S・ベルは、ベルの定理と呼ばれる数学的証明を発表した。ベルの定理は、素粒子の「粒子」が空間や時間を超えてつながっているという概念を数学的に裏付けるもので、ある粒子に起きたことが他の粒子にも影響を与えるというものだ。この影響は即時的なもので、伝達される「時間」を必要としない。アインシュタインの相対性理論は、粒子が光速よりも速く移動することは不可能であると主張している。ベルの定理では、影響は「超光速」、つまり光速を超えることがある。ベルの定理は現在、実験によって裏付けられている。私たちが今話しているのは、アインシュタインの相対性理論を超える現象である。つまり、波動と粒子の二元性を超えようとしているのだ。

科学機器の技術が進歩して観測の精度が上がり、もっと物質の奥深くまで探れるようになれば、現行の理論では説明できない現象が発見されるだろう。一八〇〇年代後半にこのような突破が起こったとき、電気の発見が世界に革命をもたらし、私たちは何者であるのか、についてより深く考えるきっかけを作った。一九四〇年代に再びそのような突破が起こったときには、原子力が世界に革命をもたらした。どうやら私たちは一九八〇年代後半の現在、別の大きな変化の時期に突入しているようだ。物理学者たちが、この即時的連結性がどのような仕組みで働くかを解き明かせば、おそらく私たちは、世界やお互いとの即時的なつながりを意識的に自覚するようになるだろう。それは疑いなく情報伝達に革命をもたらす。また、他人との相互作用の仕方を劇的に変えることになるだろう。この即時的なつながりは、望むときにいつでもお互いの心を読める能力を授けてくれるかもしれない。お互いの心の中で何が起こっているのかを知り、お互いを深く理解することができるようになるかもしれない。また、自分の思考、感情（エネルギーフィールド）、行動が、従来考えていたよりもはるかに大きな影響を世界に与えていることを、明確に理解するようになるかもしれない。

形態形成場

ルパート・シェルドレイクは、自著『生命のニューサイエンス　形態形成場と行動の進化』（幾島幸子他訳、工作舎）で、すべてのシステムは、既知のエネルギーと物質的な要因だけでなく、組織化を促す目に見えないフィールドによっても制御されていると提唱している。これらのフィールドは、形態や行動の青写真として機能する。通常の意味で、いかなるエネルギーももっていない。なぜなら、その影響力はエネルギーに適用される時間と空間の障壁を超えたところまで及んでいるからである。つまり、遠く離れていても至近距離にあるのと同じように強いということだ。

シェルドレイクの仮説によれば、種の一員が新しい行動を学べば、種の原因フィールドが多少なりとも変化する。その行動が長く繰り返されると、「形態共鳴」が種全体に影響を与える。シェルドレイクはこの目に見えないマトリックス（鋳型）を「形態形成場（morphogenetic field）」と呼んだ（morphは「形態」、genesisは「生成」という意味）。このフィールドの活動は、空間的、時間的な「遠隔作用」を伴う。形は時間とは無関係の物理法則によって決定されるのではなく、時間を超えた形態共鳴に基づいて形成される。ということは、形態形成のフィールドが空間と時間を超えて伝搬しうるということだ。また、過去の出来事が他のあらゆる場所での出来事に影響を与える可能性があるということである。その例が、ライアル・ワトソン著の『生命潮流』（小幡和枝他訳、工作舎）の中で示されている。一般的に「百匹目の猿現象」と呼ばれているものについて述べているのだ。ワトソンは、あるサルのグループが新しい行動を覚えると、「通常の」意味でのコミュニケーション手段をもたないにもかかわらず、突然、他の島にいるサルたちもその行動を取り始めることを発見した。

デヴィッド・ボーム博士は『リビジョンズ』誌の中で、量子物理学についても同じことが言えると述べている。彼によると、アインシュタイン＝ポドルスキー＝ローゼンの実験は、遠く離れた粒子間に非局所的なつながり、もしくは微細なつながりがあるらしいことを示しているというのだ。つまり、形態形成場をその粒子だけに帰すことができないようなシステムの全体性があるということである。それは全体にのみ帰すことができる。それゆえ、遠く離れた粒子に何かが起これば、他の粒子の形態形成場に影響を与えることがありうるのだ。さらにボームは、「宇宙を司る時間を超えた法則の概念は、時間そのものが発展した必然性の一部であるため、成り立たない」と述べている。

同じ記事の中で、ルパート・シェルドレイクはこう結論づけている。「したがって、新しい考えを生み出し、それを通して新しい全体を実現する創造のプロセスは、ある意味で、進化の過程において新しい全体性を生み出す創造的な現実と似ている。創造のプロセスは、以前、分離していたものをつなぐことで、より複雑でレベルの高い全体性を継続的に発展させることだと考えられる」

多次元の現実

もう一人の物理学者、ジャック・サルファッティは『サイコエネルギーシステム（*Psychoenergetic Systems*）』の中で、超光速のつながりが存在しうるのは、さらに高次のリアリティの次元を通してであると示唆している。私たちの現実を「超えた」次元では、「物質」がよりつながりやすく、出来事が「相互に関連」しやすい。その次元の「物質」は、さらに高い次元を通してつながれていると彼は述べている。このように、より高い次元に到達することによって、私たちは、即時的なつながりがどのような仕組みで働くのかを、理解できるようになるのかもしれない。

結論

物理学者たちは、物質の基本的な構成要素など存在せず、むしろ宇宙は不可分の全体であり、相互作用する複雑に入り組んだ広大な確率の網の目とみなすのが妥当であると述べている。ボームの研究は、顕在宇宙がこうした全体から生じることを示唆している。私たちが不可分な全体の一部だとするなら、ホリスティックな存在状態の中に入り込んで全体となり、どこの誰でも瞬時に癒す宇宙の創造的な力を活用できるはずだ。一部のヒーラーは神や患者と一体化することによって、ある程度これを成し遂げることができる。

ヒーラーになるとは、私たちが愛として経験する宇宙の創造的な力に向かって、自己を再認識し、神と一つになることを意味する。その一歩は、分離したパーツから成るニュートン的な過去に基づく窮屈な自己の定義を捨て去り、エネルギーフィールドそのものに成りきることだ。そうした現実を立証可能な実用的方法で、私たちの生活に組み込めれば、空想の現実と実際に拡大可能な現実を切り離すことができる。一旦、自分自身をエネルギーフィールドに関連づけられれば、高次の意識がより頻繁に一貫性をもって現れるようになるだろう。

サルファッティのモデルを使えば、本書で後述するような世界、すなわち、オーラと宇宙エネルギーフィールド（universal energy field）の世界が見えてくる。そこでは、私たちは複数の世界に存在する。私たちのハイアーボディ（より高いオーラの周波数）はより高い秩序をもっており、自分の物質的肉体より他人のハイアーボディと強くつながっている。私たちの意識がより高い周波とハイアーボディへと進化するにつれ、どんどんつながりが増えていき、ついには宇宙と一つになるだろう。彼の概念を借りれば、瞑想体験はより高い周波数に意識を引き上げる経験と定義できる。その結果、ハイアーボディや高次の意識、そして、私たちが存在している高次の世界のリアリティを経験できるようになるというのだ。

では実験科学が私たちに教えてくれるものを理解するために、エネルギーフィールドの現象をもっと仔細に見てみよう。

第４章の復習

1. 科学的な見解は、私たちの自己概念にどのような影響を与えてきたのだろうか？
2. 固定された物質世界の見方は、なぜ今の私たちにとって非実用的なのか？
3. ファラデーとマクスウェルは、世界がどのように働くかについてのアイデアに貢献したが、そのアイデアの何がそれほど重要だったのだろうか？
4. 超光速のつながりとは何か、私たちの日常生活におけるその意義は？
5. 多次元の現実の考えは、生体エネルギーフィールドを説明するのにどんな役に立つのか？

考えるヒント

6. ホログラムとしての自分を想像してみよう。それはどのようにあなたの制限を解くのだろうか？

第5章　生体エネルギーフィールドの科学的研究史

神秘主義者たちは、エネルギーフィールドやバイオプラズマ生命体について語らなかったが、地球上のいたるところで、五〇〇〇年年以上にわたって受け継がれてきた彼らの伝承は、科学者たちが最近になって観察し始めた結果と一致している。

霊的な伝統

すべての宗教の達人が、人々の頭の周りに光を感じたとか、見たという体験について語っている。彼らは、瞑想や祈りなどの宗教的な修行を通して、潜在的な超感覚的知覚を開く拡大した意識の状態に達するのだ。

五〇〇〇年以上前の古代インドの霊的な伝統は、「プラーナ」と呼ばれる宇宙エネルギーについて語っている。この宇宙エネルギーは、すべての生命の基本的な構成要素であると共に源であるとみなされている。生命の息吹であるプラーナは、すべての生命体の中を流れ、それらに生命を与えてきた。ヨガ行者たちは、変性意識状態を保ち、通常よりもはるかに長く若さを維持するために、呼吸法や瞑想、身体的なエクササイズなどを通してそのエネルギーを操る。

中国人は、紀元前三〇〇〇年に、「気」と呼ばれる生命エネルギーの存在を認識していた。生物か無生物かにかかわらず、すべての物質はこの宇宙エネルギーから成り、そのエネルギーに満たされている。この「気」には、陰と陽の二極の力が働いている。陰と陽のバランスが取れていれば、生命システムは身体的に健康になる。バランスが取れていなければ、病を招く。過度に強力な陽は、過度の有機的な活動を引き起こす。陰が優勢になると、機能不全に陥る。いずれの不均衡も、病の引き金になる。古代の鍼《はり》治療の技術は、陰と陽のバランスを取ることに焦点を当てた。

紀元前五三八年頃に起こったユダヤ教神秘主義カバラは、同じエネルギーをアストラル・ライト（星気光）と呼んでいる。キリスト教の宗教画には、光のフィールドに包まれたイエスや他の霊的な人物が描かれている。旧約聖書には、人の周りを取り巻く光や出現する光についての言及がたくさんあるが、何世紀もの年月が経つうちに、これらの現象は本来の意味を失ってしまった。たとえば、ミケランジェロのモーゼの像は、カルナエム（karnaeem）を、その言葉が本来指す二筋の光線ではなく、頭の上にある二本の角《つの》として表現している。ヘブライ語でこの言葉は、角と光いずれの意味ももっているのだ。

ジョン・ホワイトは、その著『未来の科学（*Future Science*）』の中で、オーラの現象に言及する九七の異なる文化の名称をリストアップしている。

古代ヒンドゥ教のヴェーダ聖典、神智学者、薔薇十字団、ネイティブ・アメリカンの呪医、チベットやインドの仏教徒、日本の禅宗仏教徒、ブラヴァツキー夫人、ルドルフ・シュタイナーその他大勢の秘教の知恵を説く人たちが、生体エネルギーフィールドについて詳しく語っている。最近になって、現代の科学教育を受けた多くの人々が具体的な物質的レベルでそのエネルギーを観察できるようになった。

科学的伝統：紀元前五〇〇年から一九世紀まで

歴史を通して、自然全体に行き渡る宇宙エネルギーという観念は、多くの西洋の科学的精神によって支持されてきた。発光体として知覚されるこの生命エネルギーが最初に西洋の文献に記録されたのは、紀元前五〇〇年頃、ピタゴラス派の人々によってだった。彼らは、その光が病気の治療を含めて、人体にさまざまな効果をもたらす可能性があると考えていた。

一二世紀初頭、超心理学者のボワラックと医師のリエボーは、人間が、遠く離れたところにいる相手に相互作用を引き起こしうるエネルギーをもっていることをつきとめた。人間は存在するだけで、他の人間に、健康に良い影響や悪い影響を与えることができると彼らは報告した。中世の学者パラケルススはこのエネルギーを「イリアスター」と呼び、生命力と生命物質の両方で構成されていると主張した。一七〇〇年代には、数学者ヘルモントが、自然界の隅々にまで行き渡る宇宙的な流体を可視化した。それは有形でも凝縮するものでもなく、すべてのボディに浸透する純粋な生気だった。宇宙の基本的な要素は自らの運動の源を含む力の核である、と数学者ライプニッツは書いている。

宇宙エネルギーの現象の他の特性は、ヘルモントと後に催眠術となるメスメリズム（動物磁気）を創始したメスメルによって、一七〇〇年代に観測された。彼らの報告によると、生き物であろうがなかろうが、すべての物体はこの「流体」で充電することができ、物体同士は離れたところにいても、お互いに影響し合えるとされた。これは、いくつかの点で電磁場に類似したフィールドが存在する可能性があることを示唆していた。

カール・フォン・ライヒェンバッハ伯爵は、一八〇〇年代半ばの三〇年間を、自らが「オドの生命力（オディック・フォース）」と呼ぶ「フィールド」の実験に費やした。そして、ジェームズ・クラーク・

マクスウェルが一九世紀の初期に説明した電磁場に似た多くの特性をオドが示すことを発見した。また、オドの生命力に固有の特性もたくさん発見した。彼は磁石の極が磁気の単なる極性ではなく、オドの生命力に関連する独自の極性であると断定した。他にも、水晶のように、それ自体磁気を持たないにもかかわらず、固有の極性を示す物質もある。オディック・フォース・フィールドの極は、感受性が豊かな人が観察すると、「熱い、赤い、不快」とか「青い、冷たい、楽しい」といった主観的な性質を示す。さらに、電磁石のように反対の極が引き合うことはないと判断した。オドの生命力の場合、同じ極が引き合う、あるいは、似たもの同士が引き合うことを発見したのである。後に見るように、これは大変重要なオーラの現象である。

フォン・ライヒェンバッハは、太陽からの電磁放射と、それに関連するオドの生命力の濃度との関係を研究した。そして、このエネルギーの最大濃度が、太陽スペクトルの赤と青紫色の範囲内にあることを発見した。また、反対の電荷は、一連の盲検を介して、周期律表に関連づけることができるさまざまな強さで、温かさや冷たさの主観的な感情を生み出したと述べている。正の電荷を持つすべての元素は、被験者に温かさを感じさせ、不快感を生じさせた。一方、負の電荷を持つすべての元素は、冷たい快適な感覚を生み出した。感覚の強さの度合いは、周期律表におけるそれぞれの位置に対応していた。温かさから冷たさまでのこれらの感覚は、赤から藍色に変化するスペクトルの色に対応していた。

フォン・ライヒェンバッハは、オドの生命力がワイヤーを介して伝導できること、伝導速度は非常に遅く(約四メートル/秒)、その速度は、物質の電気伝導率ではなく質量密度に依存しているらしいことを発見した。さらに、物体は、電場を用いて荷電するのに似た方法で、このエネルギーで荷電することが可能だった。他の実験では、このフィールドに、レンズで集光できる部分と、ロウソクの炎のようにレンズの周りを流れる部分があることが示された。オドの生命力のこの偏向した部分はまた、気流にさらされたときのロウソクの炎のように反応し、組成がガス状流体に似ていることを示した。これらの実験は、オドの生命力が流体のような粒子状の性質をもつと同時に、光の波動のようなエネルギーの性質をもっていることを示唆している。

フォン・ライヒェンバッハは、人体の中のその力が、身体の主軸に沿って、水晶がもっている極に似た極性を生み出すことを発見した。この実験結果に基づいて、彼は人体の左側をマイナス極、右側をプラス極として説明した。これは先に述べた古代中国の陰陽の原理に似た概念である。

二〇世紀の医師による観察

これまで述べてきたように、二〇世紀までの研究は、人間やさまざまな物体を取り巻くエネルギーフィールドのさまざまな特徴を観察するために行われていた。一九〇〇年以降、多くの医学者もこの現象に関心をもつようになった。

一九一一年には、医学博士のウォルター・ジョン・キルナー博士が、カラースクリーンやフィルターを通して見た人間のエネルギーフィールドの研究を報告している。彼は全身の周囲に三つの層、すなわち（a）皮膚にもっとも近い四分の一インチ（約〇・六ミリ）の暗い層、（b）身体から垂直に流れ出る一インチ（約二・五センチ）幅の霧がかかったような層、（c）一番外側にある、約六インチ（約一五センチ）の輪郭がはっきりしない光の層、から成る発光体を見たと述べている。キルナーは、（彼の言う）「オーラ」の様相が、年齢、性別、精神的な能力や健康状態に応じて、かなり異なることを発見した。特定の病は、オーラに斑点や不規則な状態となって現れる。それを活用して彼は、全身を包むオーラの色、きめ、質感、全体的な形状に基づく診断システムを開発した。彼がこの方法で診断した病気には、肝臓感染症、腫瘍、虫垂炎、てんかん、さらには、ヒステリーのような精神疾患も含まれていた。

一九〇〇年代半ば、ジョージ・デ・ラ・ワー博士とルース・ドラウン博士は、生体組織から出る放射線を検出するための新しい機器を作った。そして、人間の生物エネルギーフィールドを利用して、遠隔から病の検出、診断、治療を行うシステム、「ラジオニクス」を開発した。彼らのもっとも印象的な仕事は、患者の髪の毛をアンテナとして撮影した写真である。これらの写真は、肝臓内の腫瘍や嚢胞、肺結核、脳の悪性腫瘍など、生体組織内の病気の内部生成を映し出していた。胎内の受精後三ヶ月の胎児でさえ撮影することができた。

精神科医でフロイトの指導を受けたヴィルヘルム・ライヒ博士は、二〇世紀初頭、宇宙エネルギーに興味をもち、「オルゴン」と名づけた。彼は、身体や心の病と、人体のオルゴンの流れの乱れとの関係を研究し、無意識を明らかにするためのフロイトの分析的手法と、体内のオルゴンエネルギーの自然な流れを堰《せ》き止める障害を取り除く、身体的な技法を組み合わせた身体心理療法を開発した。オルゴンエネルギーのブロックを取り除くことによって、ライヒは否定的な精神的、感情的な状態を改善することに成功した。

一九三〇年代から五〇年代にかけて、ライヒは、当時の最新の電子機器や医療機器を使って、これらのエネルギーを実験し、そのエネルギーが空中やすべての有機物と無生物の周りに脈動していることを観察した。また、特別に作った高性能の顕微鏡を使用して、微生物から放射されるオルゴンエネルギーの脈動を観察した。

ライヒはオルゴンエネルギーのフィールドを研究するために、さまざまな装置を製作した。その一つがオルゴンエネルギーを集めることができる「オルゴン集積器」である。彼はこの装置を、物体にオルゴンエネルギーを充電させるために用いた。彼の観察によれば、真空放電管を集積器の中で長時間充電すると、通常の放電電位よりもかなり低い電位で電気が流れることがわかった。さらに、放射性同位体をオルゴン集積器に入れると、放射性同位体の核崩壊速度を速めることができると主張した。

ローレンス・ベンディット医師と透視能力者のフィービー・ベンディットは、一九三〇年代に生体エネルギーフィールドの徹底的な観察を行い、エネルギーフィールドを健康、ヒーリング、魂の進化などに関連づけた。彼らの研究は、エーテル体の生成力が、身体の健康と癒しの基礎となることを認識し、理解することの重要性を示した。

その後、シャフィカ・カラグラ医師が、超感覚的知覚をもつ人による視覚的な観察と身体の不調とを結びつけた。たとえば、ダイアンという透視能力者は、病人のエネルギーパターンを観察し、脳の障害から大腸の閉塞に至るまでの医学的な問題をきわめて正確に言い当てることができた。こうしたエーテルボディの観察は、濃密な肉体にきらめく光線の網の目のように浸透するマトリックスを形成する生命エネルギー体またはフィールドを明らかにするものだった。このエネルギーに満ちたマトリックスは、組織の物質を形作り固定する礎《いしずえ》となる基本的なパターンである。組織が現在あるような形として存在するのは、背後にあるこの生命エネルギーフィールドのおかげなのだ。

カラグラ医師はまた、チャクラの乱れを病気と結びつけた。たとえば、透視能力者のダイアンは、患者の喉のチャクラが過剰に亢進《こうしん》し、赤や濁った灰色をしていると説明した。甲状腺そのものは、あまりにも軟らかでスポンジのようになっていた。甲状腺の右側が左側と同じように正常には機能していなかったのだ。この患者は、通常の医療では、甲状腺の右の部分が大きくなる甲状腺肥大を引き起こすバセドウ病と診断されていた。

神智学協会のアメリカ支部の会長、ドーラ・クンツは、医師仲間と共に長年ヒーリングに携わってきた。彼女は『ヒーリングの技術の霊的側面（*The Spiritual Aspects of the Healing Arts*）』と題する本の中で次のように述べている。「生命エネルギーのフィールドが健康であれば、その内部に自然な自律的リズムが生まれる。体内の各器官は、エーテルフィールドの中に、それに対応するエネルギーのリズムをもっている。さまざまな器官の領域の間では、異なるリズムがまるで伝達機能が働いているかのように相互作用している。身体が健全で健康であれば、これらのリズムは器官から器官へと容易に伝達される。けれども、病気になると、リズムだけでなくエネルギー・レベルも変化する。たとえば、フィールド内に盲腸炎手術の痕跡が感知されることがある。現在、互いに隣接している身体の組織は、以前、盲腸によって調節されていた機能とは異なるエネルギーの転送機能をもっている。物理学では、これをインピーダンス（電圧と電流の比）整合または不整合と呼ぶ。隣接する各組織はインピーダンスの整合がなされている。ということは、エネルギーがすべての組織を順調に流れることを意味する。手術や病気はインピーダンスの整合性を変えるので、エネルギーは転送されるというより、ある程度放散される」

ジョン・ピエラコス医師は、生体エネルギーフィールドの視覚的観察と振り子を使った観察をベースにした精神疾患の診断と治療のシステムを開発した。彼のエネルギーボディの観察によって得られた情報は、バイオエナジェティクスで開発された身体心理療法の手法や、エヴァ・ピエラコスによって開発されたパスワークの手法と組み合わされる。コアエナジェティクスと呼ばれるこのプロセスは、身体エネルギーを解放するために、自我やパーソナリティの防衛に集中的に働きかける、内的ヒーリングの統合プロセスである。コアエナジェティクスは、全人の調和のとれた癒しを実現するために、すべての「ボディ（物理的、エーテル的、感情的、精神的、霊的）」のバランスを取ることを目指す。

これまで述べてきたことやその他の研究から、私は、人体から発する光が健康に密接に関わっていると結論する。こうした光の放射を、信頼性の高い標準化された光計測器で定量化する方法を見つけることが、きわめて重要であるというのが私の考えである。定量化できれば、その情報を医療技術者の臨床診断に役立てることができるだけではなく、治療に有効なエネルギーそのものも活用できるようになる。

私は同僚と共に、生体エネルギーフィールドを測定するための実験をたくさん行ってきた。その一つでは、リチャード・ドブリン博士やジョン・ピエラコス医師と共に、何人かの人が入っている暗室と、人々が退出した後の暗室で、約三五〇ナノメーターの波長の光レベルを測定した。結果は、人が暗室に入っているとき、光がわずかに増加することを示した。あるケースでは、疲れ切って絶望している人が暗室にいるとき、光のレベルが実際に減少した。国連超心理学クラブと共同で行った別の実験では、カラーライザーと呼ばれる装置を用いて、白黒のテレビにオーリックフィールドの一部を表示することに成功した。この装置は、身体に近い光の強度の変化を大幅に増幅させることができる。ウィリアム・エイドソン博士やカレン・ゲストラ（デューク大学で長年ライン博士と一緒に働いていた霊媒）とドレクセル大学で行った別の実験では、オーリックエネルギーを使って、小さな二ミリワットのレーザービームを曲げたり、弱めたりすることに成功した。これらのすべての実験は、エネルギーフィールドが存在する証拠を支えるものだったが、決定的なものではなかった。以上の結果は、ＮＢＣテレビで全国放送されたが、それ以上の研究は、資金不足のために行われなかった。

日本では、本山博氏が長年ヨガを実践してきた人たちから出る低レベルの光を測定することに成功した。暗室で低照度のムービーカメラを使って測定したのだ。

中華人民共和国、蘭州大学の鄭栄良博士は、葉脈から作られた生体検出器を光量子装置（低照度測定装置）に接続して、人体から放射されるエネルギー（「気」または「氣」と呼ばれる）を測定した。彼は、気功師（気功は中国古代の健康運動）や透視者のエネルギーフィールドの放射物を研究した。彼の研究結果は、検出システムが波動の形で放射線に反応することを示している。気功師の手から発せられる波動は、透視者のそれとは大きく異なる。

中央研究院上海原子核研究所では、気功師から発せられる生命力に満ちた放射物が、低周波変動搬送波として現れる非常に低い周波数の音波をもっているらしいことが示された。いくつかのケースでは、気が微粒子の流れとしても検出された。これらの粒子の大きさは直径約六〇ミクロンで、その速度は秒速約二〇〜五〇センチであった。

数年前、アレクサンドル・ステファノビッチ・ポポフ生体情報研究所に所属するソ連の科学者のグループは、生物が三〇〇から二〇〇〇ナノメーターの周波数でエネルギー振動を放出することを発見したと発表した。彼らは、このエネルギーをバイオフィールド、もしくはバイオプラズマと呼んだ。上手にバイオエネルギーを伝送できる人は、より広くて強いバイオフィールドをもっていることを彼らは発見した。これらの発見は、モスクワの医科学アカデミーで確認され、イギリス、オランダ、ドイツ、ポーランドの研究でも支持された。

私が見てきた人間のオーラについての研究の中で、もっとも目を見張ったのは、UCLAのヴァレリー・ハント博士らのグループによるものだった。彼女は、「ロルフィング（重力との調和を図る身体技法）」が身体や精神に与える影響の研究（「構造的神経筋エネルギーフィールドと感情的アプローチの研究」）の中で、ロルフィングの一連のセッションの最中に、身体から放出される低ミリ電圧の信号の周波数を記録した。それを行うために、銀／銀塩化物で作られた簡単な電極を皮膚に取り付けて利用した。電子信号を記録すると同時に、カリフォルニア州グレンデールのヒーリング・ライト・センターのロザリン・ブリエール牧師が、ロルフィングを施術する人と施術される人双方のオーラを観察した。ロザリンのコメントは、電子データと同じテープレコーダーに記録された。彼女は実験に関連するチャクラとオーラの色、大きさ、エネルギーの動きを実況で報告した。

科学者たちは、その後、記録された波動パターンをフーリエ変換とソノグラム周波数解析によって数学的に解析した。両方とも驚くべき結果を明らかにした。一貫した波形と周波数が、ロザリンの報告した色と明確に相関していたのだ。つまり、ロザリンがオーラの特定の場所に青色を観察したとき、電子測定が同じ場所に特徴的な青色の波形と周波数を示したのだ。ハント博士は、他に七人のオーラのリーダー（観察者）と同じ実験を繰り返した。彼らも、同じ周波数／波動パターンと相関するオーラの色を見た。一九八八年二月、進行中の研究の結果は以下のような色と周波数の相関関係を示している（Hz＝ヘルツ、またはサイクル／秒）。

青	250－275Hzプラス1200Hz
緑	250－475Hz
黄	500－700Hz
オレンジ	950－1050Hz
赤	1000－1200Hz
バイオレット	1000－2000Hzプラス300－400Hz、600－800Hz
白	1100－2000Hz

これらの周波数帯は、青とバイオレットの追加の帯域を除いて、虹色が逆転した順番になっている。測定された周波数は、測定されたエネルギーであるだけではなく、計測器の記号でもある。

ハント博士はこう語っている。「何世紀にもわたって、透視者たちはオーラの発光を見て報告してきたが、これは、周波数、振幅、時間を示す最初の客観的な電子的証拠であり、色の放出の主観的な観察を立証するものである」

ここで発見された色の周波数が、光や色素の周波数と同じではないという事実は、発見を否定するものではない。私たちが色として見ているものが、目で捉えた周波数であり、色を識別するために割り当てられた言葉のシンボルであることを理解すれば、目や脳の処理中枢が高周波のみの色しか解釈していないことを示すものは、まだ何もない。色を体験する究極の判断基準は、視覚的な解釈である。しかし、より精密な機械ができ、記録やデータを整理する技術が向上すれば、現在一五〇〇Hzまでのこれらのデータは、はるかに高い周波数を含むようになるのかもしれない。

ハント博士は次のようにも語っている。「形而上学的文献には、色のついたチャクラへの言及が頻繁に出てくる。たとえば、クンダリニー（ここでは脊椎の一番下のチャクラを指す）は赤、下腹部はオレンジ、脾臓は黄色、心臓は緑、喉は青、第三の目はバイオレット、王冠は白といった具合である。特定のチャクラの活動は、別のチャクラの活動を活発にする引き金になるようだ。ハートのチャクラは一貫してもっとも活動的だった。被験者は、ロルフィングでマッサージされたさまざまな身体の部位に関連する多くの感情、イメージ、記憶を体験した。これらの調査結果は、過去の記憶が身体の組織に保存されているという信念に信憑性《しんぴょうせい》を与えた」

たとえば、脚のマッサージを受けている人は、幼少期のトイレのしつけにまつわる経験を追体験しやすい。その経験を覚えているだけでなく、感情的にそれを追体験するのだ。多くの場合、親は、子どもの身体が実際に排泄を調節する括約筋を制御するための脳と筋肉のつながりを確立する前に、トイレのしつけをしようとする。子どもは括約筋を生理的にコントロールすることができないので、太ももの筋肉を圧迫することで補おうとする。これは、身体に大きなストレスと負担をかける。大抵の場合、この緊張は生涯を通じて習慣的に保持される。ロルフィングやバイオエナジェティクスのような深層の筋肉に働きかけるボディワークはそうした緊張を解き放つ。筋肉の緊張や歪みが解放されると、記憶も解放される。緊張の記憶が保持されるもう一つの例は、私たちの多くが悩まされている肩こりである。これは、肩で恐怖や不安を抑え込んでいることからきている。あなたは、何を達成できないことを恐れているのか、成功しなかったらどうなると思っているのか、自問した方がよいだろう。

結論

生体エネルギーフィールドを、人体から発するすべてのフィールドないし放射物と定義するなら、生体エネルギーフィールドのよく知られている多くの成分が実験室で測定されてきたことも理解できる。それらは、生体エネルギーフィールドの静電気、磁気、電磁気、音波、熱、視覚の成分である。すべての測定は、身体の正常な生理的プロセスと一致しており、それを超えて、心身機能を働かせる手段を提供している。

ハント博士の測定は、オーラの特定の色に特定の周波数が対応していることを示している。これらの周波数は、使用する実験装置に制約があるため、記録されなかったより高い周波数をもっている可能性がある。

上記の測定はまた、生体エネルギーフィールドが自然界では粒子状であり、気流や水流のような流体運動をしていることを示している。これらの粒子は非常に小さく、原子よりも小さいという研究者もいる。電荷を帯びた微粒子が雲状になって一緒に移動するとき、普通、物理学者はプラズマと呼ぶ。プラズマは一定の物理法則に従っているので、物理学者はエネルギーと物質の中間状態であると考えている。実験室で測定された生体エネルギーフィールドの多くの特性は、一部の科学者が「バイオプラズマ」と呼ぶ第五の物質状態を示唆している。

これらの研究は、消化器系のようなシステムで構成される身体の通常モデルが不十分であることを示している。組織化するエネルギーフィールドの概念に基づく追加のモデルを開発する必要がある。複雑な電磁場のモデルも、完璧にはこの目的には合わない。予知や過去生の情報など、生体エネルギーフィールドに関連した心霊現象の多くは、電磁場モデルでは説明できないのだ。

ヴァレリー・ハント博士によると、身体は「すべての組織やシステムに浸透している、身体の原子細胞的な性質から生まれるエネルギーの量子的概念から眺めることができる」。彼女は、生体エネルギーフィールドのホログラフィー的な見方を支持している。「物理学や脳の研究で浮上したホログラムの概念は、すべての生物学的知見を別の次元で再解釈することを要求する、真に統一された宇宙的な現実像を提供しているように思える」

マリリン・ファーガソンは、「ホリスティックなモデルは、科学と精神のすべての謎を解き明かす統合的な理論であり、〝浮上するパラダイム〟とみなされている。生物学と物理学を開かれたシステムの中で融合させる理論がついに登場したのだ」と『ブレイン・マインド紀要』の中で述べている。

第5章の復習

1. 生体エネルギーフィールドはどのように測定されてきたのか？
2. 人類が初めてオーラの現象を知ったのはいつか？
3. オーラが初めて観察されたのは、一九世紀のいつ、誰によってか？
4. 生体エネルギーフィールドの現象は、今日の科学が知っていることをどのように超えているのだろうか？

5. 今日の理論科学と実験科学の観点から見て、生体エネルギーフィールドを説明するのに適したモデルはどのようなものだろうか？

第6章　宇宙エネルギーフィールド

　大人になった私が再び生命エネルギーのフィールドを見始めたとき、懐疑的になり、混乱した。まだ参考文献（前の二つの章で言及している）を見つけていなかったし、第3章で言及しているガイダンスも受けていなかった。もちろん、科学者としてエネルギーフィールドについては知っていたが、個人的な感情を抜きにしたもので、数式によって定義されていた。生命エネルギーは実際に存在していたのだろうか？　意味があったのだろうか？　私は経験を捏造《ねつぞう》していたのではないだろうか？　希望的観測ではなかったのだろうか？　あるいは、私の現在の人生の状況、さらに言えば人生を丸ごと理解する上できわめて役に立つ意味のある整然とした別次元の現実を経験していたのだろうか？

　私はいにしえの奇跡について本で読んだが、それらはすべて過去に私が知らない人物に起こったことだった。多くは伝聞や空想のように思えた。物理学者のはしくれとして、これらの現象が「真実かどうか」を検証するための観察と照合が必要だった。そこで、データの収集を始めた。つまり、個人的な経験を集め、それらが物質世界と同じように、一定の論理的な形式やシステムに収まるかどうかを確認しようとしたのだ。私はアインシュタインの「神はサイコロを振って宇宙を創造したのではない」という言葉を信じていた。

観察した現象が、私の慣れ親しんだ世界と非常によく似ていることに気づいた。形態や形、色などが整然としていて、しかも因果関係に基づいていることが明白だった。しかし、そこにはいつも少しだけ未知で説明のつかない謎が残った。私たちが時間と空間を通り抜けていくとき、目の前で常に踊っている未知の謎がなければ、人生はどんなに退屈なものになるだろうと私は思うようになった。今では、魂が形成され、成長し、永遠に続く変容のダンスの中で、再び神と合体するためだけに、考え、思い、感じ、存在する個人的な「リアリティ」の体験をくぐり抜けているのだと理解している。

私が観察したものは、オーラやエネルギーフィールドについて書かれた多くの秘教的な文献と相関していた。色、動き、形態や形、すべて一致していた。ほとんどの場合、観察した後に本を読むのが普通だった。まるで、本を読むことで心に抱いたイメージを投影することがないように、最初に現象を経験するよう、目に見えない手で導かれているようだった。私は今、このガイダンスの経験を固く信じている。このガイダンスは、私の人生全体に歌のように浸透し、私が人間として成長し、開花していく中で、常に新しい経験や試練に導いてくれる。

宇宙エネルギーフィールドを「見る」エクササイズ

宇宙エネルギーフィールドを観察するためのもっとも簡単な方法は、ただ単に天気のよい日に芝生の上にリラックスして仰向けに寝ころび、青空を眺めることだ。しばらくすると、青空を背景にして、オルゴンの小さな球体がくねくねとしたパターンを描いているのが見えるようになる。微小な白い球のようなもので、黒点を伴っているときもある。黒点は一、二秒現れ、わずかな痕跡を残してまた消えていく。この観察を続け、視野を広げてみると、野原全体が同期したリズムで脈動しているのがわかる。晴れた日には、これらの小さなエネルギーの球は明るく、高速で移動する。曇りの日には、色が薄くゆっくりと移動し、数も少ない。スモッグの多い街では、数が一段と少なく、暗くて非常に動きが鈍い。十分に充電されていないのだ。私が観測した中で、ふんだんにもっとも明るく帯電した球体が見られたのは、スイスのアルプスだった。アルプスは晴れた日が多く、分厚い積雪で覆われている。どうやら太陽光が球体を帯電させているようだ。

今度は、青空を背景にした梢の端に視線を移してもらいたい。木々の周りに緑の靄《もや》がかかっているのが見えるかもしれない。不思議なことに、その靄の中には球体がないことにも気づくかもしれない。しかし、よく見ると、緑の靄の端に球体があり、くねくねとした模様を変えながら、木のオーラの中に流れ込み、消えていくのが見えるだろう。どうやら木のオーラが小さな球体を吸収しているようだ。木の周りの緑は、春や夏の展葉期（発芽から葉が開いていく時期）に現れる。春の早い時期、ほとんどの木のオーラは、木の赤い芽の色に似たピンクがかった赤みを帯びた色合いをしている。

観葉植物をよく見ると、同じような現象が見られる。植物を、背景を暗くして、明るい照明の下に置いて見てもらいたい。葉の成長方向に沿って青緑色の線が点滅しながら上昇していくのが見えるだろう。青緑色の線は突然点滅するが、その後、ゆっくり色褪せていき、植物の反対側で、再び点滅する。それらの線は、あなたの手や水晶を植物のオーラの近くにもっていくと、反応するだろう。植物から水晶を引っ込めると、植物のオーラと水晶のオーラが接触を維持するために伸びるのが見えるだろう。まるで水飴のように粘つくのだ（図表6－1参照）。

かつて私は、キルリアン写真で話題になっているファントム・リーフ・エフェクト（幻の葉っぱ効果）を見てみようとしたことがある。キルリアン写真の方法を使えば、葉っぱを半分切り取った後に葉っぱ全体を撮影することができる。私は葉のオーラを観察した。純粋な水色をしていた。葉を切ると、葉全体のオーラが血のようなえび茶色になった。私は後ずさりし、植物に謝った。一〜二分後に水色に戻ったとき、欠落した部分の痕跡がはっきりと残っていたが、キルリアン写真で見たような鮮明なものではなかった（図表6－2参照）。

無生物の物体にもオーラがある。ほとんどの個人的な持ち物は、所有者のエネルギーを染み込ませており、そのエネルギーを放射している。宝石や水晶は、何層にも重なった複雑な模様からなる興味深いオーラをもっており、治療に活用できる。たとえば、アメジストは、黄金のオーラをもち、自然に刻まれた面から黄金の光線が出ている。

宇宙エネルギーフィールドの特徴

第5章で述べたように、宇宙エネルギーフィールドは、歴史を通じて認知され、観察されてきた。私たちが知りうる太古の昔から研究されてきたのだ。それぞれの文化は、エネルギーフィールドの現象を表現する独自の名称をもち、特定の視点からそれを見ていた。見たものを表現する際、各文化は、宇宙エネルギーフィールドの似たような基本的特性を見出した。時代が進み、科学的方法が発達すると、西洋文化は宇宙エネルギーフィールドをより厳密に調査し始めた。

科学的な測定機器の性能が洗練されていけば、宇宙エネルギーフィールドのより細かい性質を測定することができるようになる。これらの調査から、宇宙エネルギーフィールドはおそらく、これまで西洋の科学では定義されていなかったエネルギーから構成されているのではないか、あるいは、我々が一般

図表6-1　植物のオーラへの水晶（宝石）の影響

的に物質と考えているものよりも、微細な物質から構成されているのではないかと推測することができる。もし物質を凝縮されたエネルギーと定義するならば、宇宙エネルギーフィールドは、現在考えられている物質の領域とエネルギーの領域の中間に存在している可能性がある。これまで見てきたように、一部の科学者は宇宙エネルギーフィールドの現象をバイオプラズマと呼んでいる。

ジョン・ホワイト博士とスタンリー・クリップナー博士は、宇宙エネルギーフィールドの特性をたくさんリストアップしている。宇宙エネルギーフィールドは、すべての空間、生物と無生物に浸透し、すべての物体を互いにつなぎ合わせている。また、一つの物体から別の物体へと流れる性質をもっている。その密度はエネルギー源からの距離に反比例して変わる。宇宙エネルギーフィールドはまたハーモニック・インダクタンス（調和誘導）や共鳴の法則——音叉を叩くと、近くの音叉が同じ周波数で振動し始め、同じ音を出すという現象——に従う。

視覚的な観察では、フィールドが、一連の幾何学的な点、独立して脈動する光の点、螺旋、線の網目模様、きらめきや雲によって高度に組織化されていることが明らかになっている。フィールドは脈打っており、触覚、味覚、嗅覚で感知でき、超感覚的知覚で感じることが可能な音と光を伴っている。

研究者たちは、宇宙エネルギーフィールドが基本的に相乗作用をもっていると述べている。つまり、個々の効果が同時に作用し、個々の効果を足し合わせたよりも大きな総合効果を生み出すということだ。私たちは物理的現実の中でよく目にしている形や秩序のゆっくりとした崩壊現象を説明するのに、エントロピーという言葉を使うが、このフィールドはエントロピーの対極にある。宇宙エネルギーフィールドは物質を組織化する効果をもち、形を形成する。どうやら三次元以上の次元に存在しているようだ。物質世界におけるあらゆる変化に、このフィールドの変化が先行する。宇宙エネルギーフィールドは高

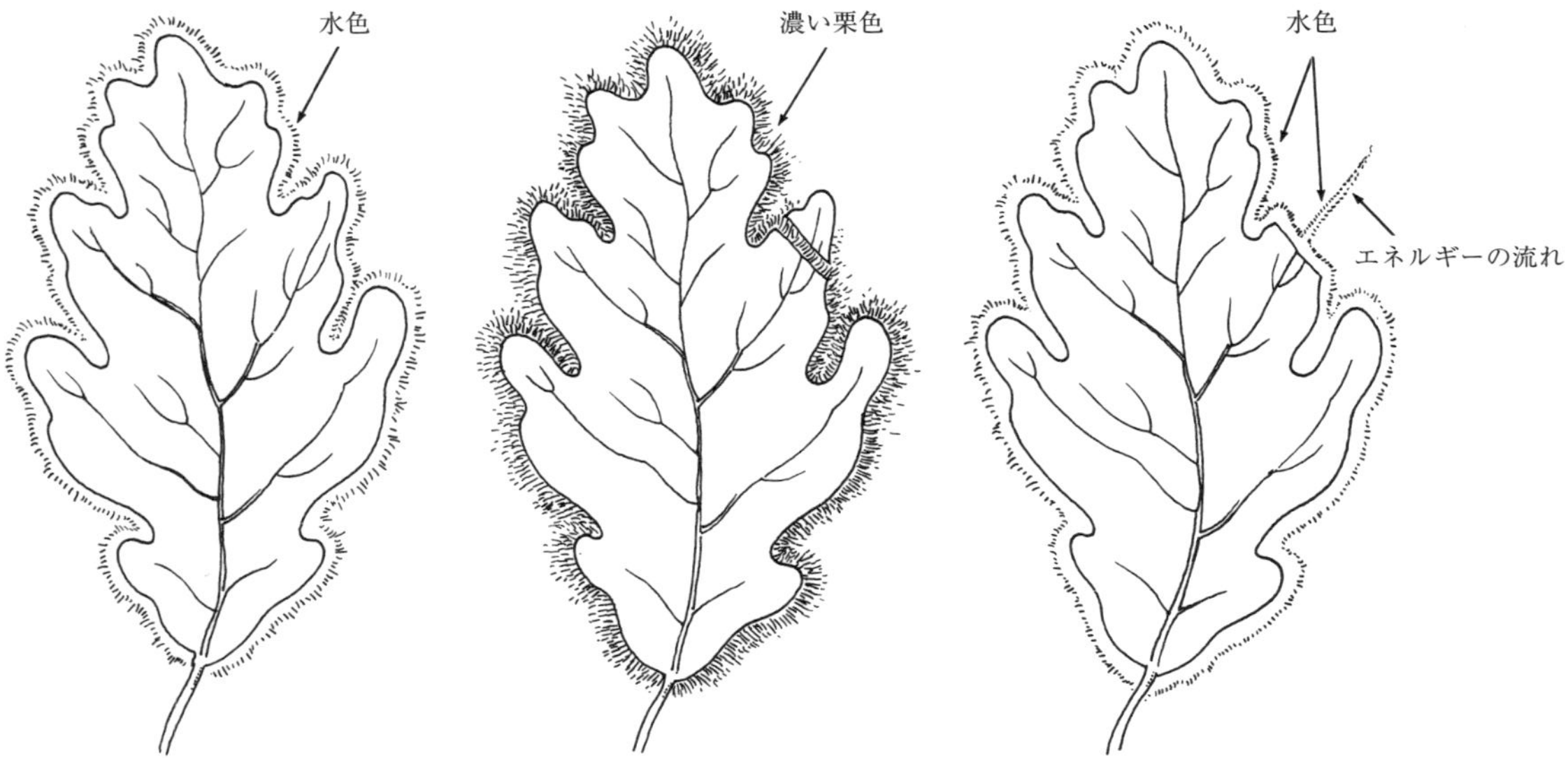

図表6－2　幻の葉っぱ効果の検証

度に発達した意識から非常に幼稚な意識まで、ある種の意識の形態と必ず結びついている。高度に発達した意識は、「より高い波動」やエネルギーレベルに関連している。

ある意味で、宇宙エネルギーフィールドは、私たちが自然界で知っている他のすべてのものとそれほど違わないことがわかっている。けれども、私たちは、宇宙エネルギーフィールドがもっているすべての特性を理解せずにはいられない気持ちにさせられる。あるレベルでは、塩や石のような「普通」のものであり、通常の科学的方法で定義できる性質をもっている。一方で、その特徴をより深く探っていくと、通常の科学的説明が通用しなくなる。捉えどころがなくなってしまうのだ。電気やその他のありきたりの現象と同じ範疇《はんちゅう》に収まるとみなしたとたん、指の間からこぼれ落ち、「一体、これは何なのだろう?　そもそも電気って何だろう?」と考えさせられてしまうのだ。

宇宙エネルギーフィールドは三次元を超えた次元に存在している。それは何を意味するのだろう?　それは相乗作用をもち、形を作り上げている。これは熱力学の第二法則に反する。エントロピーは常に増大するという熱力学の第二法則は、宇宙の無秩序は常に増大しており、自分が与えた以上のエネルギーを得ることはできないとしている。何かにエネルギーを与えるとき、あなたは常に与えたよりも少しだけ少ないエネルギーしか得られないのだ（永久運動のマシンは作られていない）。だが、これは宇宙エネルギーフィールドには当てはまらない。それは常により多くのエネルギーを生み出し続けているようだ。コルヌコピア［ギリシャ神話でゼウスに授乳したヤギの角。豊穣の角］のように、どれだけ取り出しても、常に満たされたままなのだ。これはすこぶる刺激的な概念である。私たちが原子力時代の悲観論に沈んでいく危険性がある中で、未来に対する明るい希望に満ちた展望を与えてくれるからだ。おそらく、いつの日か私たちは、宇宙エネルギーフィールドのエネルギーを利用して、自分自身を傷つけることを恐れずに、必要なすべてのエネルギーを手に入れる機械を作ることができるだろう。

第6章の復習

1. オーラとは何か?
2. ペニー銀貨にもオーラはあるのだろうか?
3. オーラをもたないものは何か?
4. 宇宙エネルギーフィールドの特徴について説明せよ。

第7章　生体エネルギーフィールドあるいは人間のオーラ

生体エネルギーフィールドは、人間の生命に密接に関わっている宇宙エネルギーの顕れである。それは、物理的な身体を取り囲み、内部に浸透し、普通「オーラ」と呼ばれる独自の特徴的な放射線を発する発光体として説明できる。オーラとは、宇宙エネルギーフィールドが物質と結びついている部分を指す。人間のオーラ、または生体エネルギーフィールドは、宇宙エネルギーフィールドが人間の肉体と結びついている部分にあたる。研究者たちは、観察に基づいて、オーラをいくつかの層に分割する理論的なモデルを作り上げた。これらの層はときに「ボディ」と呼ばれ、連続する層を成して相互に浸透し、肉体を取り囲んでいる。隣接するそれぞれのボディは、肉体から離れるに従ってより微細な物質とより高い「波動」で構成されるようになる。

人間のオーラを見るエクササイズ

以下に紹介するエクササイズは、生体エネルギーフィールドを感じられるようになるもっとも簡単な方法である。グループの場合、円陣を組んで手をつないだら、あなたのオーリックフィールドのエネルギーが円に沿って流れるのをイメージする。そして、しばらくの間、その脈動する流れを感じてもらいたい。それはどちらの方向に向かっているだろう？　あなたの隣の人はどちらに向かっていると感じているだろう？　方向は同じだろうか？

次に、何もしないまま、手を動かさずに全員でエネルギーの流れを止めてみよう。しばらくの間（みんなで）止めたままにして、再び流れさせる。もう一度やってみよう。違いが感じられるだろうか？　どちらがお好みだろう？　では、次にパートナーと同じことをしてみよう。向き合って座り、手のひらを合わせてエネルギーを自然に流すのだ。エネルギーはどちらの方向に向かうだろう？　あなたの左の手のひらからエネルギーを押し出し、右手に入ってくるのをイメージしよう。その逆も試してもらいたい。では、流れを止めてみよう。次に、一度に両手で押し出してみよう。逆に両手で吸い込んでみる。押す、吸い込む、止めるは、ヒーリングにおいてエネルギーを操作するための三つの基本的な方法である。それらがうまくできるようになるまで練習してもらいたい。

今度は、両手を下ろし、両の手のひらを約五センチから一三センチ離して向かい合わせ、ゆっくりと手を動かして、両手の間隔を狭めたり広げたりしてみる。そして、両手の間に何かを作ってみよう。それを感じられるだろうか？　では両手を二〇センチから二五センチぐらいまで離してみよう。そして、ゆっくりと両手の感覚を狭めていく。両手に少し力を込めないと押し戻されるような感じがするだろうか？　そう感じるなら、今、あなたは自分のエネルギーボディの一つのエッジ（境界）に触れたのだ。もし両手が二・五センチから三センチぐらい離れていれば、あなたが触れたのはエーテルボディ（オーラの最初の層）のエッジである。七・五センチから一〇センチぐらい離れていれば、感情界ボディ（オーラの第二の層）に触れている。では、右手の感情界ボディないしエネルギーフィールドの外側のエッ

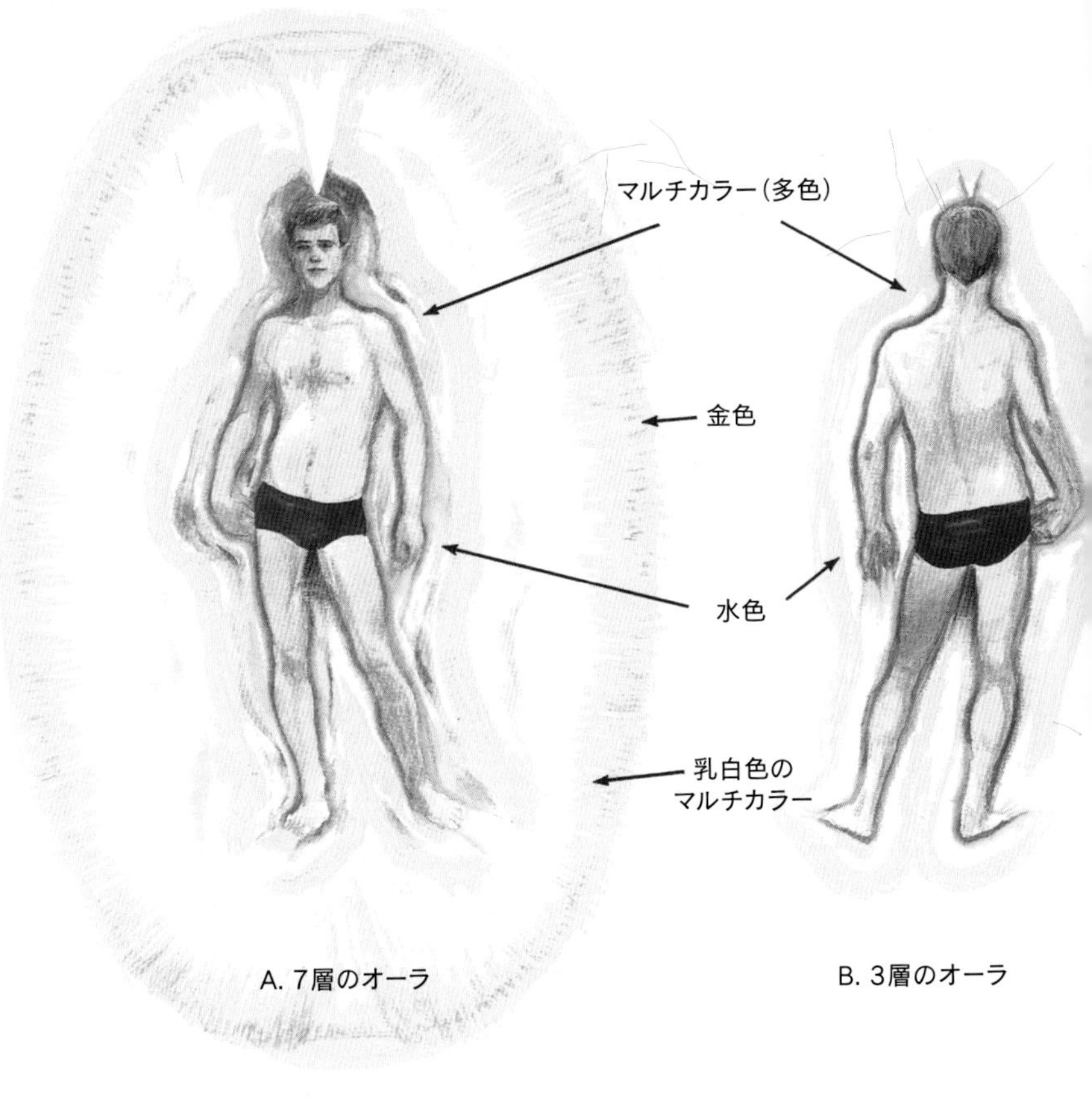
マルチカラー(多色)
金色
水色
乳白色の
マルチカラー
A. 7層のオーラ
B. 3層のオーラ

図表7-1
正常なオーラ

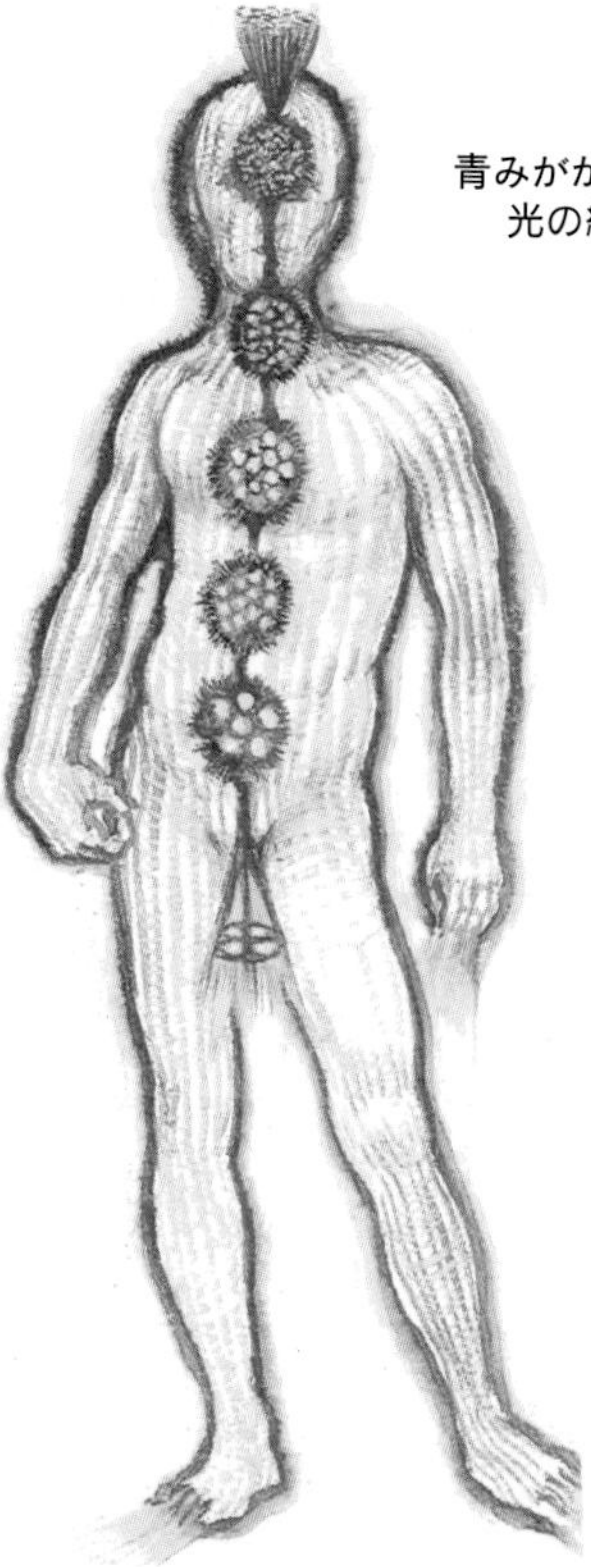

図表7-7
エーテルボディ

図表7-8
感情界ボディ

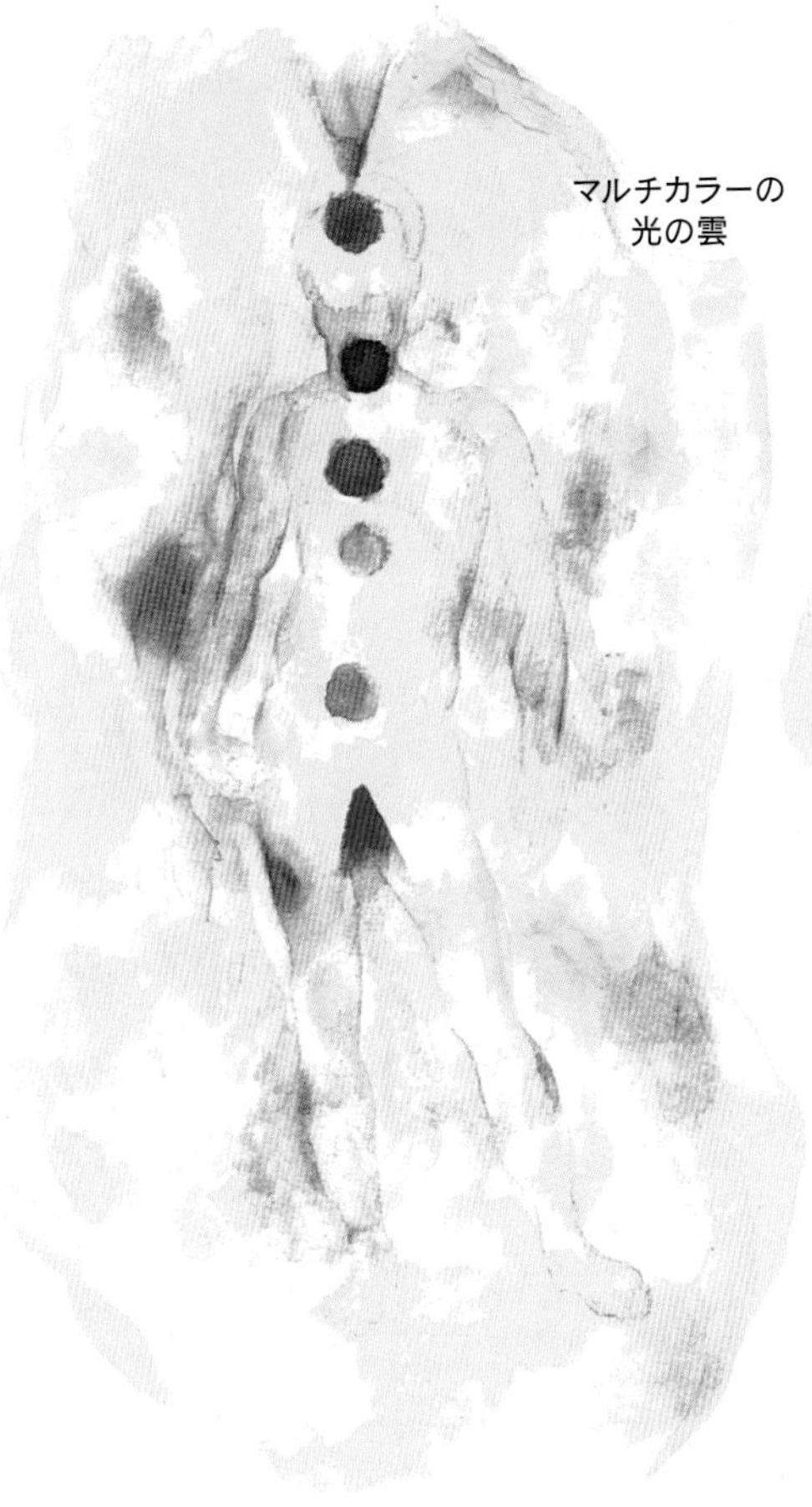

図表7-10
アストラルボディ

図表7-９
精神界ボディ

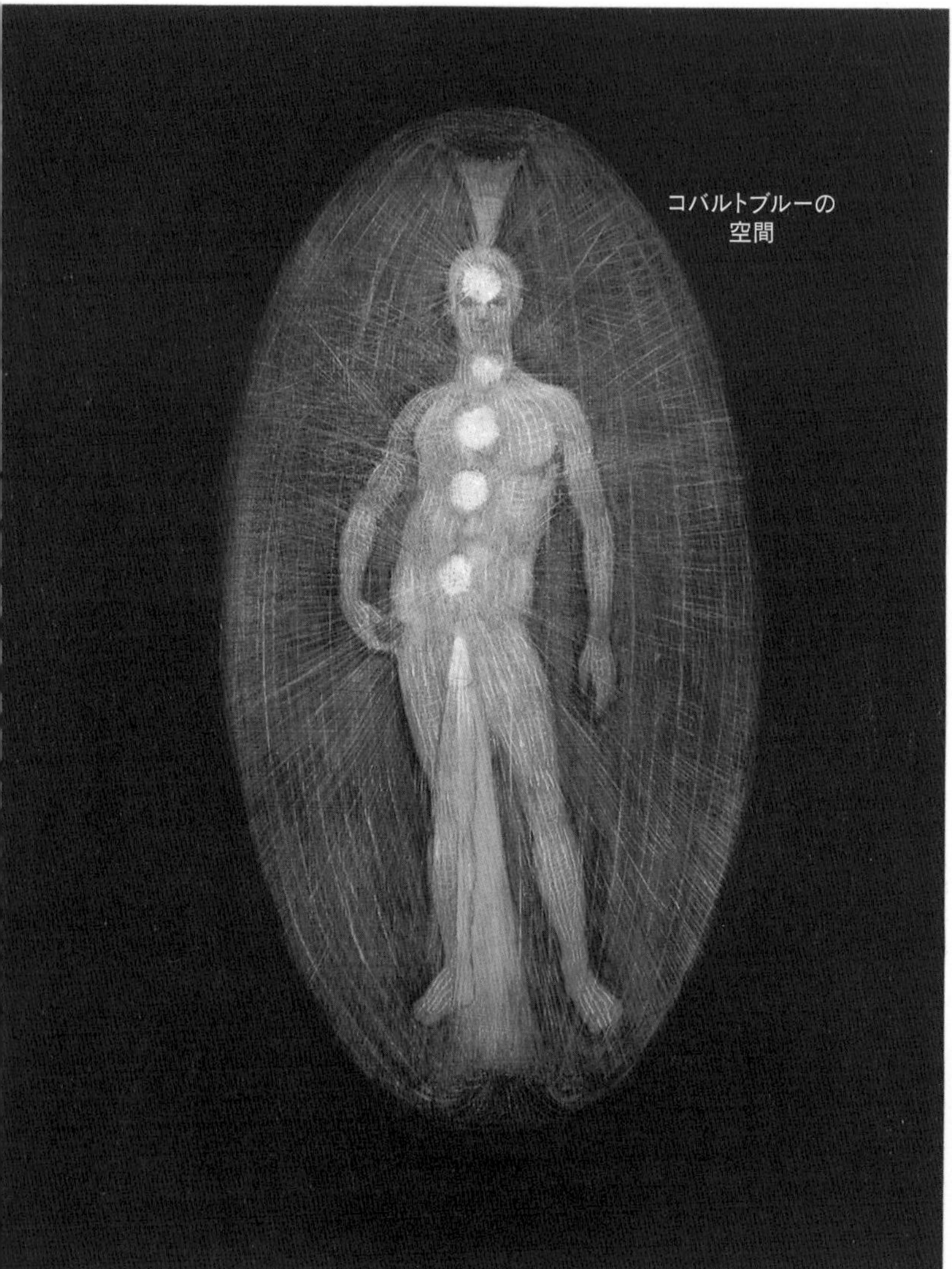

図表7-11
エーテルテンプレートボディ

図表7-12
天空界ボディ

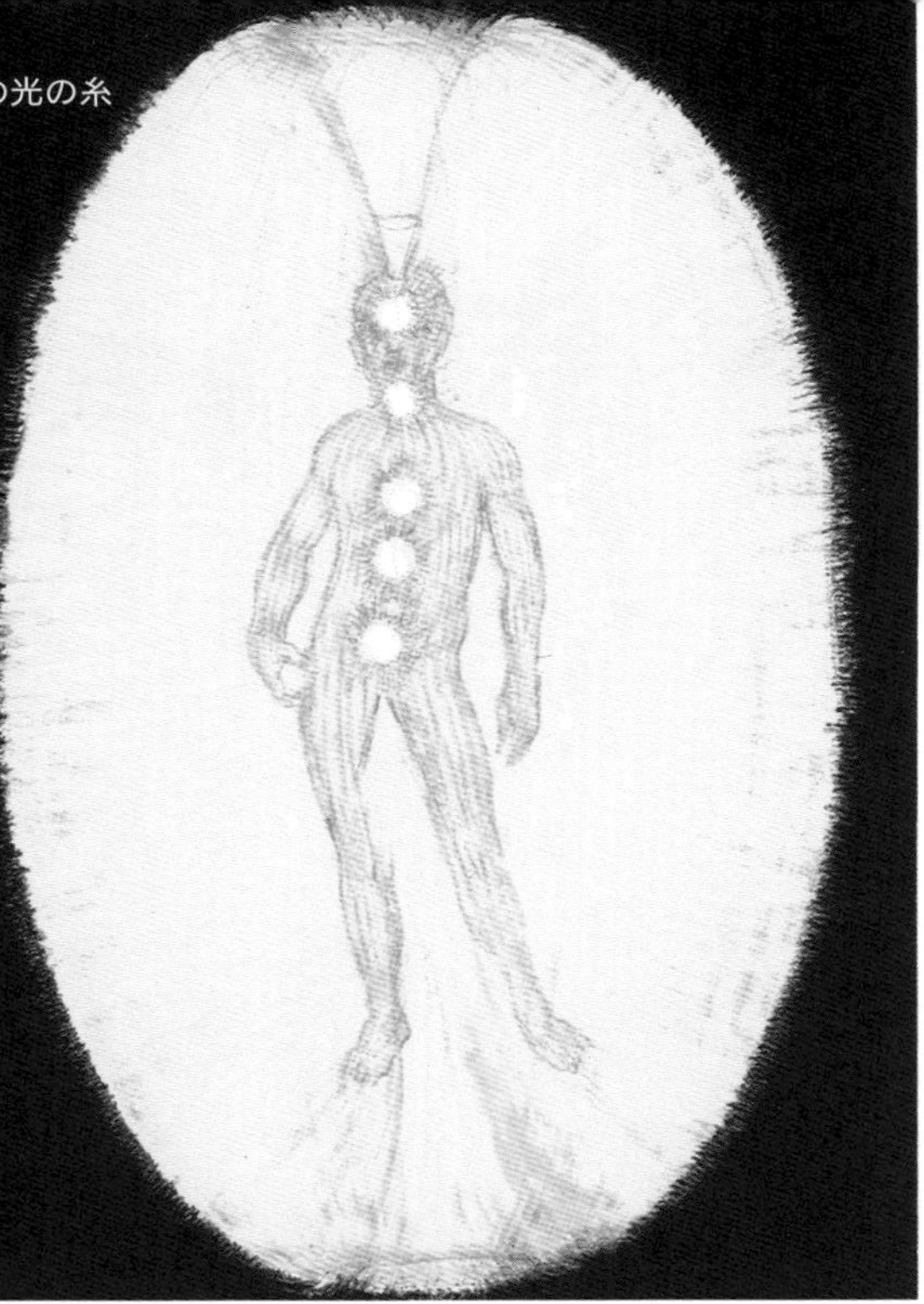

図表7-13
ケセリックテンプレートボディ

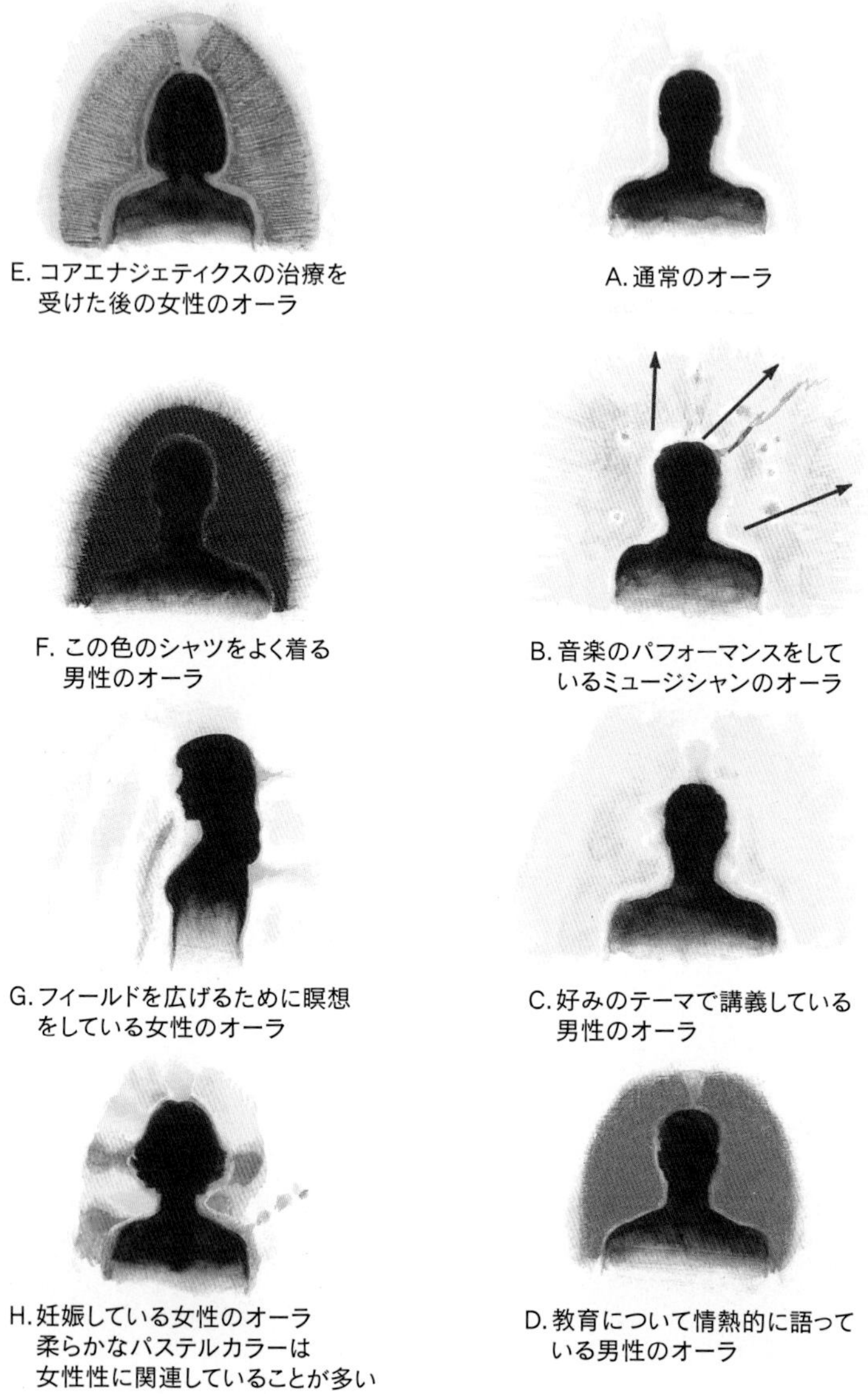

図表11-1
動いているオーラ

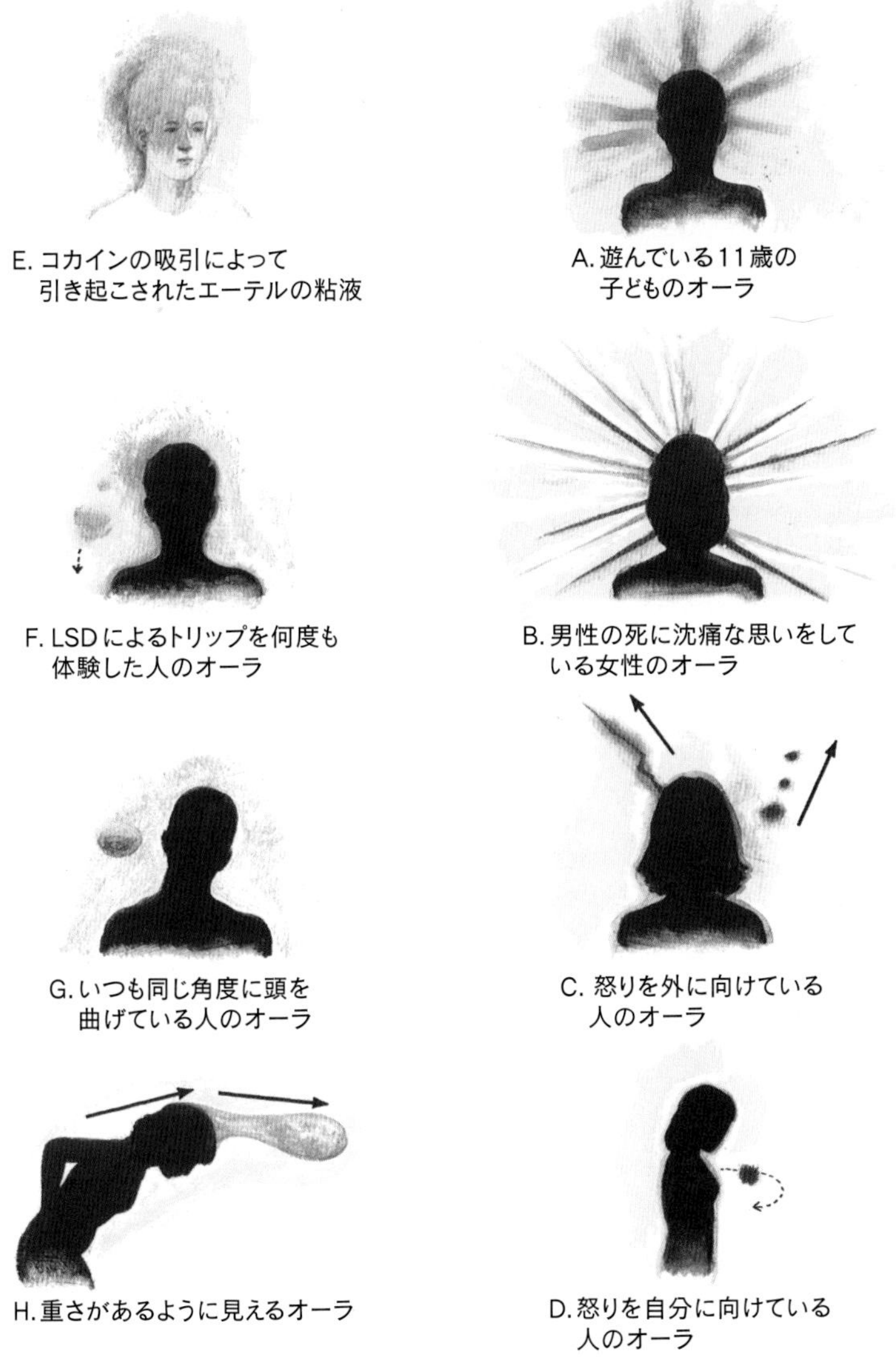

図表11-2
セラピーセッション中に見られるオーラ

コアエナジェティクスのセッションを
受けている女性

図表11-5
ピンクと白のエネルギーの雲を吐き出すことによって自己防衛する女性

ジが左手の手のひらの皮膚に触れるのを実際に感じられるまで、慎重に両手を近づけてみよう。右手の手のひらを左手の手のひらから二・五センチぐらいまで近づけてみる。そのとき、あなたのエネルギーフィールドのエッジが左手の甲に触れれば、ヒリヒリとした感覚を覚えるだろう。それは右手のエネルギーフィールドが左手を通り抜けたことを意味している！

もう一度、両手を離し、一七・五センチぐらいの間隔を保とう。右手の人差し指を左手の手のひらに向け、指先が手のひらから約一・二五センチから二・五センチ離れていることを確認してもらいたい。そうしたら、手のひらに円を描く。何を感じるだろう？　くすぐったいだろうか？　それは何だろう？

部屋の明かりを薄暗くして、指先がお互いの方を向くようにする。両手を顔の前およそ六〇センチのところに保つ。背景に真っ白な壁があることを確認しよう。目をリラックスさせ、三・八センチぐらい離した指先と指先の間の空間をじっと眺める。明るい光の方を見ないようにし、目をリラックスさせてもらいたい。何が見えるだろう？　一旦、指先を近づけ、またさらに離してみよう。指の間の空間で、何が起こっているだろう？　手の周りには何が見えるだろう？　違う指同士が向き合うように、片方の手をゆっくりと上げ、もう一方の手を下げてみよう。今、何が起きているのだろうか？　このエクササイズを試みる人の九五パーセントが何かを見る。誰もが何かを感じるのだ。これらの質問への答えは、この章の最後を参照してもらいたい。

これらのエクササイズや第11章の「他人のオーラを観察する」エクササイズを行うと、図表7－1B（カラー口絵参照）に示されているように、オーラの最初のいくつかの層が見えるようになる。後に、低い層を見ることに慣れてきたら、第17章、第18章、第19章で説明されているような超感覚的知覚のエクササイズができるようになる。あなたの第三の目（第六チャクラ）がもっと開けば、より高いレベルのオーラが見え始めるだろう（図表7－1A、カラー口絵参照）。

ほとんどの人が低レベルのオーラを感じ、見、経験した今、それらを言葉で説明してみよう。

オーラの解剖学

人々が自らの観察を通して見たオーリックフィールドを定義するためのシステムは数多くある。これらのシステムはすべて、オーラをいくつかの層に分割し、場所、色、明るさ、形態、密度、流動性や機能によって各層を定義する。それぞれのシステムは、個人が行っているオーラの研究に合わせて調整されている。私のものにもっともよく似ている二つのシステムは、ジャック・シュワルツがその著『生体エネルギーシステム（*Human Energy Systems*）』の中で紹介している、七つ以上の層をもつシステムと、カリフォルニア州グレンデールにあるヒーリング・ライト・センターのロザリン・ブリエール牧師が使っているシステムである。七つの層から成る彼女のシステムは、彼女の著書『光の輪』（鈴木真佐子訳、太陽出版）の中で詳しく述べられている。

オーリックフィールドの七つの層

私は、カウンセラーやヒーラーとして活動する間に、七つの層を観察してきた。最初は、もっとも密度が高くて見やすい低い層しか見ることができなかったが、経験を積めば積むほど、より多くの層を知覚できるようになった。高い層になるほど、知覚するために拡大した意識が必要とされた。つまり、第五、第六、第七の層のような高い層を知覚するためには、通常、目を閉じて瞑想状態に入る必要があった。何年もの練習の後、この章の最後で簡単に説明しているように、第七層を超えて見えるようにさえなった。

オーラの観察は私に興味深い二元的なフィールド・パターンを明らかにした。フィールドの一つおきの層が、光の定常波のパターンのように高度に構造化されているのに対し、その間の層は、恒常的な動きの中にある色のついた流体で構成されているように見える。これらの流体は、揺らめく光の定常波によって設定される形を通って流れている。流体は光の定常ラインに沿って流れているので、流れの方向は定常光の形によって幾分左右される。定常光の形自体も、キラキラ光っており、あたかも、異なる速度で素早く点滅する多くの細い光の紐《ひも》で構成されているかのようだ。これらの光の定常ラインが、小さな電荷をラインに沿って動かしているように見える。

このように、第一、第三、第五、第七の層はすべて明確な構造をもっているのに対し、第二、第四、第六の層は、特定の構造をもたない流体のような物質で構成されている。それらは、奇数層の構造を通って流れる形を獲得しているため、構造化された層の形に多少影響されている。連続する各層は、肉体を含め、下のすべての層に完全に浸透している。このように、感情界ボディはエーテルボディを超えて広がり、エーテルボディと肉体の両方を包み込んでいる。私たちはそれぞれのボディを「層」として知覚するかもしれないが、実際には「層」ではない。内部に他のより制限された形を抱えもつ自己の拡大バージョンである。

科学者の視点から見ると、各層はより高い振動レベルにあり、その下の振動レベルと同じ空間を占め、それを超えて広がっていると考えられる。上のレベルを一つ一つ知覚するためには、観察者は意識の中でそれぞれの新しい周波数レベルに上昇しなければならない。このように、私たちは同時に同じ空間を占める七つのボディをもっている。それぞれのボディは前のボディを超えて広がっている。これは日常生活では馴染みのない状態である。多くの人々は、オーラを、連続する層を剝がすことができるタマネギのようなものだと誤って考えるが、そうではない。

構造化された層には、内臓や血管など人体がもっているすべての形状に加え、人体がもっていない形状までもが含まれている。脊椎には、フィールドを上下に脈動するエネルギーの垂直な流れがある。それは頭の上や尾てい骨の下から、肉体の外にまで広がっている。私はこれを「メインの垂直流」と呼んでいる。フィールド内には、チャクラと呼ばれる渦巻く円錐形の渦がある。それらの先端は、メインの垂直流に入り込み、開いている方の端は、フィールドの各層の端まで伸びている。

オーリックフィールドの七つの層とチャクラ

オーラのそれぞれの層は見かけが異なり、独自の機能をもっている。各層は、チャクラとつながっている。つまり、第一の層は第一のチャクラとつながり、第二の層は第二のチャクラとつながっている。これは一般的な概念で、このテーマをより深く掘り下げていくと、もっと複雑になっていくが、今のところは、読者に一般的な全体像をつかんでもらうためにリストアップしておこう。フィールドの第一層と第一チャクラは、身体的な機能や感覚、つまり身体的な痛みや快感を感じることに関連している。第一の層はまた、身体の自動機能や自律神経の機能に結びついている。第二層と第二チャクラは、一般的に人間の感情的な側面に関連している。それは、私たちの感情生活やフィーリングを司る媒体でもある。第三層は私たちの合理的な精神生活に結びついている。第三チャクラは直線的思考に関連している。第四層は、ハートチャクラとつながっており、私たちがパートナーだけでなく、人類全体を愛するための媒体となっている。第四チャクラは、愛のエネルギーを司るチャクラである。第五層は、より高い意志に関連しており、神聖な意志につながっている。第五チャクラは、言葉の力、すなわち、話すことによって何かを存在せしめ、聞き、自分の行動に責任を取ることに結びついている。第六層と第六チャクラは、天上の愛に関連している。それは、人間の愛の範囲を超えて、すべての生命を包み込む愛で、あらゆる生命の保護と育成のための思いやりとサポートを宣言する。それは、すべての生命形態を神の貴重な顕現物として保持する。第七層と第七チャクラはハイアーマインドに関連しており、私たちの精神と肉体の構造を知り、統合する高次の力とつながっている。

このように、私たちのエネルギーシステムの中には、医師やセラピストに報告する感覚、感情、思考、記憶、その他の非肉体的な経験と結びついた具体的な場所が存在する。私たちの身体症状がこれらの場所にどのように関わっているかを理解すれば、さまざまな病気の性質だけではなく、健康と病気の両方の性質を理解する役に立つ。したがって、オーラの研究は、伝統的な医学と私たちの心理学的な問題とを橋渡しするものである。

七つのチャクラの位置

図表7－2Aに示された肉体上の七つの主要チャクラの位置は、肉体の主要な神経叢に対応している。ラジオニクスの専門家であるデヴィッド・タンズリー博士は、著書『ラジオニクスと人間の微細体(*Radionics and the Subtle Bodies of Man*)』の中で、七つの主要チャクラは、光の定常ラインが二一回交差する地点に形成されていると述べている。

二一個のマイナーなチャクラは、エネルギーが一四回交差する地点に位置している。具体的に言うと、左右の耳の前に一つずつ、左右の胸の上に一つずつ、鎖骨が出会う場所に一つ、左右の手のひらに一つずつ、左右の足の裏に一つずつ、左右の目のすぐ後ろに一つずつ（図示されていない）、左右の生殖腺

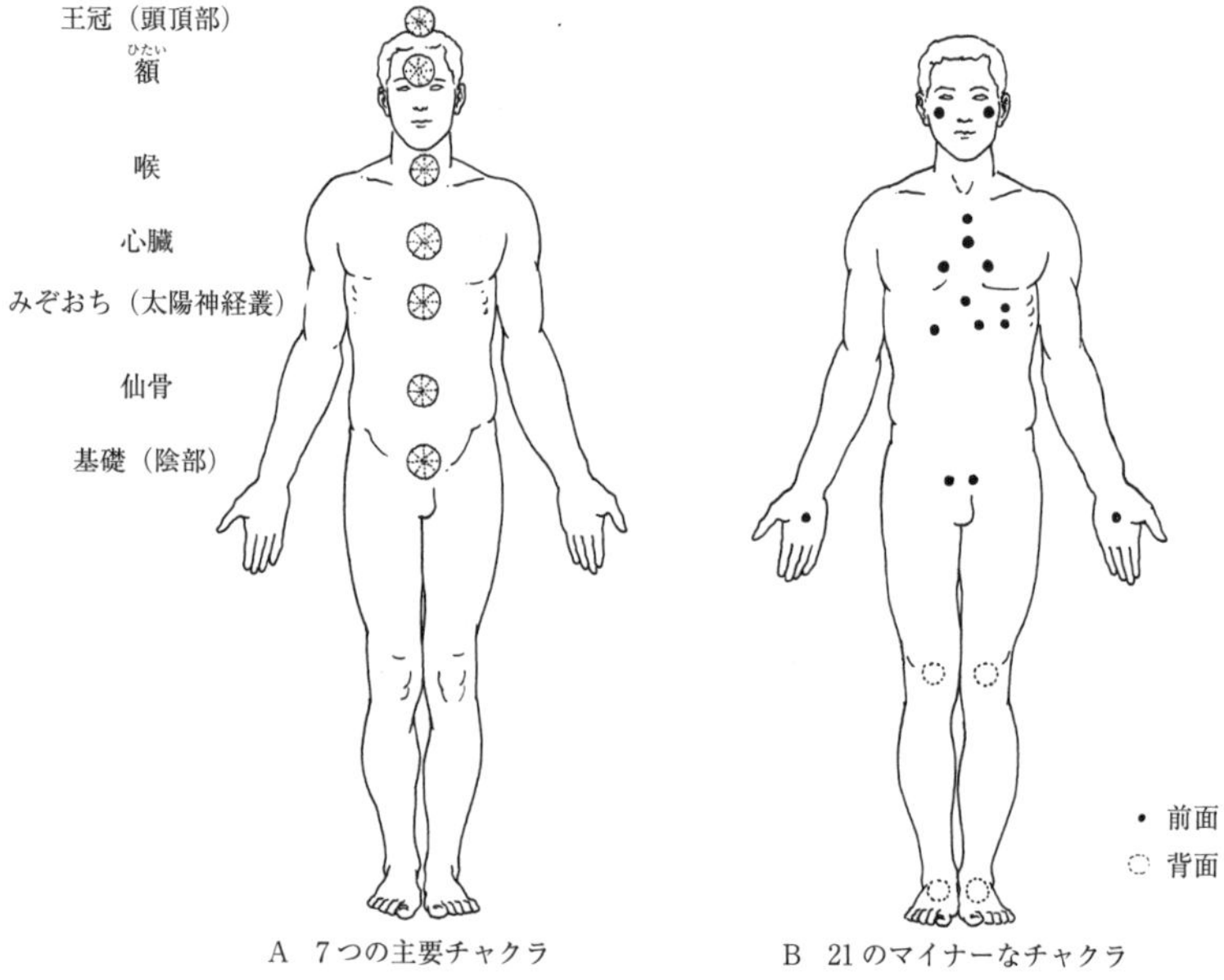

図表７－２　チャクラの位置（診断上の見方）

に関連する位置に一つずつ、肝臓の近くに一つ、胃と結びついている位置に一つ、脾臓に関連する位置に二つ、膝の裏に一つ、胸腺の近くに一つ、そして太陽神経叢の近くに一つである。これらのチャクラは、直径約七・五センチで、身体から二・五センチほど離れたところにある。手のひらにある二つのマイナーなチャクラは、ヒーリングにおいてきわめて重要である。エネルギーのラインが七回交差するところに、さらに小さな渦巻ができている。これらのラインが交差する回数が少ないところにも、小さな力のセンターがたくさんある。タンズリーは、これらの小さな渦巻が、中国医学の経穴《けいけつ》に対応している可能性が高いと述べている。

身体の前面にあるそれぞれの主要なチャクラは、身体の背面にあるチャクラと対になっており、まとめて一つのチャクラの前面と背面と考えられている。前面のチャクラはその人の感情、背面のチャクラは意志に関わっており、頭部の三つのチャクラが精神的なプロセスに関わっている（図表7－3参照）。このように、第二チャクラは2Aと2Bの要素をもち、第三チャクラは3Aと3Bの要素をもっている。それが第六チャクラまで続いている。お望みなら、第一チャクラと第七チャクラは対になっていると考えてもいいかもしれない。すべてのチャクラが向かう脊椎を上下に移動する主要な垂直流の、開かれた両端だからだ。

チャクラが主要な垂直流に接続するポイントまたは先端は、チャクラのルーツあるいは心臓と呼ばれている。これらの心臓の中に、チャクラを介してオーラの各層間のエネルギー交換を制御する封印（シール）がある。つまり、七つのチャクラのそれぞれには七つの層があり、それぞれがオーリックフィールドの一つの層に対応しているということだ。おのおののチャクラは、後の章で詳しく説明するが、層によって異なって見える。特定のエネルギーがチャクラを通ってある層から別の層に流れるためには、チャクラのルーツにある封印を通過しなければならない。図表7－4は、相互に浸透し合う七つの層を

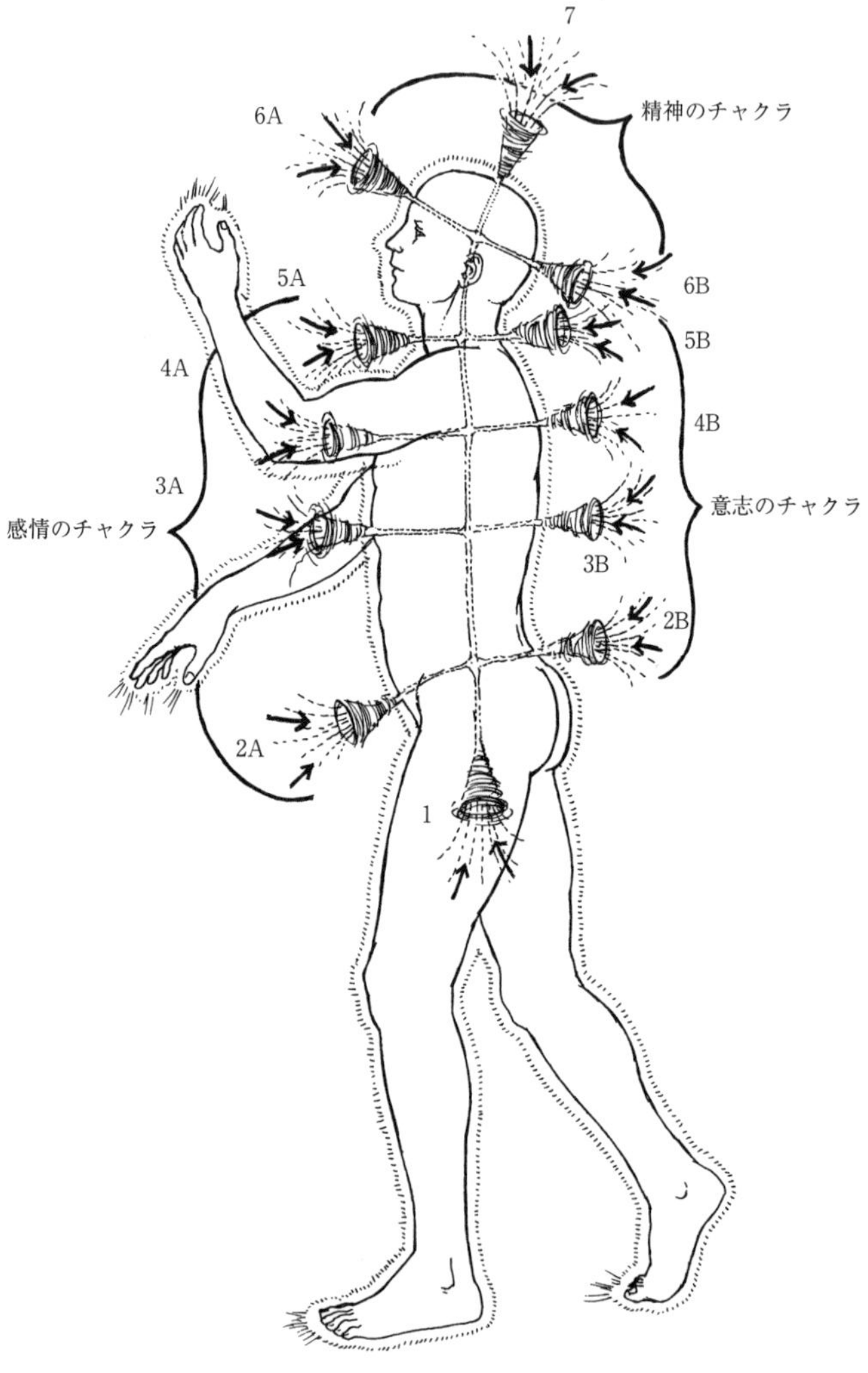

図表７−３　７つの主要なチャクラ　前面と背面を観る
（診断上の見方）

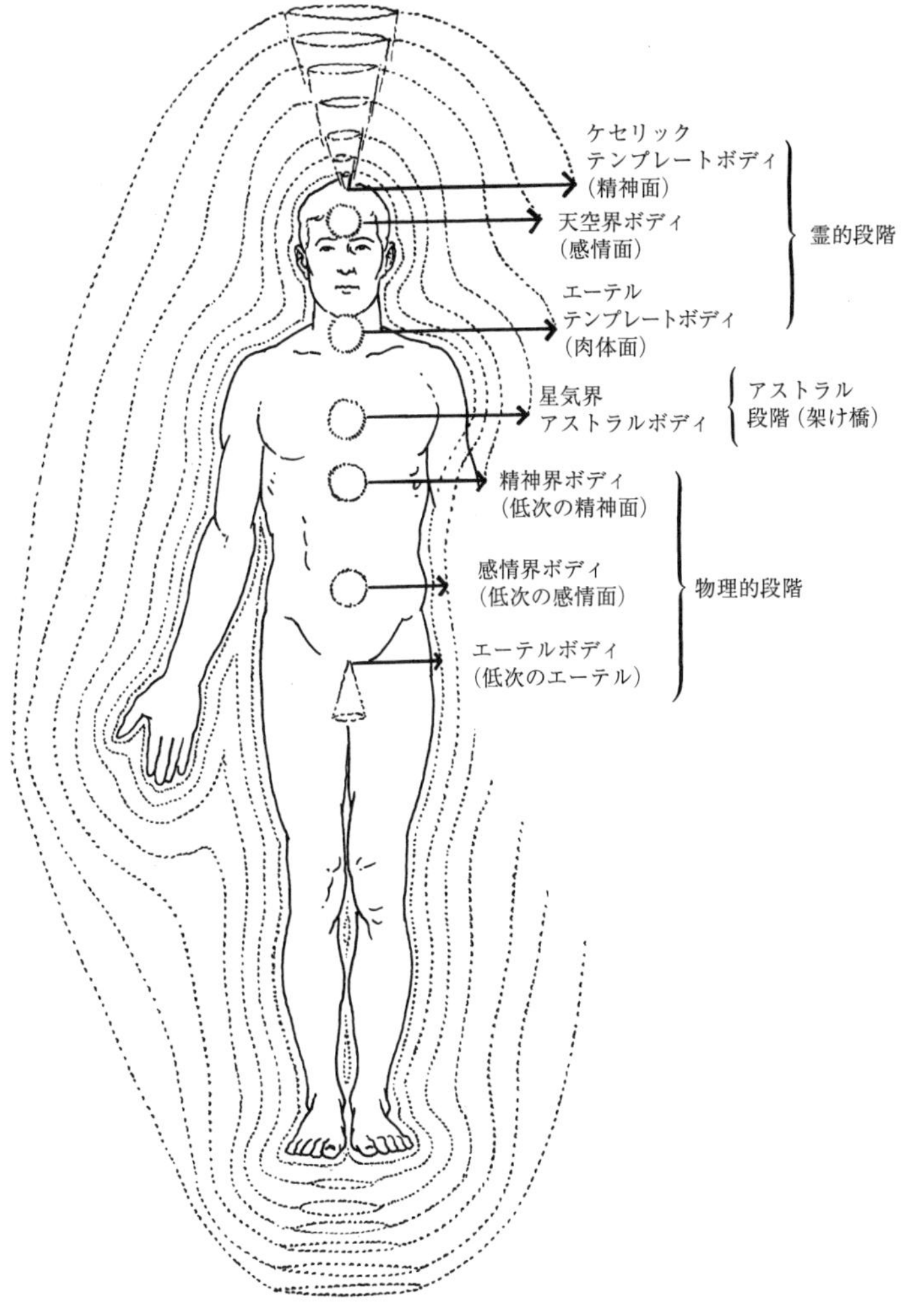

図表７－４　７層から成るオーラボディのシステム

すべて備えたオーリックフィールドと、相互に浸透し合う七つの層から成るチャクラを示している。

エネルギーが、宇宙エネルギーフィールドから、これらのチャクラのすべてに流れ込んでいるのを見ることができる（図表7－3）。一つ一つの回転するエネルギーの渦巻が、宇宙エネルギーフィールドからエネルギーを吸い込んでいるようだ。それらは、渦巻、サイクロン、水の噴出口、ハリケーンなど、私たちが水中や大気中でなじんでいる流体渦と同じように機能しているようだ。オーラの最初の層にある通常のチャクラの開かれた端は、身体から二・五センチの距離にあり、直径約一五センチである。

七つのチャクラの機能

これらの渦巻のそれぞれは、宇宙エネルギーフィールドとエネルギーを交換している。したがって、私たちが「開かれている」感じがすると言うとき、それは文字通りの意味で言っているのだ。主要なチャクラ、マイナーなチャクラ、あまり知られていない微小なチャクラ、経穴はすべて、エネルギーがオーラに出入りする開口部である。私たちは、エネルギーの海に浮かぶスポンジに似ている。このエネルギーは常に一つの意識の形態と結びついているので、私たちは、見る、聞く、感じる、察知する、直感する、直接知るといったことで交換するエネルギーを経験する。

「開かれている」状態は、二つのことを意味している。一つは、大小のすべてのチャクラを通して、宇宙フィールドからのたくさんのエネルギーを代謝するということ。もう一つは、私たちを通して流れているエネルギーに結びついたすべての意識を取り込み、何らかの方法で処理するということである。それは簡単なことではないし、ほとんどの人はできない。単に、受け取る情報が多すぎるからだ。各チャクラに結びつく心理学的な素材は、チャクラを通るエネルギーの流れを増やすことで意識にもたらされる。あまりにも多くの心理的素材が突然のエネルギーの流れによって解放されると、私たちはそれらをすべて処理することができなくなる。それゆえ、どのような成長過程にあっても、ゆっくりと一つ一つのチャクラを開放していかなければならない。そうすれば、解き放たれた個人的な素材を処理し、新しい情報を自分の人生に統合するための時間的余裕がもてるだろう。

重要なのは、チャクラを開き、エネルギーの流れを増やすことである。流れるエネルギーの量が多くなればなるほど、健康になれるからだ。システムの病は、エネルギーのバランスが崩れたり、エネルギーの流れが遮断されたりすることによって起こる。言い換えれば、生体エネルギーシステムの流れの欠如が、最終的に病気につながるということだ。また、それは私たちの認識を歪め、感情を抑制するため、滞りのない充実した人生経験を妨げるようになる。けれども、私たちは心理学的にまだ未熟なので、チャクラを開きっぱなしにはできない。できるようになるにはもっと成熟して明晰にならなければならない。

五感はそれぞれ、一つのチャクラと結びついている。触覚は第一チャクラに、聴覚、嗅覚、味覚は第五チャクラ（喉のチャクラ）に、視覚は第六チャクラ（第三の目のチャクラ）につながっている。これについては、知覚を取り上げる章で詳しく説明するつもりだ。

オーラボディのチャクラは、三つの主要な機能をもっている。

1. それぞれのオーラボディを活性化し、ひいては肉体に生気を与える。
2. 自己意識のさまざまな側面の発達を促す。各チャクラは、特定の心理的機能に関連している。第10章では、エーテルボディ、感情界ボディ、精神界ボディの特定のチャクラを開くことによる心理的な効果を扱う。

3. オーラの層の間でエネルギーを伝達する。それぞれのオーラの層は、独自の主要な七つのチャクラを一組ずつもっている。それは物質的肉体のチャクラと同じ場所にある。折り重なっていく各層が、どんどん増大する何オクターブもの周波数に存在しているので、それが可能となる。たとえば、第四チャクラには、実際、周波数がより高い七つのチャクラがある。これらのチャクラは、重ねたコップのようにお互いの中に収まっているように見える。より高い層にある各チャクラは、オーリックフィールドにまで（オーラの層のエッジまで）伸びていて、下位の層よりもわずかに広くなっている。

エネルギーは、チャクラの先端にある通路を通って、層から層へと伝達される。ほとんどの人の場合、これらの通路は封印されている。通路はスピリチュアルな浄化作業によって開かれる。そのとき、チャクラは層から層へのエネルギーの伝達者となる。エーテルボディのそれぞれのチャクラは、それを取り囲み、浸透する次のより微細なボディの同じチャクラに直接接続されている。感情界ボディのチャクラは、次のより微細なボディである精神界ボディのチャクラにつながり、七つの層すべてがこのようにして順次つながっている。

東方密教の文献では、チャクラはそれぞれ一定の数の花弁をもっている。仔細に調べてみると、これらの花弁は高速で回転する小さな渦のように見える。それぞれの渦巻は、特定の回転周波数で共振するエネルギー波動を代謝する。たとえば、骨盤のチャクラは、四つの小さな渦巻をもち、四つの基本的な周波数のエネルギーを代謝する。他のチャクラについても同様である。各チャクラで観察される色は、特定の速度で代謝されるエネルギーの周波数に関連している。

チャクラは身体に生気を与える役割を果たしているので、身体のあらゆる病に直接関わっている。図

表7－5は脊椎に沿った七つの主要なチャクラを、それぞれが司っている身体の部位と共にリストアップしたものだ。各チャクラは、一つの内分泌腺と主要な神経叢に結びついている。チャクラは、宇宙エネルギーまたは原初エネルギー（気、オルゴンエネルギー、プラーナなど）を吸収し、それを構成部分に分解して、「ナーディー」と呼ばれるエネルギーの川に沿って神経系、内分泌腺、そして血液に送り、身体を養っている（図表7－6）。

チャクラ	小さい渦巻の数	内分泌腺	支配する肉体の部位
7—頭頂部	九七二　青紫—白	松果体	脳上部、右目
6—額	九六　藍色	脳下垂体	脳下部、左目、耳、鼻、神経系
5—喉	一六　青色	甲状腺	気管支、発声器官、肺、消化管
4—心臓	一二　緑色	胸腺	心臓、血液、迷走神経、循環系
3—みぞおち	一〇　黄色	膵臓《すいぞう》	胃、肝臓、胆嚢、神経系
2—仙骨	六　オレンジ色	性腺	生殖器
1—基礎	四　赤色	副腎	脊柱、腎臓

図表7－5　主要なチャクラとチャクラが養う身体の部位

後に詳しく論じるが、チャクラの精神力動的機能は、地球上での肉体的、精神的、感情的な相互作用に結びついているオーラの最初の三つのボディに関わっている。たとえば、ハートチャクラが正常に機能している場合、当人は愛することが得意である。第一チャクラが健康に機能していれば、強い生きる意志をもち、大地とつながっているのが普通である。そのような人は、人生においても地に足がついている。第六チャクラと第三チャクラが健康に機能しているときは、明晰に考えることができる。第六チャクラと第三チャクラがうまく機能していないと、思考が混乱するだろう。

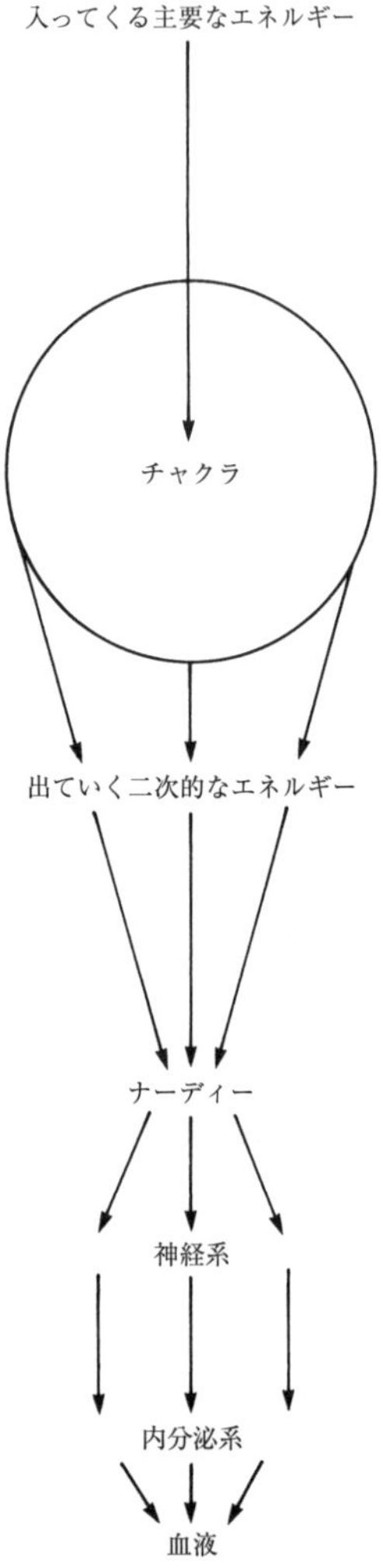

図表７－６　入ってくる主要エネルギーの代謝経路

エーテルボディ（第一層）

エーテルボディ（エネルギーと物質の中間状態である「エーテル」から成る）は、テレビ画面の走査線に似た「きらめく光のビームの網のような」小さなエネルギーの線で構成されている（図表7－7、カラー口絵参照）。それは、すべての解剖学的なパーツや器官を含む肉体と同じ構造を持っている。

エーテルボディは、力の線が織りなす明確な構造、もしくはエネルギーのマトリックスから成っている。そのマトリックスに基づいて肉体組織が形作られ、定着させられる。肉体の組織が存在しうるのは、背面の生命フィールドのおかげである。つまり、フィールドは肉体の結果ではなく、肉体に先行するのだ。この関係は、ジョン・ピエラコス博士と私自身による植物の成長観察で裏付けられてきた。私たちは超感覚的知覚を用いて、葉を形作るエネルギーフィールドのマトリックスが、葉の成長に先立って植物によって投射され、その後、葉が既存の形態へと成長するのを観察した。

エーテルボディの網の目状の構造は、絶えず動いている。透視者が見ると、青白い閃光が、濃密な肉体全体に行き渡るエネルギーのラインに沿って動いているのが見える。エーテルボディは、肉体から〇・六センチから五センチぐらいのところまで広がっており、毎分約一五から二〇周期で脈動している。

エーテルボディの色は水色から灰色までさまざまである。水色は灰色よりも繊細な形と結びついている。つまり、感じやすい身体をもつ繊細な人は青みがかった第一層をもつ傾向があり、筋骨たくましく頑強なタイプの人はより灰色がかったエーテルボディをもつ傾向があるということだ。この層のチャクラはすべてボディと同じ色をしている。つまり、チャクラもまた水色から灰色までの色をしている。チャクラは、エーテルボディの残りの部分と同じように、光の網でできた渦巻のように見える。人は肉体のすべての器官を知覚することができるが、それらはこの青みがかった光の線で形成されている。植物の葉のエネルギーシステムと同じように、エーテル構造は細胞が成長するための鋳型となる。すなわち、肉体の細胞は、細胞が成長する前に存在するエーテルの鋳型のエネルギーラインに沿って成長するということである。エーテルボディだけを見ると、スパイダーマンのように、絶え間なくひらめく青みがかった光の線で作られた男か女のように見えるだろう。

真っ白か真っ黒、もしくは紺色を背景にして、薄明かりの中で誰かの肩を観察すれば、エーテルボディの脈動を見ることができるかもしれない。脈動は肩のところで生じ、その後、波のように、腕を下降していく。もっとよく見ると、肩と青い霞《かす》んだ光の間に空白の空間があるように見える。そこにはより明るい青い霞《かすみ》の層があり、それが身体から広がっていくにつれて、ゆっくりと消えていく。しかし、見るやいなや、消えてしまうことに注意してもらいたい。というのも、非常に速く動くからだ。あなたが確認するために再び見る頃には、腕を下りきってしまっている。もう一度試してみよう。きっと次の脈動は捉えられるだろう。

感情界ボディ（第二層）

エーテルボディの次のより微細な第二のオーラボディ（図表7－8、カラー口絵参照）は普通、感情界ボディと呼ばれ、感情に関わっている。感情界ボディは大まかに言うと肉体の輪郭に沿っている。その構造はエーテルボディよりもはるかに流動的で、肉体を複製してはいない。むしろ、絶え間ない流動的な動きの中にある着色された微細な物質の雲のように見える。このボディは肉体から二・五センチから七・五センチのところまで広がっている。

感情界ボディは、自らが取り囲んでいる、より濃密なボディに浸透している。その色は、感情の明晰さやあいまいさ、また、生み出すエネルギーによって、鮮やかなはっきりした色合いから暗い濁った色合いへと変化する。愛情や興奮、喜び、怒りなどの鮮明でエネルギッシュな感情は明るい鮮やかな色になって現れるが、困惑したどっちつかずの感情は暗い濁った色を生み出す。これらの感情が個人的な付き合いやボディワークなどを通してエネルギーが充電されると、色が分離して本来の明るい色を取り戻す。そのプロセスについては第9章で取り上げる。

感情界ボディは虹のすべての色を含んでいる。それぞれのチャクラは、異なる色の渦巻のように見え、虹の色に従って分かれている。以下のリストは、感情界ボディのチャクラとその色を示している。

チャクラ1＝赤
2＝赤みがかったオレンジ
3＝黄色
4＝明るい草色
5＝空の青色
6＝藍色
7＝白

第9章では、治療中に私が観察した感情界ボディを紹介するつもりだ。普通、感情界ボディはエーテルフィールドのマトリックスの中を移動し、マトリックスの範囲を少し超えて広がる色の塊のように見える。ときに、人は周りの大気中に色のついたエネルギーの塊を放り出すことがある。治療中に誰かが感情を解放したときに、よくそれが見られる。

精神界ボディ（第三層）

第三のオーラボディは、精神界ボディである（図表7－9、カラー口絵参照）。このボディは、感情界ボディを超えて広がり、思考や精神的なプロセスに関わるさらに微細な物質で構成されている。普通、頭や肩のあたりで輝き、全身の周囲に広がる明るい黄色の光の線として現れる。当人が精神的なプロセスに集中すると、拡大し、明るくなる。肉体から七・五センチから二〇センチほどはみ出している。

精神界ボディはまた、構造化されたボディでもあり、私たちの思考の構造を含んでいる。色はたいてい黄色である。このフィールド内には、さまざまな思考形態が見られる。それらは明るさや形の異なる塊のように見える。思考形態には、実際に感情レベルから発せられる色が重ねられる。その色は、思考形態に結びついた当人の感情を表す。考えがより明瞭でまとまっているときほど、その考えに関連する思考形態もより明確で適切なものとなる。私たちは、思考に注目することで、それらの思考形態を強化する。習慣となった思考は、非常に強力な「まとまった」力となり、私たちの人生に影響を与える。

精神界ボディは、私にとってもっとも観察しづらいものだった。これは、人類が精神界ボディを発達させ始めたばかりで、単純明快な方法で知性を使い始めたのはつい最近であるという事実に原因の一つがあるのかもしれない。そのため、私たちは精神活動をとても意識しており、自分たちを分析的集団とみなしている。

物質世界を超えて

私がヒーリングに使用しているシステム（図表7－4）では、下の三つのオーラの層が物質世界にまつわるエネルギーを扱い、上の三つの層はスピリチュアルな世界に関連するエネルギーを扱う。ハートチャクラと結びついた第四層またはアストラル・レベルは、一つの世界から他の世界に行くときにすべてのエネルギーが通過しなければならない変換のるつぼである。つまり、スピリチュアルなエネルギーがより低い物理的なエネルギーに変換されるには、ハートの火をくぐり抜けなければならない。逆に、下位の三つのオーラの層の物理的なエネルギーが、スピリチュアルなエネルギーになるためには、変容をもたらすハートの火を通らなければならないということだ。第22章で論じるフルスペクトルのヒーリングでは、すべての層とチャクラに関連するエネルギーを用い、それらを愛の中枢であるハートを通過させる。

これまでの議論では、下位の三つの層に焦点を当ててきた。今までアメリカ国内で見てきた身体心理療法のほとんどは、主に下位の三層とハートのチャクラのみを活用する。オーリックフィールドの上位の四つの層を調べ始めるやいなや、すべてが変化する。というのも、第三層よりも上の層に知覚を開いたとたん、それらの層に存在する肉体をもたない人々や存在を知覚し始めるからだ。私の観察や他の透視能力者の観察によれば、物理的世界を超えた現実の層や他の「周波数帯」が存在する。オーリックフィールドの上位四層は、それらの現実の層のうちの四つに対応している。繰り返しになるが、以下の議論は、観察された現象を説明するためのシステムを構築する試みにすぎない。将来、もっとよいシステムが構築されると確信する。このシステムは私にとって有用なものである。

図表7－4では、上位の三つのチャクラを、スピリチュアルな現実の中での人間の肉体的、感情的、精神的な機能に関連づけている。なぜなら、ほとんどの人は、機能が限られている自分自身の一部しか使っていないからだ。それらは元来、高次の意志であり、高次の愛の感情である。そして、すべての概念が一度に理解できる高次の知識である。第四の層は愛に結びついている。それは、私たちが他の現実

の状態に入ることができる入口なのだ。

けれども、実際には、それよりもっと複雑である。第三層の上にある層のそれぞれは、私たちが普通、人間と呼ぶものを超えた存在、形態、個人的な機能をすべて備えた現実の層なのだ。一つ一つの層は、私たちが生き、存在している全体世界である。ほとんどの人々は、睡眠中にこれらの現実を経験するが、覚えていない。私たちの中には、瞑想のテクニックを使って意識を拡張することで、これらの現実に入ることができる人もいる。瞑想のテクニックが、チャクラの層の根と根の間にある封印を解き、意識が旅をするための入口を提供するのだ。以下の議論では、オーラの層とその限られた機能の説明にもっぱら焦点を当てたい。高次の層や「現実の周波数」については後に取り上げる。

アストラルボディ（第四層）

アストラルボディ（図表7－10、カラー口絵参照）はまとまりがなく、感情界ボディの雲よりも美しい色の雲で構成されている。アストラルボディは同じ色の組み合わせをもつ傾向があるが、通常はバラ色の愛の光が染み込んでいる。肉体から約一五センチから三〇センチのところまで広がっている。チャクラは感情界ボディの虹と同じ色調をしているが、めいめいのチャクラにはバラ色の愛の光が浸透している。誰かを愛する人のハートチャクラは、アストラル・レベルではバラ色の光に満ち溢れている。

人々が恋に落ちると、美しいバラ色の光の弧を、二人の心臓の間に見ることができる。脳下垂体に見られる、通常の黄金の脈動に、美しいバラ色が付け加えられるのだ。親密な関係になると、お互いにチャクラから紐（コード）を伸ばし、接続する。これらの紐はアストラル・レベルだけではなく、オーリックフィールドの多くのレベルに存在する。関係が長続きし、深くなればなるほど、紐の数が増え、強くなる。関係が破綻すると、紐は引きちぎられ、ときに多大な痛みを引き起こす。痛手から「立ち直る」期間は、フィールドの低レベルで紐を切断し、自分の中にそれらを再び根づかせる時間に相当する。

アストラル・レベルでは、人々の間に、多くの相互作用が起こる。さまざまな形の大きな色の塊が部屋の中の人々の間を行き交う。その中には、心地よいものもあればそうでないものもある。その違いを感じることができる。誰かが部屋を横切ると、あなたの存在に気づいてさえいないようなのに、あなたは不快感を感じるかもしれない。けれども、そのようなとき、他のレベルでは、多くのことが起こっているのだ。私は集団の中で並んで立っているのに、お互いに知らん顔をしている二人を見たことがある。そのとき、エネルギー・レベルでは、多くのエネルギーを費やす完全なコミュニケーションが起こっていた。あなた自身、特に男女の間で、きっとそうした経験をしたことがあるはずだ。それは単なるボディランゲージではない。実際に知覚できるエネルギー現象があるのだ。たとえば、男性や女性がバーやパーティーで誰かとセックスすることを夢想するとき、エネルギーフィールドが同期しているかどうか、また相性がよいかどうかを確認するために、実際にエネルギーフィールドでテストが行われるのだ。このオーラの相互作用の現象については、第9章で詳しく取り上げる。

エーテルテンプレートボディ（第五層）

私はオーラの第五層をエーテルテンプレートボディ（図表7－11、カラー口絵参照）と呼んでいる。物質的次元に存在するすべての形態を、設計図やテンプレートの形で含んでいるからだ。つまり、写真のネガのように見えるということである。これはエーテル層のテンプレートであり、すでに述べたように、肉体のテンプレートでもある。エネルギーフィールドのエーテル層は、エーテルテンプレート層からその構造を引き出している。エーテルテンプレート層は、エーテル層の設計図または完璧な形であり、肉体から約四五センチから六〇センチ外側まで伸びている。病気などでエーテル層の形が崩れると、エーテルテンプレートがエーテル層を本来のテンプレートの形に戻す手助けをする。これは音が物質を生み出すレベルだ。音によるヒーリングがもっとも効果的なのはこのレベルにおいてである。詳しいことは、色と音によるヒーリングを取り上げる第23章で論じることにする。私が透視すると、これらのテンプレートは、建築家の設計図のように、コバルトブルーを背景にした透明または半透明なラインとして現れる。だが、この設計図は別の次元に存在している。まるで、背景の空間を完全に埋めることによって形が作られ、残された空《から》の空間が形を生み出すかのようだ。

例として、ユークリッド幾何学で球体が生み出される仕組みと、エーテル空間で生み出される仕組みを比較してみよう。ユークリッド幾何学では、球体を生み出すために、まず点を定める。その点から三次元すべてに半径を引くと、球体の表面ができあがる。しかし、負の空間と呼ばれるエーテル空間では、球体を形成するために逆のプロセスが取られる。無限の平面があらゆる方向からやってきて、球体となる空《から》の空間領域を除き、すべての空間を埋め尽くす。それが球体の輪郭を明確にする。お互いに出会うすべての平面によって埋め尽くされていない領域が、空の球体空間を規定するのだ。

このように、オーラのエーテルテンプレート・レベルは、オーラの第一層またはエーテル・レベルが存在できる空の空間、あるいは負の空間を生み出す。エーテルテンプレートはエーテルボディのテンプレートであり、エーテルボディは肉体が成長するためのグリッド構造（構造化されたエネルギーフィールド）を形成する。宇宙エネルギーフィールドのエーテルテンプレート・レベルには、テンプレート・レベルに存在するものを除き、物質的次元に存在するすべての形やフォーム（型）が含まれている。それらの形態は負の空間に存在し、エーテルのグリッド構造が成長し、すべての物質的な顕現の基盤となる空の空間を生み出している。

誰かのフィールドを観察しているとき、第五レベルの振動周波数だけに焦点を当てていれば、オーラの第五層だけを分離することができる。私がそれをすると、肉体から約七五センチ外側まで広がっている、当人のオーリックフィールドの形が見える。それは細長い楕円形のような形をし、チャクラ、身体の器官、身体の形（手脚等）など、フィールドの全体構造をネガの状態で含んでいる。その構造はすべて、固体空間であるコバルトブルーを背景にした半透明のラインで形成されているように見える。このレベルに波長を合わせると、私の環境内にある他のすべての形状を一望のもとに知覚することができる。それは、知覚メカニズムを切り替えてこの範囲に合わせると、自動的に起こるようだ。つまり、最初に第五レベル全体に集中し、その後で、自分が観察している特定の人物に焦点を合わせるということである。

天空界ボディ（第六層）

第六レベルは、天空界ボディと呼ばれる霊界の感情レベルである（図表7‐12、カラー口絵参照）。肉体から約六〇センチから八〇センチぐらい外側に広がっている。それは、瞑想や本書でこれまで述べてきたその他の変容のワークを通して到達できる、霊的なエクスタシーを経験するレベルである。宇宙のすべてとのつながりを知る「存在」レベルに達したとき、存在するすべてのものに光と愛が見えたとき、また、光に包まれ、自分が光の一部であり、光が自分の一部であると感じ、神と一つであると感じたとき、私たちはオーラの第六レベルへと意識を引き上げたことになる。

開かれたハートチャクラと開かれた天空界チャクラがつながるとき、無条件の愛が流れる。このつながりの中で、人間愛すなわち肉体をもった同胞に対する人間の基本的な愛と、肉体的な現実を超えてあらゆる存在領域に向けられる霊的な愛の中で見出される霊的なエクスタシーとが結びつく。この二つの愛を統合することで、無条件の愛の経験が生み出されるのである。

天空界ボディは、大部分がパステルカラーで構成され、私には美しく揺らめく光線のように見える。この光は金銀の輝きを放ち、真珠のスパンコールのような乳白色の質感をもっている。その形状はエーテルテンプレート・レベルほどはっきりしていない。ロウソクの白熱光のように身体から放射される光線で構成されているように見えるだけである。この輝きの中に、より明るく強い光のビームもある。

ケセリックテンプレートあるいはコーザルボディ（第七層）

第七層は、ケセリックテンプレート（図表7－13、カラー口絵参照）と呼ばれる霊界の精神レベルだ。肉体から約七五センチから一〇五センチのところまで伸びている。オーラの第七層に意識を集中させると、私たちが創造主と一つであることがわかる。外観はオーラボディの卵形で、個人が送っている現在の人生に関わるすべてのオーラボディが含まれている。このボディもまた、高度に構造化されたテンプレートで、私の目には、オーラ全体の形状を維持するとても強力な耐久性のある金色の小さな光の糸でできているように見える。それは、物質的な肉体とすべてのチャクラの黄金のグリッド構造を含んでいる。

第七層の周波数レベルに「チューニングを合わせる」と、美しい黄金色にきらめく光が感知される。「きらめく」という言葉を使うのは、それがすごい速さで脈動しているからだ。何千本もの金色の糸のように見える。金色の卵の形は、人によって、身体から九〇センチから一〇五センチのところまで広がっており、卵形の小さい方の先端が足の下にあり、大きい方の端が頭上九〇センチのところまで伸びている。エネルギーに溢れている人の場合は、もっと広がることがある。外側の端は、実際に私には卵の殻のように見える。およそ六ミリから一三ミリぐらいの厚みがあるようだ。第七層のこの外側の部分はきわめて強くて弾力性があり、侵入を拒み、卵の殻がヒヨコを保護するように、フィールドを保護している。この層では、すべてのチャクラとボディの形が黄金の光でできているように見える。これはオーリックフィールドの中でもっとも強く、弾力性のあるレベルである。

このレベルは複雑に入り組んだ形やフォームがきわめて高速で振動している光の定常波にたとえることができる。じっと見ていると、音が聞こえてきそうだ。そのようにイメージして瞑想すれば、きっと音が聞こえてくるだろう。黄金のテンプレート・レベルには、脊椎を上下に走り、全身に栄養をめぐらせる主要なパワーの流れがある。この黄金のパワーの流れは脊椎を上下に脈動するとき、各チャクラの根元を通してエネルギーを運び、各チャクラを通して取り込まれたエネルギーをつなぎ合わせる。

主要な垂直流は、それに対して直角の他の流れを誘引し、肉体から直接外側に伸びる金色の流れを形成する。これらは順次、フィールドを円形に動く他の流れを誘発するため、オーリックフィールド全体とその下のすべてのレベルがこのバスケット状のネットワークの中に囲いこまれ、維持される。このネットワークは黄金の光、すなわち神の心の力を示しており、フィールド全体をそっくりそのまま完全な形でつなぎ止めている。

さらに、ケセリックテンプレート・レベルには、卵の殻の中に過去生の帯もある。これらは色のついた光の帯で、オーラを完全に包み込み、卵の殻の表面のどこにでも見つけることができる。頭と首の近くにある帯は、通常、あなたが現在の人生の状況の中で解決しようとしている過去生を含んでいる。ジャック・シュワルツは、これらの帯と、その色で意味を見分ける方法について語っている。後に、過去生のヒーリングを取り上げている第24章で、これらの帯の扱い方について述べるつもりだ。ケセリック・レベルは、霊界の最後のオーラのレベルである。人生のプランを含む今生の人生に直接関わる最後のレベルなのだ。このレベルを超えたところに、一回きりの人生の限られた視点からでは経験できない宇宙界がある。

宇宙界

現時点で私が見ることのできる、第七層を超えた二つの層は、第八と第九の層である。それぞれ、頭上にある第八と第九のチャクラに関連している。いずれの層も結晶のように見え、非常に細かい高振動で構成されている。第八と第九の層は、物質（第八層）と形（第九層）の間を交互に行き来する一般的なパターンに従っているように見える。第八層はほぼ流動的な物質のように見え、第九層はその下のすべての層の結晶性のテンプレートのように見える。文献の中に、これらの層の言及があるかもしれないが、私は見出せなかった。これらの層について、私のガイドに教えられたあるきわめて強力なヒーリングの実践を除き、私が知っていることはごくわずかである。その手法については第22章で論じるつもりだ。

フィールドを認識する

透視能力が開花し始めたとき、あなたが認識するのは、おそらくオーラの最初の方の層だけだろうということを覚えておくことが大切である。また、層と層の間を区別することもできないだろう。多分、さまざまな色や形しか見えないだろう。能力が向上すれば、だんだん高い周波数に敏感に反応するようになるので、より高次のボディを知覚できるようになるだろう。同時に、層を区別できるようになり、自分が選んだ層に集中できるようになる。

次のいくつかの章に載せているイラストの大半は、下位の三つまたは四つのオーリックボディだけを示している。層間の区別はされていない。なぜなら、それらはお互いに混ぜ合わされ、これまで説明してきたほとんどの相互作用で、共に活動しているように見えるからだ。ほとんどの時間、私たちがもっているのは、混合されてごちゃごちゃになった低次の感情、基礎的な思考過程および対人間のフィーリングである。私たちは、自分自身の中でそれらを識別することにあまり慣れていない。そのような混合の一部は、オーラにも示されている。多くの場合、精神界ボディや感情界ボディは、一つの混沌とした形として機能しているようだ。以下の治療プロセスの説明の中では、ボディ間でさほど区別はされていない。しかし、治療プロセスやその他の成長過程を通して、当人の層がより明確になる。クライアントは、高次のオーラの層と結びついた基本の感情、思考過程、高度な無条件の愛の感情をたやすく区別することができるようになる。こうした区別は、第15章で説明する因果関係を理解する過程を通じて可能となる。つまり、クライアントは自分の信念体系がどのように精神界ボディの考えに影響を与えるか、次に、それがどのようにして感情界ボディやエーテルボディ、そして最終的に肉体に影響を与えるかを理解し始めるのだ。こうした理解のもとで、人はオーリックフィールドの層を識別できるようになる。クライアントが肉体的な感覚とエモーショナルな感情、そして思考の間の理解を深め、それに基づいて振る舞うようになれば、フィールドの層が実際により明確になり、際立つようになる。

後に、ヒーリングを取り上げている箇所で、オーラの層を識別することがとても大切になるだろう。

人間のオーラを見るためのエクササイズに関する質問への回答

エネルギーはほとんどいつも左から右へと円を描いて動いている。それを止めると非常に不快に感じるし、通常は全体の流れを止めるのは不可能である。両手で何かを作るイメージをすると、何かが両手の間に蓄積していく感覚や、圧力でくすぐったいような感覚があり、いくぶん静電気に似ている。エネルギーボディのエッジがお互いに触れると、くすぐったさや圧迫感が生じる。エネルギーボディのエッジが皮膚に触れると、皮膚の表面にくすぐったい感覚や圧迫感が生じる。手のひらに円を描くと、円の輪郭に沿ってくすぐったさが感じられる。

オーラを感じ取ろうとすると、ほとんどの人は指や手の周りに靄《もや》がかかっているのを見る。それはいくぶん、ラジエーターの上の熱波に似ている。ときどき、青みを帯びた色がついて見えるが、ほとんどの人は最初のうち、無色の靄として見るのが普通である。それぞれの指先からの靄が反対側の手の指先の靄につながると、指先同士の間でエネルギーボディが水飴のように引っ張られる。指先を動かして、別の指先に向けると、靄は最初動かした方の指に従い、次に指先を向けられた方の指の先に飛び移る（図表7－14参照）。

第7章の復習

1. 宇宙エネルギーフィールドと生体エネルギーフィールドの関係はどのようなものか？
2. エーテルボディはどのように見えるか？　感情界ボディとはどう違うか？
3. チャクラの三つの主な機能は何か？

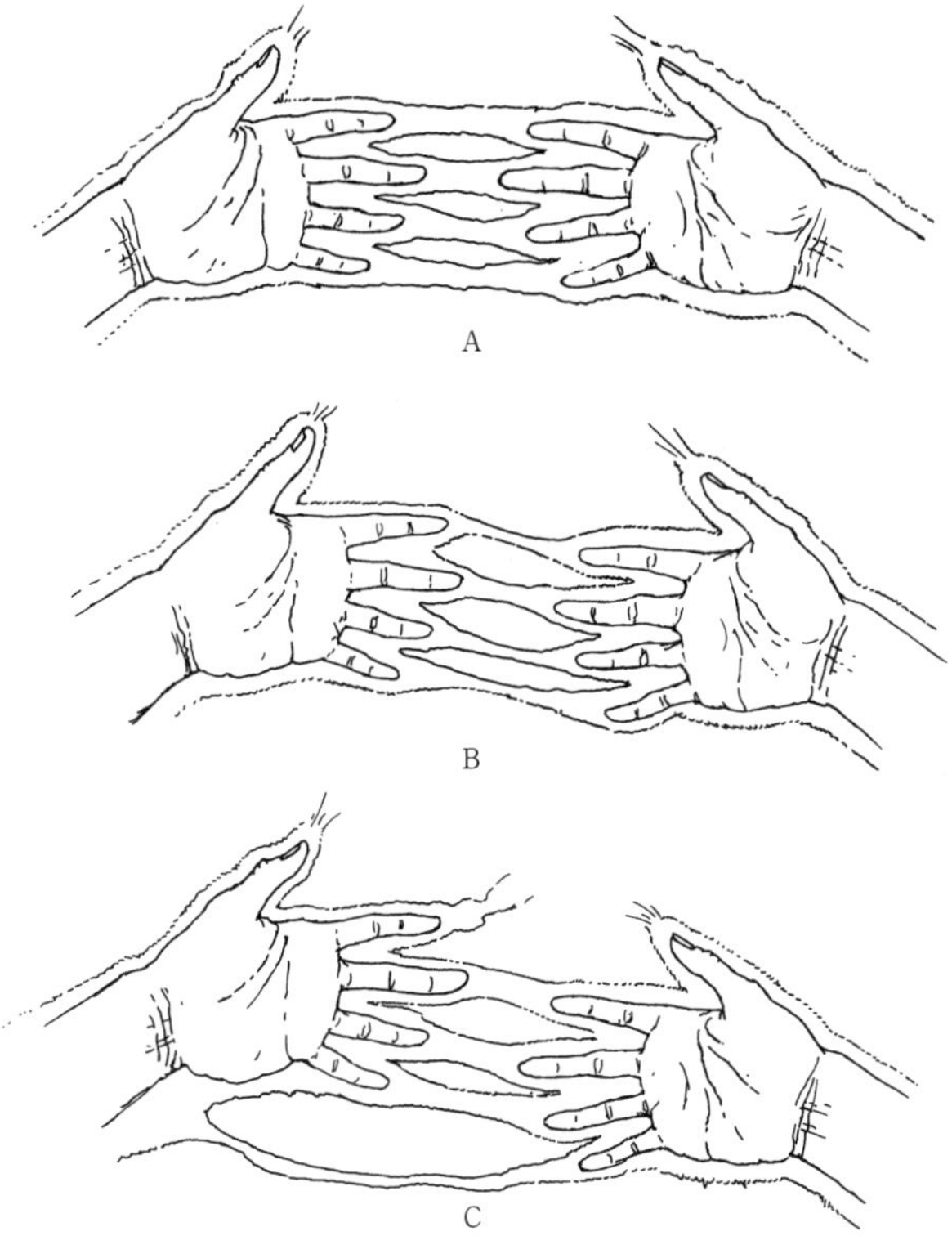

図表７－14　指先周辺のオーラ

4. なぜチャクラは特定の色をしているのか？
5. チャクラの中心はどこにあるのか？
6. チャクラはどのような解剖学的構造に関係しているのか？
7. オーリックフィールドの七つの下位の層とその機能を説明せよ。
8. チャクラとオーラの層の関係を述べよ。
9. 第八と第九のチャクラはどこにあるか？
10. フィールドの第七層にあるチャクラを述べよ。
11. 主要な垂直流はどこにあるか？
12. 生体エネルギーフィールドをつなぎとめているのはどの層か？
13. 感情は生体エネルギーフィールドのどの層に現れるのか？

第三部　精神力学と生体エネルギーフィールド

「ロウソクの炎の黄金の光が、ロウソクの芯にからみつく暗い光の玉座に座る」

『ゾーハル』

イントロダクション　治療体験

大人になって私が初めて意識的にオーラを見るようになったのは、心理療法の実習の場においてだった。それは、人を緻密に観察することを「許されている」だけでなく、勧められている状況だった。長時間にわたる実習の間に、私は多くの人々のダイナミックな心身の変化を観察した。通常の社会倫理がそのような行為に厳しい目を向けることを考えれば、それは真の特権と言ってよかった。バスの中やカフェテリアで見知らぬ人に興味をもち、ほんの少し観察していると、相手がそれに気づき、「もう見るのはやめた方がいいわよ」と表情で知らせてくるという経験は誰にでもあるだろう。そもそも相手はどうやってあなたが見ていることを知ったのだろう？　他でもないエネルギーフィールドを介してあなたを感じたのだ。第二に、なぜあなたに「見るのをやめる」よう釘を刺したのだろう？　人は見られているとすこぶる神経質になる。私たちのほとんどは、自分の個人的な所作を他人に知られたくない。他人にジロジロ見られると、本質を見透かされているようで恥ずかしいのだ。私たちはみな、問題を抱えており、少なくともその一部を隠そうとする。第三部では、私たちの問題を含む私的な経験が、オーラにどのように現れるかを論じていこう。それを身体心理療法や、バイオエナジェティクスによって定義されているような性格構造に関連づけてみよう。だが、最初にまず心理療法の基礎となる幼少期の発達から始めよう。

人間の成長と発達については、多くの研究がなされてきた。エリク・エリクソンは、年齢に関連した成長と発達の段階を描き出した研究で有名である。これらのさまざまな段階は、口唇期、思春期、青年期など、私たちの日常言語の一部となっている。これらの研究のいずれも、オーラには言及していない。心理学の分野では、ほとんど知られていないからだ。けれども、観察してみると、オーラは、人の心理的な構造や個人的な成長過程について非常に有益な情報をもたらしてくれる。どの成長段階でも、オーラの中で発達するものは、その段階の心理的な発達に直接関わっている。実際にオーラの観点から見ると、そのような発達はオーリックフィールドで起こっていることの自然な結果として見ることができる。私たちのエネルギーフィールドが、誕生から死に至るまで、普通、どのように発達するか見てみよう。

第8章　オーラに見る人間の成長と発達

生まれてから死ぬまで、そしてそれを超えた人間の経験をカバーするため、心理学的な伝統と形而上学的な伝統の両方を教材として利用したい。形而上学的なものに抵抗があるなら、それを暗喩と受け止めてもらいたい。

受肉（インカーネーション）

受肉のプロセスは一生をかけて行われる。それは生まれたときに起こって終わるというものではない。それを説明するには、形而上学的な用語を使う必要がある。受肉とは、生成発展する魂の活動であり、より高い微細な波動や魂の側面が、微細なオーラボディを通って、より密度の高いオーラボディへと順次下降し、最終的に肉体へと投射される。継続的に投射されるこうしたエネルギーが一生を通じ、個人の成長のために活用されるのだ。

人生の主要な各段階は、新たな高次の波動やさまざまなチャクラの活性化に対応している。各段階では、こうして新しいエネルギーと意識が、人格を拡大するために利用できるようになる。各段階は、新たな経験と学習の領域を提供する。そうした観点から見ると、人生は魂にとってわくわくする発見と挑戦に満ちている。

受肉のプロセスは、ハイアーセルフによって誘導される。今生の人生パターンはオーラの第七層、ケセリックテンプレート・レベルに保持されている。それは、個人が生きて成長していく過程で、自由意志による選択をするのにあわせて絶え間なく変化するダイナミックなテンプレートである。成長が起こると、個人は能力を開花させ、肉体やオーラボディ、さらにはチャクラを通して入ってくる波動、エネルギー、意識をより高いレベルに保とうとする。こうして人は、人生の道を歩みながら、どんどん広がっていく現実を利用するようになる。個々人が進化するにつれて、人類全体も進化していく。各世代は、普通、先行世代より高い波動を維持することができるので、人類全体が進化の計画に則って、より高い波動と拡張された現実に向かって動いていく。人類の進歩のこの原理は、カバラ、バガヴァッド・ギーター、ウパニシャッドその他多くの宗教的な経典の中で述べられている。

受胎前の受肉のプロセスについては、ブラヴァツキー夫人や、もっと最近ではアリス・ベイリー、フィービー・ベンディット、エヴァ・ピエラコスらによって論じられてきた。ピエラコスによれば、受肉する魂はスピリットガイドと会い、来《きた》るべき人生の計画を練る。この会談で、魂とガイドは、魂の成長のために果たさなければならない課題、引き受けなければならないカルマや対処する必要があるカルマ、そして、経験を通して一掃する必要があるネガティブな信念体系などを考える。このライフワークは、普通、その人の人生の使命と呼ばれる。

たとえば、ある人物はリーダーシップを育む必要があるかもしれない。そういう人は、地上での生活に入っていく際、リーダーシップが重要な鍵となる状況に自分がいることを発見するだろう。状況は各人にとってまったく異なるだろうが、焦点はリーダーシップにある。ある人は、尊敬される会社の社長や政治的指導者がずらりと並ぶ豊かなリーダーシップの伝統をもつ家庭に生まれるかもしれない。一方、リーダーシップとは縁もゆかりもなく、リーダーはこきおろされ、反抗すべきネガティブな権力者とみなされる家庭に生まれる人もいるだろう。そのような人の課題は、バランスの取れた気楽な方法で問題を受け入れることを学ぶことだ。

エヴァ・ピエラコスによると、魂が将来の人生の状況を決めるにあたってガイドから受ける助言の量は、当人の成熟度に左右される。両親は必要な環境や物理的な経験を提供してくれる人たちが選ばれる。こうした選択が、最終的に魂が自らの使命を果たすために転生する、物理的な乗り物である肉体を形作るエネルギーの調合を決定する。これらのエネルギーはきわめて精密であり、魂が課題をこなすためにまさに必要なものを、魂に装備させる。魂は、(リーダーシップのような)個人的に学習する使命と、社会への貢献を伴う「社会的な使命」の両方を引き受ける。このシステムは比類のない方法で設計されているので、人は個人的な使命を果たすことによって、社会的な使命を果たす準備ができるようになる。個人的な使命は、エネルギーを解き放つことによって魂を解放する。そのエネルギーが社会的な使命を果たすために使われる。

上記のリーダーシップの例で言えば、当人が選ばれた仕事の分野でリーダーシップを発揮する前に、その特徴やスキルを学ぶ必要がある。あなたは素晴らしいリーダーたちであった祖先の長い系譜にプレッシャーを感じているかもしれない。あるいは、そうした遺産への反応は、自分自身がリーダーシップで前進するための完全なインスピレーションの一つかもしれない。それぞれのケースは、学ぶことになった魂の独自性に応じて異なっており、ごく個人的なものだ。

人生の計画には、多くの起こりうる現実を含め、自由意志による幅広い選択肢が用意されている。この人生の織物に、原因と結果の行為が織り込まれている。私たちは自分自身の現実を創造する。この創造は、私という存在のいろいろな部分から生まれる。私たちの経験の多くは、単純な原因と結果のレベルから理解できるが、創造は、必ずしもそう簡単にはいかない。あなたは文字通り自分が欲するものを創造する。あなたが望むものは、意識、無意識、超意識、集合意識の中に保持されている。人生を歩んでいると、これらすべての創造的な力が混ざり合って、私たちの存在の多くのレベルで経験を創造していく。カルマと呼ばれるものは、私にとって、長期的な因果関係であり、私たちの存在の多くの異なるレベルが関わっている。このように、私たちは個人的な理由からも、集団的な理由からも創造するが、言うまでもなく、大きな集団の中には小さな集団があり、すべてが創造的な人生経験の織物に織り込まれる。この観点から見ると、子どものような驚異の念をもって、人生の豊かさを見るのは容易である。

「計画した」後、魂は霊界の意識をゆっくりと失うプロセスに入り込む。受胎時には、魂と受精卵の間にエネルギー的なつながりが形成されている。このとき、エーテルボディの子宮も形成され、母体以外の外部の影響から魂を保護する。肉体が母体の中で成長するにつれて、魂はゆっくりと肉体からの「引き」を感じ始め、肉体とつながっていることを徐々に意識するようになる。ある時点で、魂は突然、このつながりに気づく。すると、強烈な意識的エネルギーの閃光が、形成されつつある肉体へと下降する。その後、魂は再び意識を失い、おもむろに肉体へと目覚める。この意識の強力な閃光は、胎動（胎児が動くこと）のときに対応している。

出生

出生は、入ってくる魂にとって特別な時期に起こる。この時点で、魂は保護するエーテルボディの子宮を失い、初めて環境の影響を受ける。また、私たちを取り囲むエネルギーの海の中で、初めて独りぼっちになる。魂はそのフィールドに触れ、影響される。天体のより大きくて強いフィールドもまた、誕生時に魂の新しいエネルギーフィールドに影響を与える。もちろんこのとき、エネルギーの海は、他の新しいフィールドに影響され、より大きく豊かになる。まるで、新たな音色が響いて、既存の人生の交響曲に重ね合わされるかのようだ。

乳児

ゆっくりとした物質の世界への目覚めのプロセスは、誕生後も続く。この時期、赤ん坊はよく眠り、魂が高次のエネルギーボディを占領する。それによって、魂は肉体とエーテルボディから解き放たれ、肉体を構築する仕事に勤《いそ》しむことが可能となる。

人生の初期段階に、子どもは身体的な感覚の限界や三次元の世界に慣れなければならない。多くの新生児がそれに苦労するのを私は見てきた。子どもたちはまだ霊的な世界の自覚を多少もっており、霊的な遊び仲間や両親を手放し、新しい両親に愛情を移すのに葛藤するのだ。私が観察した新生児たちは、広々と開いた王冠のチャクラをもっている（図表8－1）。彼らは、赤ん坊の小さな身体に自分自身を押し込めるのに奮闘している。彼らがハイアーボディの中で肉体を離れるのを見ていると、およそ背丈三・六メートルのスピリットのように見えることが何度もあった。彼らは、下位の基礎のチャクラを開いて地球につながることにとても苦労する。

そのような例の一つに、予定日より一ヶ月遅れで生まれた男の子がいた。迅速な出産の後、彼は熱を出した。医師たちは脳炎がないかどうかを調べるために脊髄穿刺《せんし》を行った。脊髄穿刺を行ったのは、仙骨のチャクラのあたりだった。その子どもは二人の遊び仲間と一人の女性のスピリットを手放そうと努力したが、相手はどちらもそれを望んでいなかった。奮闘している最中、もしスピリットガイドがいればいつでも基礎のチャクラを開いて、地球とつながっていただろう。だが、彼はガイドとの接触を失い、遊び仲間と霊的母親のスピリットを見て、二つの世界の狭間で激しくもがいていた。この時期、彼は自分の肉体的な母親よりも霊的な母親に親近感を感じていた。受肉しないための葛藤の中で、彼は仙骨のチャクラから右側にエネルギーを放出し、成長する根が基礎のチャクラ（第一チャクラ）を通ってまっすぐ下に伸びるのを避けた。彼にそれができた理由の一つは、脊髄穿刺によってオーラに穴が残されたためだった。葛藤した末、彼は再びガイドとつながり、落ち着きを取り戻して基礎のチャクラを開き、受肉のプロセスを再開した。

私は彼をヒーリングしようとした。最初、ある程度、彼はそれを受け入れたが、すぐに拒み始めた。彼のオーラにエネルギーを送ろうとするたびに、彼は大騒ぎした。彼は私が何をしようとしているのか知っていて、私を近づけないようにしたのだろう。私は彼のオーラの第七層にある仙骨のチャクラの穴を縫い合わせ、再びエネルギーを下に向けさせようとしたのだ。彼はそれを許さなかった。私は彼が深い眠りについているときを見はからって、アプローチしようとさえしたが、私が三〇センチぐらいまで近づくと、彼は目を覚まし、悲鳴を上げた。明らかに深く葛藤していて、誰にも助けてもらいたくなかったのだ。この基本的な闘争によって生じる第二の肉体的な問題の一つは、悲鳴を上げることや泣くことに関連する太陽神経叢のチャクラの濫用による腸の問題だった。最終的に物質界にとどまる選択をした後、彼はこの問題で治療を受けた。彼の占星術のチャートは、リーダーになる素質があることを明らかに示している。

降りてくる魂は、しばしば王冠のチャクラを通って身体に出入りし、物質界に根を張るために基礎の

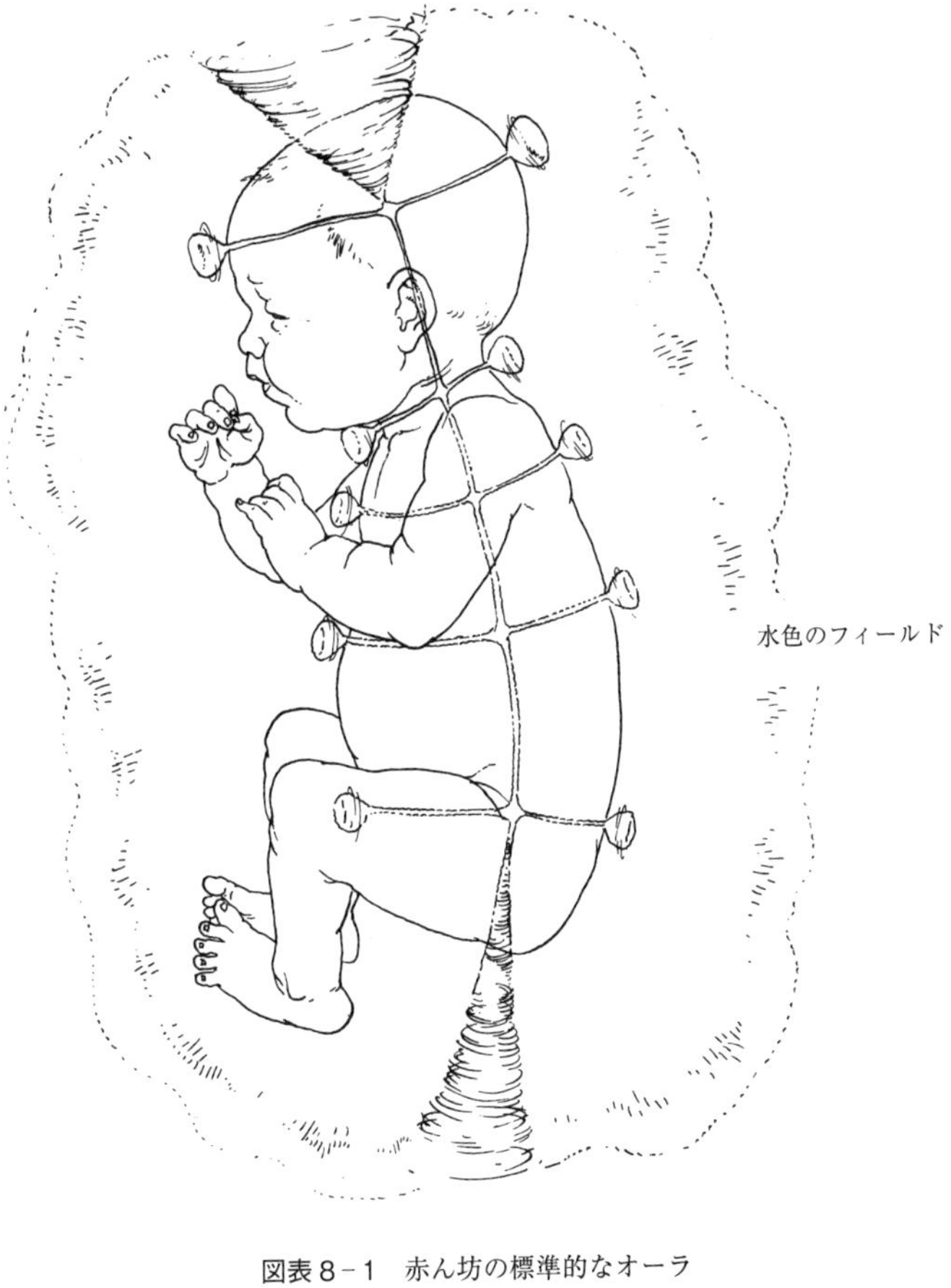

図表８－１　赤ん坊の標準的なオーラ
（診断上の見方）

チャクラを開く努力をし始める。基礎のチャクラは極端に幅の狭い漏斗《ろうと》のように見え、王冠のチャクラは、この段階では幅の広い漏斗のように見える。他のチャクラは、底の浅い小さな中国の茶碗のように見え、エネルギーの幅の狭いラインが体内の背骨に向かって伸びている（図表8－1）。赤ん坊の一般的なフィールドは、定まった形がなく、青みがかった色か灰色に近い色をしている。

赤ん坊が物質的な次元で、何らかの物事に集中すると、特に頭の周辺でオーラが緊張し、明るくなる。注意が薄れると、オーラは色褪せるが、オーラの中には、色の形で経験の一部が記録されている。それぞれの経験は、オーラに少しずつ色を付け加え、その個性を高める。このようにして、オーラを構築する作業もまた生涯続いていくので、人生経験のすべてをそこに見出すことができる。

出生後も、母と子の間には強いエネルギーのつながりが保たれる。このつながりは、ときに「生殖質」（親の形質を子に伝える細胞内の形成物質）と呼ばれる。出産時に母と子の間でもっとも強く、子どもが成長するにつれて、それほど顕著ではなくなるが、生涯消えることはない。この霊的なへその緒を通して、子どもたちは長年にわたって親との接触を保ち続ける。物理的なレベルで、親子の間は大きく離れているかもしれないが、どちらかがトラウマになる経験をしていると、もう一方がそれに気づく場合が多い。

子どものフィールドは完全に開かれており、自分が住んでいる環境に影響されやすい。物事が「オープン」であろうとなかろうと、子どもは両親の間で起こっていることを感じ取り、自分の気質に合った方法で、絶えずエネルギー環境に反応している。漠然とした恐怖や幻想を抱くかもしれないし、癇癪《かんしゃく》を起こすかもしれない。あるいは、病気になることもある。子どものチャクラは、入ってくる霊的な影響を遮断する保護膜に覆われていないという意味で、完全に開け放たれている。そのため、外からの影響を受けやすく、傷つきやすい。このように、子どものチャクラは大人のそれのように発達しておらず、侵入してくるエネルギーはあいまいな形で経験される。とはいえ、エネルギーは子どものフィールドにまっすぐ入ってくるので、何らかの方法でそれに対処しなければならない（大人と子どものチャクラを比較するには、図表8－2を参照）。

七歳頃になると、チャクラの開口部の上に保護膜が形成され、宇宙エネルギーフィールドから入ってくる多くの影響を濾過《ろか》するフィルターとして働く。そのため、子どもは以前ほど傷つきやすくはなくなる。こうした段階は子どもが成長し、個性化するときに見られる。それは理性に目覚める時期である。

幼い子どもが母や父の膝の上に座ったり、横たわったりしている姿をよく見かける。子どもは親のフィールドによって外部の影響から守られているのだ。子どもの傷つきやすさを考えると、大人たちのグループ・セラピーに参加するのを許すことに、私はきわめて懐疑的である。大人は子どものときの傷つきやすい状態に戻らない限り、子どもがどのように感じているかわからない。私は、親が子どもたちをグループ・セラピーに参加させ、知らず知らずのうちに必要のない精神的ショックを与えるのを見てきた。それが進歩的なことだと考えたり、グループの圧力に屈したりするためである。大人の怒りは身体的なショックのような衝撃を子どもに与えるし、深い悲しみや憂鬱は霧のように子どもたちを途方にくれさせる。

授乳は物質的な栄養に加えて、エーテル界のエネルギーを子どもに与える。赤ん坊にエネルギーを供給する乳首には、それぞれ小さなチャクラがある。赤ん坊のチャクラは発達していないので、生命を維持するために必要な宇宙エネルギーフィールドからのエネルギーを全部は代謝できない。そのことを忘れないでもらいたい。

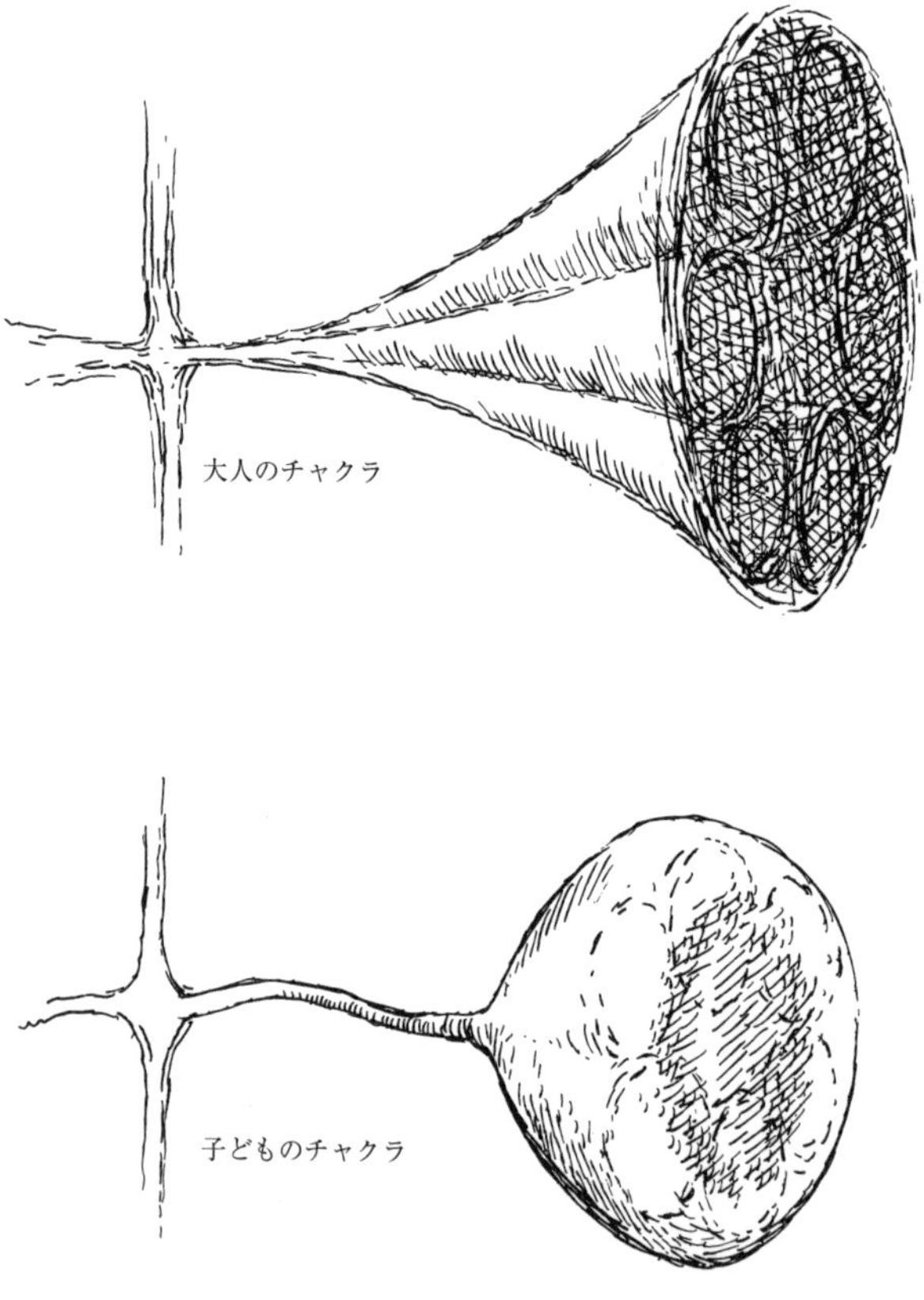

図表8-2　大人と子どものチャクラ

幼年期

子どもが成長し、第二チャクラが発達し始めると、感情生活が豊かになる。子どもはファンタジーの世界を紡いでその中に住み、母親から分離した人間のように感じ始める。ファンタジーの世界が、母親から分離するのを助けるのだ。ファンタジーの世界には、子どもの持ち物がある。子どもは、自分のエーテルフィールドからアメーバのような突起物を送り出し、自分の持ち物の周りに配置する。ファンタジーの世界を構築する上で、大切な物であればあるほど、それを取り囲む子どものフィールドからのエネルギー意識は強くなる。その物は自己の一部となる。それが子どもの手から無理矢理奪い取られると、フィールドが引き裂かれ、子どもに肉体的にも、感情的にも苦痛を与える。

二歳頃から、子どもは、「私、私のパパ、私のママ」というように、両親を自分のものとみなすようになる。同時に赤橙色や淡紅色が、オーラの中でより顕著になる。子どもは他人との関わり方や基本的な愛を学んでいく。フィールドに関して言えば、子どもは、自分と母親をつなぐエーテルのへその緒を維持したまま、母親のフィールドから分離することができるようになる。こうして、分離と自我を確立するプロセスが始まる。子どもはファンタジー空間を作り、そこに住んでいるが、依然としてエーテルのへその緒を通して母親とつながっている。子どもは振り返って、まだ母親が遠くないことを確認できる。この空間は、透視者の目には、主として青のレベル、すなわちエーテルレベルからのエネルギーで構築されているように見える。それは子どもが一人遊びするのを好む空間であり、遊び仲間がいる場合は、あまりその空間をかき乱さないように注意深く見守る必要がある。この成長段階の子どもは、自己と他者とを明確に区別できるだけの強い自我をもっていない。自分の独自性を見出すために奮闘しているが、依然として万物とつながっていると感じている。プライベートな持ち物は個性を際立たせる方法となる。プライベートなエネルギー空間がそれを助ける。たとえば五歳から七歳の子どもの部屋によその子どもが訪ねてくると、その部屋の子どもは、コミュニケーションを望む気持ちと自己イメージを維持することの間で葛藤する。そこで、自分が何者であるかを明確にするのを助けてくれるプライベートな持ち物を操ろうとする。その物の周辺に自分自身のエネルギー意識を注いできたからだ。ここでの葛藤は、自己の独立性を認識し、維持しながらも、別の「個人」（母親）とのつながりを感じることである。

七歳頃になると、子どもはこの空間にたくさんの黄金のエネルギーを織り込み始める。空間はより自由に、より大きくなり、母親とのつながりが薄れ、訪問者に開かれたものとなる。自己意識が高まり、他の人間との共通点が見えてくるようになる。今や、自分のプライベートな空間の中で、「他人」が以前よりも自由に自己表現をすることを許せるようになる。来訪者は、プライベートな空間の中で、あらゆるエネルギーの形態を生み出せるようになる。これは、事態をより「楽しく」「生き生き」とさせ、ファンタジー生活を充実させる。子どもたちは「ギャング（仲間を組む）」の段階に入る。これを可能にするのは、七歳くらいまでに、すべてのチャクラに保護膜ができ、周りのフィールドからのエネルギー的な影響の多くを濾過するようになることである。子どもが「より安全」だと感じるのは、オーラボディの中で実際に安全だからである。

心霊《サイキック》空間を感じるエクササイズ

大人もまた、自分の空間にエネルギーを注入する。こうした心霊空間は、人々が生き生きと生きていくための安全な巣である。ここで、人々が作る心霊空間を体感してみよう。それらの空間から、あなた自身や空間の所有者について多くを学ぶことができるだろう。まずあなたが定期的に訪問している空間にチューニングを合わせることから始めよう。友人の部屋に入っていくとき、どう感じるだろう？　気に入るだろうか？　そこにとどまりたいだろうか、それとも去りたいだろうか？

もし子どもがいるなら、めいめいの部屋に入り、各部屋のエネルギーの違いを感じてみよう。あなたの子どもにどのようにマッチしているだろう？　そのエネルギーは子どもの何を表現しているだろう？　色は子どもに合っているだろうか、それとも、あなたが子どもの空間に押しつけた色だろうか？　よく考えてもらいたい。

あなたが入るさまざまな店でもそれを試してみよう。私には、長く店内にとどまれないところがある。店内に充満しているエネルギーのせいだ。

では、物を使って少し実験してみよう。少人数のグループ（できればあなたがあまり知らない人たちの方がよい）で円陣を組み、めいめいが私物を中央に置き、自分が惹きつけられた物を選ぶのだ。手に持ったら、どんな感じがするだろう？　重いだろうか、温かいだろうか、親しみを感じるだろうか、感じないだろうか、悲しくなるだろうか、ハッピーになるだろうか、安心感を覚えるだろうか、危険だと感じるだろうか、健全だと思うだろうか、病んでいると思うだろうか？　あなたは、どんなイメージを拾い上げるだろう？　それらに同調する時間を十分にとってもらいたい。あなたが拾い上げたイメージを、私物の持ち主に確認してみよう。あなたが拾い上げたイメージの一部はきっと当たっているはずだ。練習すれば、次回はもっとうまくできるようになるだろう。

潜伏期

子どもが成長して七歳から思春期の間の潜伏期になると、第三チャクラの発達に伴って、知的能力が発達する。そして、この時期のオーラに、知性の色である黄色がより多く追加されるようになる。第三チャクラによって開かれた知的エネルギーは、主に子どものファンタジー生活を強化するために用いられる。ここで、自分が存在する目的を果たそうとする衝動や、人類の長い過去の進化とのつながりが作用し始める。子どもはインディアンの酋長、王女、ワンダーウーマン（アメリカのコミックのヒロイン）になる。これらは深い理想主義的な衝動であり、魂の憧れを明らかにし、魂の社会的使命に関連している可能性が高い。これらの元型的な衝動の中に、裏庭や学校の遊び場で表現されるような、個々人の深い精神的な憧れや目標、大望などが見出される。最初の三つのチャクラ――地球上の肉体的、感情的、精神的なチャクラ――が協同して、魂の転生の最初の段階を表現するのだ。

思春期

思春期の課題は、すべての成長段階と同様に、肉体や感情の変化、甘い憧れや痛みを伴う拒絶によってもたらされる混乱を乗り越えて、自己を発見し、自己に忠実であり続けることだ。

子どもが思春期に近づくと、身体と周囲のエネルギーフィールドに大規模な変化が起こり始める。オーラとプライベートな空間には、より多くの緑色が付け加えられる。その空間は、友人からの「波動」で満たされる。ハートチャクラが感情の新しいレベルに向かって開き、目覚めたエロスと愛がプシュケ（ギリシャ語で魂の意味）の奥深くから現れると、美しいバラ色がフィールドを満たすようになる。脳下垂体（第三の目のチャクラ）が活性化され、身体が大人へと成熟していく。すべてのチャクラがこれらの変化によって影響を受ける。新しい高周波の波動は、個人によって興奮をもって受け入れられるときもあれば、嫌悪されるときもある。経験したことのない新たな憧れやか弱さをもたらすからだ。ときに、フィールド全体がかき乱され、チャクラが完全にバランスを失うが、すべてが調和して流れることもある。このように、個人は大きな感情の変化にさらされる。その行動は混乱し、ある瞬間には、子どもであり、別の瞬間には大人になる。

個人は今や、経験した成長のすべての段階を繰り返すが、違いもある。最初の三つの段階では自己を世界の中心として捉えていた。それは「私、私のパパ、私のママ、私の友人」だった。今では「我と汝《なんじ》」の関係である。「我」は単独では存在せず、「我」の幸福は、「我以外（汝）」への正しい適応にかかっている。こうした変化は、かつて親やおもちゃなど愛する対象を「所有」していたのに、もはや「所有」していないという事実によって、一部引き起こされる。今や、自分の幸福は、愛する人たちに自分を愛するよう「納得させる」自分の行動のバランスを取ることにかかっている。そう当人は信じている。これは、今ある自分とあるべき自分（相手が求めていると思っている自分）との狭間でプシュケに緊張を強いる。もちろん、これはすでに両親との間で起こっていたことだが、それが表面化したのだ。というのも、最愛の人がいつ別の人を選択するかわからないし、しばしば公然とそうするかもしれないからだ。

成人

思春期が終わる頃には、個人が使用するチャクラやエネルギーのパターンが決まる。すべてのチャクラは成人の形をとる。人が落ち着き、これ以上、変化しようとしなくなるのは、この時点である。一部の人はそれに成功する。すると、その人たちの人生は、安全ではあるが決まりきった窮屈な現実から成るパターンに押し込められ、停滞するようになる。ほとんどの人々は、自らの人生経験によって激しく揺さぶられ、現実の枠組みはそう簡単には定められないことを理解し、絶え間ない挑戦を通して、充実感のあるより深い経験に導いてくれる意味を生涯探し続ける。

成熟すると、「我と汝」は自分の家族にまで広がり、独自のエネルギー形態を生み出す。すると、喉のチャクラを通してより多くのエネルギーが流れるようになり、個人的にあげたり、もらったりすることがやりやすくなる。時間が経つと、「我と汝」の関係は個人や集団にまで広がっていき、ハートは開いて、配偶者や子どもへの愛だけでなく、人類への愛までも含むようになる。オーラの中には、美しいライラック色が見える。これはその後、自己と他者、集団意識の統合となる。第三の目がより高い波動に開くと、人は万物の一体性を見始める。と同時に、その一体性の中に、個々の魂の固有の尊さを見ることができるようになる。

壮年期

人は老いと死に近づくにつれて、エネルギーボディの振動率がさらに高まっていく。人々の髪の毛が真っ白になるのは、彼らを通り抜ける白い光が、霊界との親密度を増すからだ。今や、「我と汝」の関係に、とても深い神との個人的な関係が付け加えられる。下位のチャクラを通して代謝される低い地上のエネルギーは減少し、物質界の生命よりも霊と関わりのある高次の微細なエネルギーが取って代わる。その人物は、故郷である霊界に帰る準備をしているのだ。これらの自然なプロセスを理解し、プシュケの内側から展開することができれば、私生活が穏やかさと愛に満たされるようになる。年月をかけた成長によって、物事が収まるべきところに収まるのだ。特に、太陽神経叢のチャクラがより調和の取れたものになる。そのような人は、（肉体のパワーは衰えるかもしれないが）物事を深く認識できるようになり、人生を、興味の尽きない豊かな経験にする。ネイティブ・アメリカンの文化は、祖母や祖父が共同体の決定権をもっていたが、私たちの文化が、総じて、そうした偉大な知恵と光の源泉を尊重せず、活用していないのは残念なことである。

死

フィービー・ベンディットによると、死に際して、人が王冠のチャクラを通って地球を去るとき、頭頂から輝く光線が迸《ほとばし》り出る。王冠から出ていくこの経験は、生と死の間のトンネルを通過することとしてよく表現されてきた。それは最後に明るい光がある長い暗いトンネルとみなされている。この「トンネル体験」は、魂が背骨に沿って身体の主要な垂直流を通って上昇し、王冠のチャクラの明るい光のところから出ていくことだとも言われている。

死ぬとき、魂は昔亡くなった友人やスピリットガイドと出会う。このとき、魂は自分の全人生がパノラマのように素早く通過するのをはっきり見るので、何が起こってどのような選択がなされ、どんなレッスンを学んだのか、そしてどんなレッスンが次の人生にまだ残されているのかについて間違えることはない。その後、やり遂げたことを祝福するときが続き、転生が起こる前に、一時期、霊界で過ごすことになる。

人々が長患いの末に死んだ後、一定期間、白い光に囲まれて休んでいるのをたびたび目撃した。あの世にある病院で世話をしてもらっているようだった。

私は瀕死の状態にある二人の人間を、死ぬまでの数日間、観察したことがある。いずれのケースも、癌で死につつあり、病にかかってしばらく経過していた。下位の三つのボディがバラバラに崩壊し、オパール色の雲状の塊となって体外に出てきていた。それによって、その人の姿は乳白色になった。下位の三つのチャクラも分解し、太陽神経叢から長いエネルギーの糸が出ていた。上位の四つのチャクラは広々と開き、ほとんど穴が開いているように見えた。もはやそれらを保護する膜はなかった。死線を越えた人々は、ほとんどの時間を肉体の外の離れたところで過ごしていた。どうやら彼らはどこかでスピリットガイドとはぐれたようだ。人々が肉体の中にいるとき、部屋の周りにはたくさんのスピリットガイドがいた。あるケースで、アズラーイール（アズラーイールは死の天使で、私にはとても強そうで、美しく見える。誰かが述べているように怖くはない）が門を守っているのを見た。ある女性が深い痛みに苦しんでいたとき、私はアズラーイールに、なぜ彼女が死ぬのを助けなかったのか尋ねた。「まだ命令を受けていない」と彼は言った。

ヘヨアンが死について語る

私のガイド（ヘヨアン）は死のプロセスについて講義してくれた。ここで彼の言葉を紹介したい。まず彼は、死とは私たちが理解しているようなものではなく、ある意識状態から別の意識状態への移行であると言う。ヘヨアンが言うには、私たちは自分が何者かを忘れることで、すでに死んでしまっている。忘れ去られた私たちの部分は現実から隔離されている。私たちはそれらを取り戻すために転生したのだ。したがって、私たちは死を恐れるが、すでに死んでしまっており、偉大な存在と再び一体となる受肉のプロセスで、実際に別の生を見つけるのだとヘヨアンは言う。死ぬのは「死」だけだと言うのである。生きている間、私たちは忘れたい経験を隔離する。きわめて効果的にそれをするので、その多くを覚えていない。私たちは幼少期にこうした隔離を始め、生涯、やり続ける。そうして隔離された意識の断片は、障害物としてオーリックフィールドの中に見ることができる。それについては第三部の精神力学についての章で詳しく取り上げるつもりだ。本当の死は、そうした内的な壁の形で、すでに起こっているとヘヨアンは言う。

「ご存じのように、あなたを何かから切り離すのは、あなただけである。もっとも重要なのは、隔離されたあなた自身の一部の中で、すでに死が起こっているということだ。私たちの立場からすれば、それはおそらく、人間が死とみなすもののもっとも明確な定義だろう。死とは隔離され、切り離されていることである。死とは忘れることだ。自分が何者であるのか忘れることである。それが死というものの正体だ。あなたはすでに死んでしまっている。あえて死という言葉を使うとしたら、実際にあなたは、死と呼ぶものの中にすでにいる自分の一部を蘇らせるために受肉したのだ。その部分はすでに死んでいる。

私たちが、より偉大な意識への移行と呼ぶ死のプロセスは、エネルギーフィールドのプロセスとみなすことができる。以下の説明は、オーラの視点から死のプロセスを理解するのを助けるためのものである。まず障害物を取り除くためのフィールドの洗浄と浄化があり、そこですべてのチャクラが開かれる。死ぬと、あなたは別の次元に行く。下位の三つのチャクラは死滅する。三つの下位のボディに、私たちが死滅と呼ぶ兆しが現れる。人が死ぬのを見たことがある人は、手、顔、肌が乳白色になるのを知っているだろう。それは死んでいくときのオパール色の真珠層であり、美しいオパール色の雲が漂う。それらの雲は、肉体をまとめる働きをする低いエネルギーボディである。それらが崩壊し、流れ去ると、そこにあるチャクラが開き、エネルギーの紐が出てくる。上位のチャクラは、別の次元に入っていくための大きく開いた穴になっている。これが、エネルギーフィールドが分離し始める死の初期段階である。エネルギーフィールドの下位部分は上位部分から分離する。死の前後三時間ぐらいの間に、肉体の洗浄や洗礼、そして肉体のスピリチュアルな洗礼があり、そこでは、エネルギーが主要な垂直流の真上に泉のように迸り出る。黄金の光の泉が迸り、すべての障害物を浄化する。そして、オーラは白色金の色になる。記憶の面で、死にかけている人はこれらをどのように体験するのだろう？　すでに聞いたことがあるだろうが、自分の全人生がそれらによって洗われるのを見る。それだけのことである。オーラの洗浄に伴うエネルギーフィールドの現象があり、すべての障害が解き放たれる。生涯、忘れ去られていたすべての経験が解放される。それらはすべて意識を通って流れていく。このように、生涯の歴史のすべてが意識を通って流れていく。その人がこの世を去ると、意識も離れていく。それは、この特定の生涯における変容のプロセスのために作られた多くの壁の消滅であり、とてつもない統合である。

自分の中の忘却の壁が消滅すると、自分が本当は何者であるのかを思い出す。あなたは大いなる自己と統合され、その軽さと広大さを感じるようになる。このように、世俗的な意見に反して、死はとても素晴らしい体験なのだ。多くの人は、臨床的な死を宣告されたにもかかわらず生き返った人の話を読んだことがあるだろう。彼らは皆、トンネルの先に燦然《さんぜん》と輝く光があると語る。そして、そのトンネルの先で、素晴らしい存在に出会ったと語る。ほとんどの人は、自分の人生を振り返り、出会った存在と語り合う。また、自分が行った場所がとても美しかったにもかかわらず、自らの学習を完了するために、物質界に戻る決断をしたと打ち明ける。彼らはもはや死を恐れてはおらず、静寂に包まれる素晴らしい解放として楽しみにしている。

すなわち、あなたをこの真実から分け隔てているのはあなたの壁なのだ。あなたが死と呼ぶものは、実際には、光への移行である。あなたが経験するだろうと想像する死は、あなたの壁の中にある。何らかの方法で自分を隔離するたびに、あなたは小さな死を経験する。自分の素晴らしい生命力の流れを妨げるたびに、小さな死を迎えるのだ。このように、あなたが隔離された自分の一部を思い出し、自分自身に再統合するとき、すでに死んでいたあなたは、再び生き返るのだ。あなたが意識を拡大すると、世界の間の壁、霊的現実と物理的現実の間の壁が消滅する。こうして死が消滅し、あなたは幻想の壁から解放され、先に進む準備ができる。そして、自分が何者であるかが、より偉大な現実として定義し直される。あなたは依然として個的な自己である。肉体を脱ぎ捨てても、自己の本質を維持し続ける。あなたは、第26章（セルフ・ヒーリング）で与えられている未来と過去の瞑想の中で、その自己の本質を感じることができるだろう。肉体は死んでも、あなたは別の現実の次元に移動していく。肉体や受肉を超えて、自己の本質は維持される。そして、肉体を去るとき、自分が金色の光の点になるのを感じるかもしれないが、それでもまだ自分自身を感じ続けるだろう」

第8章の復習

1. 魂が肉体の世話を引き受けるのはいつか？
2. 生体エネルギーフィールドの観点から見て、誕生の瞬間の意義は何か？
3. 小さな子どものチャクラと大人のチャクラの二つの主な違いは何か？
4. オーラは幼少期の発達にどんな関与をしているか？
5. オーラに照らしてみた場合、誰かが子どもの手から何かを取り上げると、子どもが苦痛の叫びを上げるのはなぜか？
6. 子どもが大人のオーラの中に座りたがるのはなぜか？

7. 以下の発達段階、出生前、出生時、乳児期、幼児期、潜伏期、思春期、壮年期、中年期、高齢期、死の間に、オーラに起こる主な発達は何か？

8. 何歳で転生のプロセスは完了するのか？

9. 超感覚的知覚で観察者が目撃する死の経験を述べよ。

考えるヒント

10. 生体エネルギーフィールドと個人の私空間との関係について論じよう。

11. 生体エネルギーフィールドと個人の境界との関係について話し合おう。

第9章　七つの主要チャクラの心理学的機能

人間が成熟し、チャクラが発達すると、それぞれのチャクラは個人の人生の中で進化していく心理的なパターンを表すようになる。ほとんどの人は、不快な経験に対して、感情を堰き止めたり、自然なエネルギーの流れを大量に止めたりすることで対応する。これは、チャクラの発達と成熟に影響を与え、完全にバランスの取れた心理学的機能の抑制を引き起こす。たとえば、子どもが他人を愛そうとするとき、何度も拒絶されると、おそらく愛そうとしなくなるだろう。そのため、行動で示している内なる愛の感情を止めようとするだろう。そのためには、ハートチャクラを通るエネルギーの流れを止めなければならない。ハートチャクラを通るエネルギーの流れが止まったり、緩慢になったりすると、ハートチャクラの発達に影響が出る。最終的には、身体的な問題を引き起こす可能性が極端に高くなる。

これと同じプロセスが、すべてのチャクラにも当てはまる。どんな経験であれ、それを堰き止めると、チャクラも妨害され、やがて、チャクラの形が損なわれる。チャクラは「阻止」され、停滞したエネルギーで動きが鈍くなる。そして、不規則に回転したり、逆回転（反時計回り）したり、病気の場合には、ひどく歪んだり、引き裂かれたりする。

チャクラが正常に機能しているときは、それぞれのチャクラは「開いている」状態で、宇宙エネルギーフィールドから必要な特定のエネルギーを代謝するため、時計回りに回転している。時計回りに回転することで、宇宙エネルギーフィールドからチャクラにエネルギーが取り込まれる。これは電磁気学の右手の法則にきわめて似ている。電線の周りの磁場が変化すると、電線に電流が流れるという法則である。右手で電線を握り、プラスの磁極の方向に親指以外の四本の指を向けると、親指が誘導された電流の方向を自動的に指すのだ。同じルールがチャクラにも当てはまる。チャクラの上に右手をかざし、四本の指でチャクラの外周を時計回りに囲むようにすると、親指が身体の方を指し、「電流」の方向を示す。このとき、入ってくるエネルギーに対してチャクラが「開いている」という。逆に、チャクラを中心に右手の指を反時計回りにまわすと、親指が外側を指し、電流の流れる方向になる。チャクラが反時計回りに回転するると、電流が体外に流れてしまい、代謝を妨げることになる。つまり、チャクラが反時計回りに回転しているときには、必要とされているエネルギーや、私たちが心理的現実として経験しているエネルギーは、チャクラに流れ込んでいないということである。このような場合、流入するエネルギーに対してチャクラが「閉ざされている」という。

私が観察してきたほとんどの人は、いつでも、反時計回りに回転するチャクラを三つか四つもっていた。普通、これらのチャクラはセラピーを受けることで、どんどん開いていく。チャクラはエネルギーを代謝するだけでなく、エネルギーを感知する装置でもあるので、私たちの周りの世界について教えてくれる働きをする。もしチャクラが「閉じて」いると、そのような情報が入ってこない。このように、チャクラを反時計回りに回転させると、私たちは自分のエネルギーを世界に送り出し、そのエネルギーが何であるかを感じ取り、それが世界であると言うようになる。それを心理学では投影と呼ぶ。

私たちが世界に投影する想像上の現実は、幼少期の体験を通して、子ども心に世界はこのようなものだと結論づけた「イメージ」に関係している。それぞれのチャクラは特定の心理学的機能に関わっている。チャクラを通して私たちが投影するものは、それぞれのチャクラが機能している一般的な領域内にあり、各人の人生経験は、唯一のものなので、私たち一人一人にとって非常に個人的なものである。こうして、チャクラの状態を確認することで、その人の長期的な問題や現在の人生の問題を判断することができるのだ。

ジョン・ピエラコスと私は、それぞれのチャクラの機能不全を心理的な障害と関連づけてきた。振り子による診断によって測定されたチャクラの障害は、心理学的に関連する特定の領域の機能障害を示している（振り子による診断については第10章を参照）。このように、チャクラの状態を測定することで、クライアントの心理的なニーズを診断することができるのだ。私はまた、心理的な変化を促すために、チャクラに直接働きかけることもある。逆に、セラピストによって描写された心理的パターンが、予測した通りの位置、形、色で、生体エネルギーフィールドにつながっていることを私たちは発見した。

図表7－3は、心理状態の診断に用いられる七つの主要なチャクラのエネルギー中枢の位置を示している。これらは、精神、意志、感情の三つの中枢に分けられる。心理的に健康であるためには、精神、意志、感情の三種類のチャクラがすべてバランスよく開いていなければならない。頭と喉の部分にある三つのチャクラは精神を司り、身体の前面にあるチャクラは感情を、背面にあるチャクラは意志を司る。図表9－1は、主要なチャクラとその心理学的機能の表である。

各チャクラの心理学的機能の一般的な領域を見てみよう。第一のチャクラである尾てい骨のチャクラ（1）は、物理的な現実を生きるための物理的なエネルギーの量と意志に関わっている。それは、物質界に最初に生命力が現れる場所である。このチャクラを通して生命力が完全に機能しているとき、人は物理的な現実を生きる強力な意志をもっている。生命力が三つの下位のチャクラを通して存分に機能し、脚への強烈な流れを伴うとき、肉体の潜在能力がいかんなく発揮される。尾てい骨はエーテル・レベルのエネルギーポンプとして機能し、背骨に沿って上昇するエネルギーの流れを導く助けをする。

この肉体の潜在能力の開花は、生きる意志と相まって、個人にパワーとバイタリティに裏打ちされた「存在感」を与える。「私は今、ここにいる」と宣言し、物理的な現実に、しっかりと根を下ろすのだ。パワーとバイタリティに裏打ちされた「存在感」は、生命エネルギーの形で本人から発せられる。そのような人は強固な生きる意志をもっていて、周囲の人々を元気づけ、彼らのエネルギーシステムを再充電させる発電機のような役割をしばしば果たす。

尾てい骨のチャクラが封じられたり、閉じられたりすると、肉体の生命力もほとんど封じ込められ、物質的な世界での印象が薄くなる。「ここに」いなくなるのだ。そのような人は、エネルギーが低下して、身体的活動を避けるようになり、「病弱」にさえなるかもしれない。肉体のパワーも不足するだろう。

陰部のチャクラ（チャクラ2A）は、異性との愛の性質に関係している。このチャクラが開いていると、性的・肉体的な快楽を与えたり、享受したりすることが容易になる。セックスを楽しみ、オルガスムを感じることができるだろう。しかし、全身のオルガスムを得るには、すべてのチャクラが開いている必要がある。

仙骨のチャクラ（チャクラ2B）は、人の性的エネルギーの量に関わっている。このチャクラが開いていると、自分の中に性的なパワーを感じる。このチャクラをブロックすると、性的な力やセックスの能力が弱まり、期待はずれになる。当人はさほど性衝動を感じないので、セックスを避け、性の重要性や喜びを否定しやすくなる。そのため、その部分が栄養不足になる。オルガスムは肉体を生命エネルギーの中に浸すので、セックスを遠ざけるようになると、そのような方法で肉体に栄養を取り込めなくな

図表9－1　主要なチャクラと関連する心理学的機能

精神のチャクラ	関連する機能
7　王冠のチャクラ	生命と全人格との統合、および人間の精神的霊的な側面
6A　額《ひたい》のチャクラ	精神的な概念を視覚化して理解する能力
6B　精神執行	アイデアを実践的な方法で実行する能力
意志のチャクラ	
5B　首の付け根	社会や職業の中での自己意識
4B　肩甲骨の間	自我の意志、または外界への意志
3B　横隔膜のチャクラ	癒し、健康への気遣い
2B　仙骨のチャクラ	性的エネルギーの量
1　尾てい骨のチャクラ	身体的エネルギーの量、生きる意志
感情のチャクラ	
5A　喉のチャクラ	受け取ること、責任感
4A　ハートチャクラ	他人への心からの愛の感情。開かれた心
3A　太陽神経叢	偉大な喜びと開放感、霊的な知恵や生命の普遍性の意識。宇宙の中であなたは何者であるのかという自覚。
2A　陰部のチャクラ	異性への愛の質、身体的、精神的、霊的快感を与え、受け取る。

る。それだけではなく、他人との交わりや身体の接触によってもたらされる心理的な栄養も受け取れなくなる。

チャクラ2Aと2Bの関係。仙骨のチャクラは陰部のチャクラと対になって働く。前面と背面のチャクラが一緒になる二つの地点、チャクラの中心と脊髄で、生命力は二番目に強力な肉体的衝動と目的、すなわち性的結合への欲求を示す。この強力な力は、二人の間にある障壁を打ち破り、お互いを近づける。

めいめいの人のセクシュアリティは、本人の生命力と結びついている（これはもちろん、すべてのチャクラに当てはまる。堰き止められているいずれのチャクラも、関連する領域の生命力を堰き止める）。骨盤領域は活力の源なので、その領域で封鎖されているすべてのチャクラは、身体的および性的な活力を低下させる効果がある。人類の大多数にとって、性的エネルギーは、これらの二つの性的チャクラを通して活動し、オルガスムの中で充電し、発散する。オルガスムは、エネルギーのシャワーを浴びせることによって、身体を再活性化し、浄化する。それは詰まったエネルギー、老廃物および深い緊張を身体から取り除く。身体的健康にとって、性的なオルガスムはとても重要なのだ。

性的な交わりで、喜びを共にすることを通して、相互の信頼と親交を深めることが、自我による「分離」を深いところから手放し、一体感を経験するための、人類に許された主要な方法の一つである。相手のかけがえのなさに対する愛と尊敬の念をもって行えば、性的な交わりは、肉体レベルで結ばれたいという深い原始的な進化の衝動と、神と一つになりたいという深い霊的な願望によってクライマックスに達する神聖な経験となる。それは、二人の「人間」の霊的側面と肉体的側面の結婚とみなすことができる。

すでにそのような交わりを達成し、霊的な道の先の段階に進んでしまっている人たちにとっては、幸福になるためにそのようなエネルギーの放出（オルガスム）は必要ない、とクンダリニー・ヨガやタントラ密教の修行者たちは言う（ほとんどの人間はそのカテゴリには含まれていない）。多くの霊的な修行は、瞑想を用いて性的エネルギーをさまざまなエネルギーのチャンネルに沿って封じ込め、変換し、方向転換させる。そして、垂直流に沿って背骨を上昇させてより高い振動エネルギーに変え、霊的なエネルギーのボディを作るために用いる。これは非常に強力で危険性のある修行なので、指導のもとに行わなければならない。ゴーピ・クリシュナは『クンダリニー』（中島巌訳、平河出版社）の中で、自分の肉体の種子である精子を、そのような方法で霊的なエネルギー、もしくはクンダリニーに変換することについて語っている。多くの霊的な修行は、変容のために霊的な種子である精子を無駄にしないよう勧めている。

チャクラ2Aと2Bのブロック。陰部のチャクラをブロックすると、女性はセックスの相手から送られてくる性的な栄養を素直に受け取ることができなくなり、オルガスムに達することが難しくなる。そのような女性は、おそらく、自分の膣とつながることができず、ペニスの挿入を楽しむことができない。ペニスよりもクリトリスの刺激を楽しみたいと思うかもしれない。また、騎乗位になったり、動きの大半を自分でコントロールしたりすることで、性行為で常に主導的な役割を演じたがることもある。尋常ではないのは、自分がいつでもコントロールしていなければならないということだ。健康な状態であれば、ときに積極的になり、ときには受動的になりたいと思うだろうが、そのような女性の場合、無意識のうちにパートナーのパワーを恐れているのだ。相手の男性が優しく、忍耐強く、思いやりをもって彼女を扱えば、彼女はゆっくりと時間をかけて、陰部のチャクラを開き、ペニスの挿入を受け入れ、楽しむことができるようになるだろう。また、この章の最初の方で説明したように、自分の状態に伴う恐怖や相手への遠慮といった深い感情を乗り越えて、そうした感情の出所になっているイメージを見つけなければならない。女性がセックスに積極的であるべきではないと言いたいのではない。与えることと受け取ることの一種の不均衡について話しているのだ。

男性の陰部のチャクラの深刻なブロックは、早漏や勃起不全を伴うのが普通である。そのような男性は、性的なパワーを全開することを深いところで恐れ、押しとどめようとする。その結果、エネルギーの流れが、しばしば中断されたり、行き詰まったりする。あるいは、背中の方に向きを変えられ、仙骨のチャクラから出ていく。そのため、オルガスムのとき、ペニスからではなく、第二チャクラからエネルギーを放出する。この経験は、ときに痛みを伴い、オルガスムへの嫌悪感やセックスの忌避につながる。これは、不感症の女性の場合と同じように、相手との間に問題を生じさせる。もちろん、多くの場合、こういったカップルは「類は友を呼ぶ」の法則を通してお互いを発見し、相互の問題を共有する。その場合、相手を非難し、別の人を探すという「擬似的な」解決策を取ることがあまりに多い。これは、問題の「所在」が自分にあることを認めるまで、変わらない。認めた時点で、問題の発端になったイメージや信念を掘り起こす作業を始めることができる。

このようなケースでもっともいいのは、受容的で理解があり、真剣に関わってくれるパートナーをもつことである。もし双方が、相手を責める代わりに自分の困難を認めれば、パートナーに愛や理解やサポートを与えることに専念し、新しい形の相互関係を育むことができるだろう。そのようにして成長するには時間と忍耐を要する。自分の欲望を相手に満たしてもらうことを要求せずに、本当の意味で与えることが必要だからだ。そうすれば、相手を非難することを諦め、愛を与えることによって相互信頼と自尊心が育まれる。それと共に、セクシュアリティも解放され、実り多い交感へと発展していく。他のチャクラが開いているときに、これらのチャクラの一つが閉じているのは珍しいことではない。多くの場合、それは人々の中でペアのチャクラ（前面と背面）がどう働くかにかかっている。片方のチャクラが過剰に働き、もう一方のチャクラがあまり働かないのは、同時に両方のチャクラが働くときのパワーに耐えきれないからだ。たとえば、一部の人たちにとって、愛の営みの最中、両方のチャクラの途方もない性的なパワーを感じながら、パートナーと与えたり受け取ったりすることに心を開いているのはきわめて困難である。パートナーの奥深さと個人的な神秘に浸ることによって、その瞬間を展開させるのではなく、性的な力がファンタジーに変わってしまうことが多いのだ。人間はとてつもなく美しく複雑で不思議な存在である。私たちは、自由気ままにその美と驚異の中にさまよい込むことはめったにない。チャクラ2Aと2Bの不均衡に伴う心理的な問題は、満たされない人生の状況をもたらす。

たとえば、背面のチャクラが時計回りに強く、前面のチャクラが弱いか閉じていれば、その人は性衝動が強く、性的関係を強く求める。問題は、大量の性的エネルギーや衝動が、性的に与え、受け取る能力を伴っていないということである。そのため、強い性欲を満たすことが非常に難しい。背面のチャクラが反時計回りに強い場合も同じことが言えるが、性衝動はおそらくネガティブなイメージ、ひょっとしたら暴力的な性的ファンタジーを伴うだろう。これは、もちろん、衝動を満足させることをさらに難しくさせる。このような心理構造の持ち主は、自らの内的感情を恥じて、問題を全面的に回避するために、性衝動を頻繁に望ましい行為に昇華させようとするかもしれない。一方で、性的なパートナーをたくさんもち、性行為で二人の魂が深く交感し合うチャンスを逃してしまうこともある。そのような人は平気で約束を破る（不倫をする）し、セックスに関する約束をすることができないかもしれない。

太陽神経叢（チャクラ3A）は、宇宙の中に、つながることのできる自分独自の場所があることを深く知ることから生じる大きな喜びに関わっている。開かれたチャクラ3Aをもつ人は、夜に星空を見上げ、自分もそこに属していると感じることができる。宇宙の中の自分の場所にしっかりと根づいているのだ。そのような人は、顕在化した宇宙を表現する自分自身のユニークな側面の中心であり、そこから霊的な知恵を得ている。

太陽神経叢のチャクラは精神的なチャクラだが、その健全な働きは個人の感情生活に直接関係している。なぜなら、心や精神的なプロセスが感情生活を調整する役割を果たしているからだ。感情を精神的に理解すれば、秩序ある枠組みの中に感情を収め、許容できる形で現実を定義することができる。

このチャクラが開き、バランスよく機能していれば、感情に圧倒されることなく、心の底から充実した感情生活を送ることができるだろう。しかし、このチャクラが開いていても、それを覆う保護膜が破れている場合は、制御できない極端な感情をもつようになるだろう。そうなれば、アストラル界の外部の情報源から影響を受け、混乱をきたすかもしれない。また、宇宙や星々の中で迷子になるかもしれない。そして、最終的に、そのチャクラの使い過ぎによって、その部位に肉体的な痛みを感じ、やがては副腎疲労のような病気になることもありうる。

このチャクラが閉じていれば、自分の感情を堰き止め、おそらく何も感じなくなるだろう。そのような人は、存在に別の次元を付け加える感情のより深い意味に気づかないだろうし、宇宙の中の自分の独自性や自分のより偉大な目的とつながらないかもしれない。

このチャクラは、往々にして、ハートチャクラと第二チャクラの間のブロックとして働く。それらの両方が開いていて、太陽神経叢がブロックされている場合、二つは別々に働く。つまり、セックスは愛と深く結びつかないし、その逆も言える。セックスと愛は、自分が物質的な宇宙にしっかりと根を下ろしている存在だということを自覚するとき、また、現在、自分が所有している肉体を生み出すのを助けた人間の長い歴史的な系譜を自覚するとき、見事に結びつく。私たちは、めいめいがどれほど深く物質的存在であるかを過小評価してはならない。

太陽神経叢のチャクラは、人と人の結びつきにおいてきわめて重要なものである。子どもが生まれるとき、母と子をつなぐエーテルのへその緒（紐）が残る。この紐は人間のつながりを表している。人が他の人間と関係を結ぼうとするときにはいつも、二つの太陽神経叢のチャクラの間に紐が成長する。二人の間のつながりが強ければ強いほど、これらの紐は強く、数も多くなる。関係が終わりつつある場合には、紐はゆっくりと切り離されていく。

関係している人々の他のチャクラの間でも、紐が発達するが、第三のチャクラの紐は、親がかりの子どもと母親の結びつきを再現しているらしく、治療プロセスでの交流分析にとって、すこぶる重要である。交流分析とは、あなたが他者とどのような相互作用をしているかを判断する手法だ。あなたは子どもが親とするような仕方で他者と相互作用しているだろうか（子ども／親）？　それとも、他人が子どもで、自分が大人であるかのような仕方で相互作用しているだろうか（子ども／大人）？　それとも、あなたは大人として振る舞っているだろうか？　このタイプの分析は、他人に対するあなたの個人的な反応について多くのことを明らかにする。あなたが最初の家族で構築するチャクラの紐の性質は、後にあなたが生み出すすべての関係で繰り返される。子どものとき、子ども／母の紐は子ども／母の関係を表しているだけである。大人になると、自分とパートナーとの間に、依存的な子ども／母の紐を成長させる可能性がきわめて高い。経験を積んで成熟することで、徐々に子ども／母の紐を、大人／大人の紐に変容させていく。

太陽神経叢の背面にある横隔膜のチャクラ（チャクラ３Ｂ）は、自分の身体の健康を気づかうことに関連している。健康な身体を愛し、健康を維持しようとする意図をもっている人は、このチャクラが開いている。このチャクラはヒーリングの中枢としても知られており、霊的なヒーリングと関わっている。一部のヒーラーは、このチャクラが飛びぬけて大きく、発達していると言われている。このチャクラはまた、肩甲骨の間に位置するチャクラと同じような意志のチャクラでもあり、ヒーリングの能力をもっている人を除いて、他の意志のチャクラよりも小さいのが普通である。このチャクラは、前面の太陽神経叢のチャクラと関連しており、太陽神経叢のチャクラが開いていれば、通常は開いている。太陽神経叢が開いている人は、宇宙の中の自分の居場所につながっており、自分が一枚一枚の草の葉のように、また「野の百合」のように完璧に宇宙にフィットしていることを受け入れるので、その人の自己受容は、身体的な健康として身体レベルに現れる。（精神、感情、霊性の）全体的な健康は、すべてのチャクラが開かれ、バランスが取れていることを必要とする。

チャクラの説明を読み進めていくと、それぞれのチャクラの前面と背面が一対をなして働き、バランスを取ることの方が一方のチャクラだけを広々を開けることより重要であることがわかるだろう。

ハートチャクラ（チャクラ4A）は、愛のチャクラである。そこを通って、すべての生命とのつながりのエネルギーが流れる。このチャクラが大きく開けば開くほど、どんどん広がる人生の輪を愛する能力が高まっていく。このチャクラが機能しているとき、私たちは自分自身、子どもたち、伴侶、家族、ペット、友人、隣人、同胞、仲間、そしてこの地球上のすべての生き物を愛する。

私たちは、このチャクラを通して、愛する関係を持っている人たちのハートチャクラに紐をつなぐ。それには、子どもや親だけではなく、恋人や仲間も含まれる。そうした紐を指す「心の琴線」という言葉を聞いたことがあるかもしれない。このチャクラを流れる愛の感情は、しばしば私たちを涙ぐませる。一度、この開いた愛の状態を経験してしまうと、今までどれだけそれを懐かしんでいたかに気づき、涙が出てくる。このチャクラが開いていると、仲間のすべてを見ることができる。具体的に言えば、それぞれの個人のかけがえのなさ、内的な美しさや光だけではなく、否定的または未発達の側面も見ることができるのだ。否定的な状態（閉じている）では、何も見返りを期待せずに愛を与えるという意味で愛することが困難となる。

ハートチャクラは、癒しのプロセスで使用されるもっとも重要なチャクラである。チャクラを通して代謝されるすべてのエネルギーは、チャクラの根を通り垂直流に沿って上昇し、ヒーラーの手や目から外に出ていく前に、ハートチャクラへと入り込む。癒しのプロセスでは、心臓が地球上のエネルギーを霊的なエネルギーに、そして霊的な次元のエネルギーを患者が用いることのできる地上のエネルギーに変換する。これについては、ヒーリングの章でより詳細に取り上げる。

肩甲骨の間にあるチャクラ4Bは自我の意志または外界への意志に関連している。これは、私たちが物理的な世界で行動を起こす中枢である。私たちは自分が望むものを追いかけ回す。

このチャクラが時計回りの場合、私たちは人生で物事を達成することに肯定的な態度を持ち、他者を物事の達成を支えてくれる人たちとみなす。すると、そうした見方を支えてくれる経験をするようになる。なぜなら、実際にはそのような生き方をするからだ。私たちは自分の意志と神の意志が一致していることを経験するだろう。また、友人たちの意志が私たちの意志と一致しているのを見ることになるだろう。たとえば、あなたは本を書きたいと思ったら、友人たちが助けてくれるところや、出版社が、「いいです、それこそ私たちが探し求めていたことです」と言って受け入れてくれるのを思い描くだろう。

一方、このチャクラが反時計回りだとすると、その逆のことが言える。私たちは、神の意志や他人の意志が自分の意志に対立しているという誤った観念をもつ。私たちが望むものを手に入れようとしたり、何かを達成しようとしたりすると、人々が助けになるどころか妨げとなるように思える。それゆえ欲しいものを手に入れたかったら、他人の助けをあてにせず、他人を押しのけるしかない。私たちは、「自分の意志はあなたの意志にまさる」「自分の意志は神の意志にまさる」といった言葉を信じるようになる。宇宙がどのように機能するかについての根深い信念がそこに含まれている。

宇宙は基本的には敵意に満ちた場所であり、強い攻撃者が生き残るというイメージの根底には、ときに「自分の思い通りにならないということは、自分の究極の生存が危ぶまれることを意味する」という考えがある。そのような人はあらゆることがコントロールすることによって機能し、他人をコントロールすることで自分の世界を安全なものにしようとする。そのような人にとっての解決策は、自分が攻撃性を通してどのように敵意に満ちた環境を作り出しているかを気づかせ、コントロールしなくても生存が可能かどうかを見極める機会を作ってやるしかない。そのような機会があれば、ゆくゆく良心的で、豊かで安全な宇宙を体験することにつながるだろう。そのとき当人は、自分の存在がすべてのものに支えられていることに気づくだろう。

別のケースでは、このチャクラは、過度に活動しすぎるきらいがある。小さな時計回りまたは反時計回りのハートチャクラを伴って、時計回りの方向に非常に大きくなる可能性があるのだ。この場合、その人の意志は取り立てて否定的なものではない。ハートチャクラが果たす機能を助けるために用いられるだけである。手放したり、信頼したり、愛したりする代わりに、つまり、ハートチャクラ（4A）を通してより多くのエネルギーを稼働させる代わりに、自分の意志で補うのだ。そういう人は肩甲骨の間にある第四チャクラの背面を通して、より多くのエネルギーを稼働させ、密かに、「あなたの人間性を考慮することなく、自分のやり方を押し通したい」と言うかもしれない。そういう人は、主として愛ではなく意志によって、あるいは内側からのパワーよりも上からのパワーによって働きかける。それは、対等ではなく、相手を「自分のもの」にしてしまおうとするひねくれたやり方である。

喉の前面に位置する喉のチャクラ（5A）は、個人的なニーズの責任を取ることに関わっている。新生児は乳房をあてがわれるが、栄養を得るには吸わなければならない。これと同じ原則が、人生のすべてに当てはまる。人は成熟するにつれ、自分の欲求を満たせるかどうかは、ますます自分自身にかかってくる。成熟に達し、このチャクラが適切に機能するようになるのは、自分の人生に欠けているものを他人のせいにするのをやめて、自ら進んで自分が必要とするものや欲するものを生み出せたときである。

このチャクラはまた、自分に差し出されたものを受け取る際、その人がどんな状態であるかも示す。もしこのチャクラが反時計回りと判定される場合、その人は与えられたものを受け取らない。

これは、自分にもたらされるものに対して、最初に抱くイメージに関連しているのが普通である。つまり、世界を否定的で全体的に敵意に満ちた場所とみなすなら、その人は用心深くなり、自分が出会うものについてネガティブな予想を抱くだろう。愛や栄養よりもむしろ敵意や暴力、屈辱を予想するかもしれない。そのような人はネガティブな予測でネガティブな力の場を生み出すため、ネガティブな力を引き寄せるだろう。つまり、暴力を予期していれば、自分自身の中に暴力性をもつようになる。第6章で宇宙のエネルギーフィールドの性質について説明したように、類は友を呼ぶという法則を通して、暴力を引き寄せるのだ。

その人が喉のチャクラを開くと、徐々により多くの栄養を引き寄せるようになるだろう。そして、やがては、ほとんどの時間、喉のチャクラを開きっぱなしにできるようになるだろう。けれども、自らの信念のせいで、チャクラを開いた直後にネガティブな力を引き寄せるかもしれない。それを乗り越え、自分自身の中にある元の原因につながり、再び内なる信頼を見つけることができるようになれば、喉のチャクラは再び開かれるだろう。この開閉のプロセスは、受け取ることや取り込むことに関するすべての誤解が、自分を育んでくれる恵み深い宇宙への信頼へと変化するまで続く。

ときに職業のチャクラと呼ばれる社会的な適応を司る第五チャクラ（5B）は、社会や職業の中での、また、同僚間での自己意識に関わっている。もし、人生のこの部分に快適さを感じていない場合、その不快感は、自尊心の欠如を補うためのプライドで覆い隠されているかもしれない。

首の付け根のチャクラは、仕事で成功してよくなじんでおり、一生の仕事としてその仕事に満足している場合、通常、開いている。やりがいと充実感のある職業を選び、仕事に最善を尽くしていれば、このチャクラは開き切るだろう。プロとして成功し、宇宙から栄養を得るためのサポートを受けるだろう。そうでなければ、ベストを尽くすことをためらうことになる。そのような人は、成功できず、そのことをプライドで隠すだろう。自分がもし最善を尽くすか、もっとやりがいのある仕事に就けば、「もっとよくなる」ことを密かに「知って」いるのだ。だが、どういうわけか、この人物はいずれもせず、真の絶望を避けるために、プライドを守り続ける。自分が実際のところ生涯成功しないことを知っているのだ。ひょっとしたら、犠牲者の役割を演じ、人生が偉大な才能を育てる機会を与えてくれなかったとこぼすかもしれない。こうしたプライドを手放し、痛みや絶望を感じ、解き放つ必要がある。

このチャクラはまた、自分が心の底から欲することを実現するために行動するチャンスを妨害する、失敗への恐れを明らかにする。このことは、個人的な交友関係や社会生活全般にも当てはまる。このような人はまた、他人との接触を避けることによって、本心を明かさないようにし、一方で、嫌われることへの恐怖を感じ、他方で、「俺はお前より優れている。俺にとってお前は物足りない」といった競争心や奢《おご》りを抱き続ける。拒絶の感情は自分の中で生まれ、それを相手に投影してしまうので、拒絶を避けるために相手を避けるようになる。憧れの職業に就くチャンスを得て、念願の面接を行い、自分の気持ちを明らかにすることが、鬱屈した感情を手放し、このチャクラを開くための方法である。

額のチャクラ（チャクラ6A）は、精神的な概念を視覚化し、理解する能力に関わっている。それには、現実や宇宙の概念、あるいは世界をどのように見ているかや、世界が自分にどのように反応しやすいと考えているかなどが含まれる。このチャクラが反時計回りの場合、普通、真実ではない否定的な現実の概念やイメージをもつようになる。そのような人は、自分がもっているイメージを世界に投影することによって自分の世界を生み出す。このチャクラが詰まっていて弱い場合、このチャクラを通して流れるエネルギーの量が少ないというだけの理由で、創造的なアイデアが堰き止められるのが普通である。このチャクラが強い反時計回りになっているときには、強いネガティブなアイデアを生み出す能力をもつようになる。これが後頭部で強く機能している精神執行チャクラ（チャクラ6B）と組み合わさると、その人の人生に大混乱をもたらす危険がある。

ネガティブな信念のイメージを浄化したり、ふるい分けたりするセラピーの過程で、エネルギーシステムに一つのイメージが生じ、支配的に機能し始めると、このチャクラは、通常は時計回りであっても、おそらく反時計回りに回転するだろう。この治療プロセスは、イメージを前面に浮かび上がらせ、その人の人生に顕在化するよう仕向ける。すると、セラピーの助けを借りて、あるがままにそのイメージを理解し、明確に見るようになる。その結果、チャクラが方向転換し、時計回りに回転するようになる。普通、このような反時計回りの動きは、不安定な感情の質を伴うので、熟練したセラピストなら見つけることができる。これが正常の状態ではないことは、セラピストにとって明白だろう。たとえば、チャクラの混沌とした動きは、クライアントの現実認識が、クライアントの人格を激しく揺さぶっていることを示していることがわかるだろう。

後頭部にある**精神執行チャクラ**（チャクラ6B）は、額のチャクラを通して形成される創造的なアイデアを実行に移すことに関わっている。精神執行チャクラが開いていれば、アイデアを物理的な世界に具現化させるための適切な行動がついてくる。開いていない場合は、自分のアイデアを実現させるのに苦労する。

特に、額のチャクラ（6A）が開いていて、後頭部のチャクラが閉じていると、イライラが昂じる。その人はたくさんの創造的なアイデアをもっているが、それらは決して成就しないように思える。それには、たいてい外の世界の問題のせいにする言い訳が伴っている。そのような人は、自分が達成したいと思っていることを、一歩一歩段階を踏んで実行する方法についての訓練を必要としている。段階を踏んでいると、多くの感情が出てくる。「そんなに長く待つことには耐えられない」、「このようなことが起こった責任を取りたくない」、「このアイデアを物理的な現実で試したくはない」、「このような長い創造のプロセスを受け入れられない、そんなに頑張らずに、やり遂げたいだけなんだ」、「お前が仕事をしろ、俺はアイデアマンになる」。このような人はおそらく、自分が選んだ目的を達成するために物理的な世界でどうやって段取りすればいいかの初期の訓練が不足していたのだろう。ひょっとしたら、物理的な現実の中で生きることや、弟子という立場に身を置くことに抵抗しているのかもしれない。

一方、このチャクラが時計回りで、アイデアのチャクラが反時計回りの場合、一層、混乱した状況になる。たとえその人の基本的なコンセプトが現実的ではなくても、しゃにむに歪んだコンセプトを実行に移し、ある程度の成功を収めるだろう。たとえば、あなたが、この世界が嫌な場所だと信じ、「誰もが自分のことにかまけているから、自分勝手にやればいい」と思っているとしよう。それを実行に移すやり方を知っており、その能力をもっているなら、つまり、あなたの精神執行チャクラが機能しているなら、あなたは犯罪者のように行動してしまうかもしれない。その場合、おそらくハートチャクラも詰まっている。あなたの人生は、あなたの考えをある程度立証するだろう。あなたは捕まるまで、ほどほどに成功するだろう。あるいは、このようなチャクラの状態は、物理的な世界で不可能な何かを起こそうとするかもしれないし、他人のアイデアがどんなものであれ、それを実行する担い手になるかもしれない。

王冠のチャクラ（チャクラ7）は、スピリチュアリティとのつながりや肉体的、感情的、精神的、霊的な存在全体の統合に関わっている。このチャクラが閉じていると、おそらく自分のスピリチュアリティとの経験的なつながりをもてなくなる。そのため、「宇宙的な感覚」をもっておらず、人々がスピリチュアルな経験について話していても理解できない。このチャクラが開いていると、十中八九、自分独自のきわめて私的な形で、スピリチュアリティをたびたび経験する。このスピリチュアリティは、教義によって定義されたものや簡単に言葉にできるものではない。しいて言うなら、一つの存在状態、ありふれた現実を無限へと超越する状態である。それは物理的な世界を超え、個人の中に全体性、平和、信仰の感覚を生み出し、自分の存在意義を与えてくれるものである。

第9章の復習

1. 各チャクラの心理的機能を説明せよ。
2. 本章で述べたチャクラの開閉が何を意味するか説明せよ。

第10章　チャクラもしくはエネルギー中枢の診断

チャクラの状態を見分ける方法はいくつかある。まずどんな方法が自分にとってもっとも簡単で有効なのかを探る必要がある。私が見出したチャクラの状態を感じ取る最善の方法は、振り子を用いるものである。振り子を用いる装置は増幅器として働くので、エネルギーの流れへの感受性を高める手助けをしてくれる。その目的のために私が発見した最良の振り子は、ブナ材でできており、洋梨の形をしている。直径が二・五センチで、長さは約三・八センチである。そのエネルギーフィールドは拡散しており、浸透しやすく、やはり洋梨の形をしている。このタイプの測定装置にとって重要なのは、縦軸を中心に左右対称になっている点だ（ブナ材の振り子は、英国で購入することができる。Metaphysical Research Group, Archers' Court, Stonestile Lane, Hastings, Sussex, England)。

手の感覚が発達している人や触るのが好きな人なら、チャクラに出入りするエネルギーの流れを手で感じ取る訓練を積むことができる。これは、エネルギーが自由に流れているのか詰まっているのか、弱いのか強いのかを感じ取る役に立つ。鍼《はり》治療のツボに指先を当てるだけでも、同じことができる。この種の感知訓練で、あなたが知りたい情報を与えてくれる特定の身体的反応が得られることさえあるかもしれない。

最終的に、超感覚的知覚をさらに発達させれば、単にチャクラを見ただけで、チャクラが（規則的に、あるいは不規則に）回転しているかどうか、どんな色をしているか（暗くて詰まっているか、色褪せていて弱いか、それとも、鮮明で明るく、強い色調をしているか）が理解できるようになるだろう。また、チャクラが歪んでいるなら、具体的にどのように歪んでいるのかが見えるようになるかもしれない。そして最終的に、オーリックフィールドの各層で、チャクラを知覚することができるだろう。

だが、まず振り子を使って練習してみよう。

振り子でチャクラを診断するエクササイズ

前面のチャクラを測定するには、患者に仰向けに寝てもらい、背面のチャクラを測定するには、患者に腹ばいになってもらう。

チャクラの状態を測定するには、およそ一五センチの長さの紐を持ってチャクラの上に振り子をかざし、チャクラの状態に関するすべての先入観を捨てて心を無にする（これはもっとも難しい部分であり、練習が必要だ）。振り子が身体に触れることなく、可能な限り身体に近いことを確認しよう。あなたのエネルギーが振り子のフィールドに流れ込み、充電する。振り子とあなたのエネルギーが結合したこのフィールドが、被験者のフィールドと相互作用し、振り子を動かす（図表10－1を参照）。多分、振り子は円形のパターンを描いて動き、被験者の身体の上に、架空の円を描くだろう。また、楕円形を描いて前後に動くか、直線的に動くこともあるし、不規則に動く場合もある。振り子の動きの振れ幅と方向はチャクラを通して流れるエネルギーの量と方向を示している。

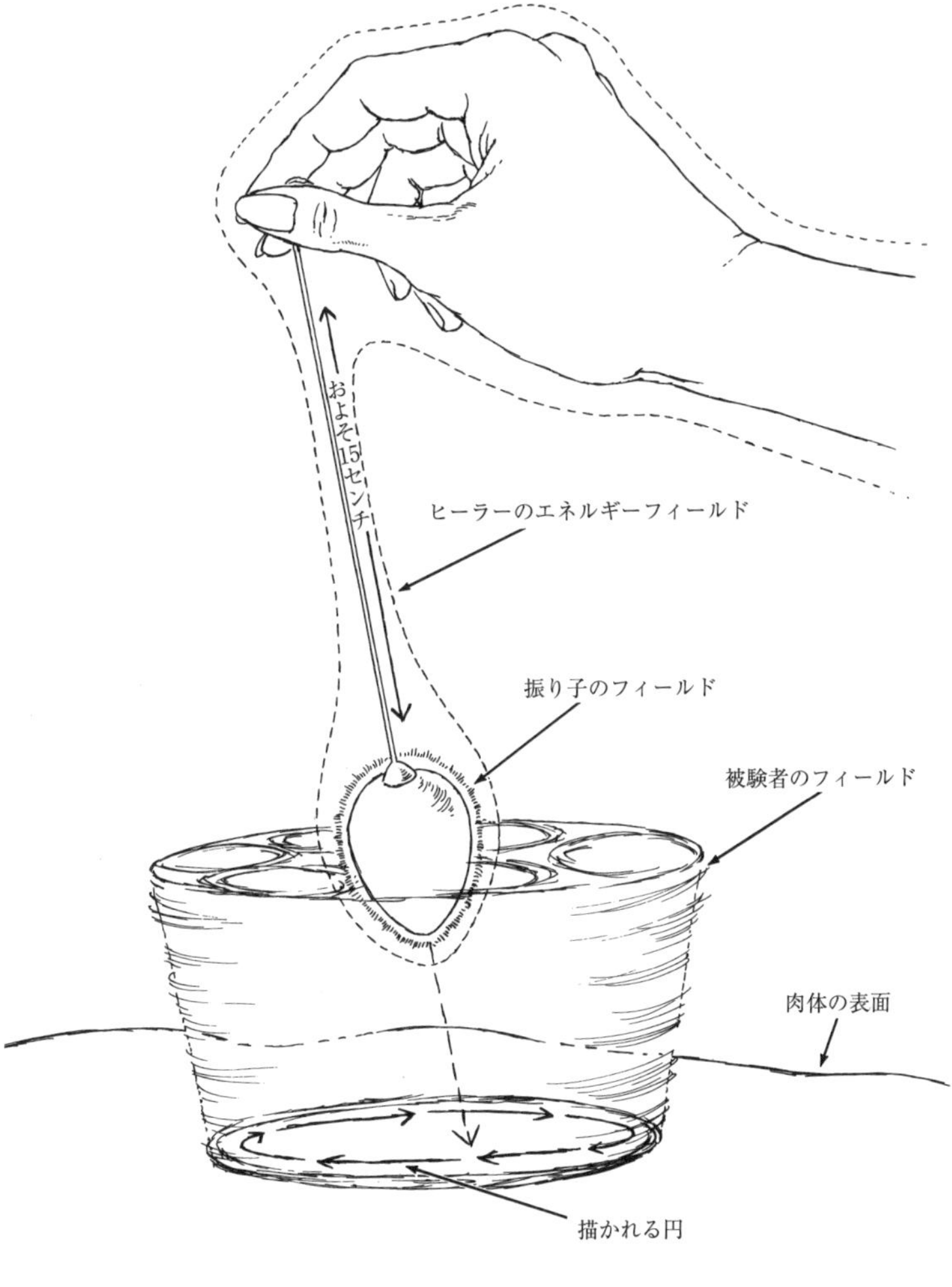

図表10－1　振り子によるチャクラの診断

ジョン・ピエラコス医師は、振り子の時計回りの動きが、精神力学的に開いたチャクラを示すことを発見した。つまり、そのチャクラを通って流れるエネルギーによって支配されている感情や心理的な経験が、当人の人生においてよくバランスが取れ、充実しているということだ。振り子が反時計回りに動いている場合、そのチャクラは精神力学的に閉じており、対応する心理的側面に問題があることを示している。ということは、そのチャクラを通って流れるエネルギーによって支配されている感情や心理的な経験は、エネルギーが遮断されているため、バランスが取れていないことを意味する。おそらく、そのような人はそれらでネガティブな経験をするだろう。

振り子によって描かれる円の大きさは、チャクラの強さとそこを流れるエネルギーの量に関係している。それはまた、ヒーラーと被験者がその日もっているエネルギーの量にも関係している。振り子によってより大きな円が描かれるのは、チャクラを通って流れるエネルギーの量が多いからで、円が小さければ、エネルギーの量が少ない。

チャクラの大きさは、振り子によって描かれる円の直径ではなく、振り子の振れ幅によって示されることを覚えておくことが大切である。振り子の円の大きさは、先に述べたように、被験者とヒーラーと振り子、三つのフィールドすべての相互作用の働きによって決まる。両者のエネルギーが低ければ、すべてのチャクラが小さく見えるだろうし、エネルギーが高ければ、すべてのチャクラが大きく見えるだろう。注目すべきは、チャクラ間の相対的な大きさである。健康は、チャクラ間のバランスを整え、すべてのチャクラを通るエネルギーの流れを均等にすることによって達成される。健康であるためには、すべてのチャクラの大きさがほぼ同じでなければならない。

さまざまな心理状態を指し示す時計回りや反時計回りの基本形の間には、多くのバリエーションがある。図表10－2は、振り子が描き出すさまざまな形を表にしたものだ。一見するとこの表は少し複雑にる。

見えるかもしれないが、実際にはとてもシンプルである。振り子が描き出すそれぞれの動きは、両極端にあたる完全に開ききったチャクラC6（時計回りで一五センチの直径）と、または完全に閉じたチャクラCC6（反時計回りで一五センチの直径）、の間のバリエーションだ。特定のチャクラを使いすぎていたり、スピリチュアルな経験をした後で、ほとんどのチャクラが開いている場合を除いて、一五センチよりも大きな直径のチャクラをめったに見たことがない。私はC10（時計回りで二五センチの直径）まで測定したことがある。

C6とCC6の間にある唯一の例外は、振り子がまったく動きを見せない完全に静止したチャクラ（S）だ。この場合、チャクラが反転しているのかもしれない。あるいは、チャクラを使いすぎたり、抑制したりすることで、そのチャクラに関連する特定の心理的働きを遮断してしまったのかもしれない。その結果、チャクラは完全に回転するのをやめ、宇宙エネルギーフィールドからの一切のエネルギーを代謝しなくなっているのだ。これは、もし長く続くなら、確実に病を引き起こす状態である。というのも、身体は、外部のエネルギーを活用できないと、健全に働くことができないからだ（病とチャクラの関係については第15章を参照）。

振り子の楕円形の動きはことごとく、体内のエネルギーの流れの左右の不均衡を示している。左か右かの指定は、被験者の身体の左側か右側かを指している。つまり、振り子は被験者の身体の左上部（CEL）か右上部（CER）に向かって振れる。これはまた、身体の一方の側が他方の側よりも強いことも示している。右側（CER、CCER）は、活動的、攻撃的、「男性的」または「陽」の性質を表している。左側（CEL、CCEL）は、受動的、受容的、「女性的」または「陰」の性質を表している。振り子が被験者の身体の右側に向かって斜め上向きの楕円を描くとき、人格が女性的な側面よりも発達した男性的な側面をもっていることを表わしているとジョン・ピエラコス医師は述べている。このよう

図表10-2　エネルギー中枢の診断

シンボル表記		シンボルの意味	心理的徴候
	C6	時計回り、直径15センチ	開いており、透明な現実認識と調和している。
	CER3	時計回り、楕円形、右直径7.5センチ	開いている。能動/受容の分裂。能動的な側がより発達している。現実の認識は能動的、男性的あるいは二元論の陽の側へ偏っている。
	CEL3	時計回り、楕円形、左直径7.5センチ	開いている。能動/受容の分裂。受容的な側がより発達。現実の認識は、受け身、女性的、二元論の陰の側へ傾いている。
	CEV3	時計回り、楕円形、垂直直径7.5センチ	開いている。人々との相互作用を避けるため、霊的なものへ向かう、エネルギーの上方への動きがある。
	CEH6	時計回り、楕円形、水平直径15センチ	開いている。人々とのエネルギーの相互作用を避けるためにエネルギーを幾分、凝縮させて、抑え込んでいる。
	CC6	反時計回り、楕円形、左直径15センチ	閉じていて、現実の能動的な投影と調和していない。
	CCER3	反時計回り、楕円形、右直径7.5センチ	閉じて、分裂している。攻撃的な側面が受動的な側面より、発達している。受け身の陽に偏った現実の投影がある。
	CCEL2	反時計回り、楕円形、左直径5のンチ	閉じて、分裂。攻撃的側面に偏った現実の投影がある。攻撃的な面より受け身の面がより発達している。
	CCEV3	反時計回り、楕円形、垂直直径7.5センチ	閉じている。人々との相互作用を避けるために霊的なものへと向かうエネルギーの上向きの動きがある。

	CCEH5	反時計回り、楕円形、水平直径12.5センチ	閉じている。人々とのエネルギーの相互作用を避けるため、幾分、エネルギーを凝縮させ、抑え込んでいる。
	V6	垂直揺れ、幅15センチ	個人的な交流を避けるために、霊的な方への感情とエネルギーの動きが見られる。
	H4	水平揺れ、幅10センチ	個人的な交流を避けるため、エネルギーの流れと感情を抑え込んでいる。強い障害が示されている。
	R3	右、幅7.5センチ、揺れ	深刻な攻撃性/受け身の分裂。受け身よりも攻撃的な面がより発達。
	L4	左、幅10センチ	深刻な攻撃性/受け身の分裂。攻撃的な面がより発達。
•	S	静止	チャクラはまったく機能せず、そのために肉体的な病になるだろう。
	CEAS5	時計回り、楕円形、軸の移動、直径12.5センチ	巻き込まれた問題に積極的に深く関わっており、内部にとても大きな変化が起きている。チャクラの機能の定義で示されるように、問題に心を奪われている。
	CCEAS6	反時計回り、楕円形、軸の移動、直径15センチ	CEAS5と同じ。否定的混乱。

※シンボル形は、あなたが患者の身体の正面を見ているときに描かれていることを覚えておこう。

シンボル表記の説明

C：時計回り(Clock wise)／**L**：左(Left)／**CC**：反時計回り(Counter Clockwise)／**E**：楕円形(Elliptical)／**R**：右(Right)／**V**：垂直(Vertical)／**H**：水平(Horizontal)／**S**：静止(Still)／**AS**：軸の移動(Axis Shift)

な人は、受容的になるべきときに攻撃的になるという意味で、「過活動」だと言えるかもしれない。このようなことは、楕円運動を示す特定のチャクラによって支配されている心理的機能の領域に直接関連する問題に関して起こる。

振り子の楕円形の揺れが左上（CEL、CCEL）に向かっているすべてのチャクラにおいては、そのチャクラによって司られている特定の心理的側面にまつわる問題で、受動的になりやすい。たとえば、肩甲骨の間の意志のチャクラ（4B）が受動的（左上に向かって楕円運動）であれば、その人は欲しいものに手を伸ばすことができない。攻撃的な行動が求められるときでも、受動的なままにとどまるのだ。そのような人は他の誰かがそれをやってくれるのを、あるいは与えてくれるのを待つ。また、自分の権利や順番を守るために立ち上がることもできない。多くの場合、この人が受け身のままでいる理由として、偽りの謙虚さが挙げられるが、本当は攻撃的になるのを恐れているのだ。攻撃的であることがどのような意味をもつかについて、きわめて深い何らかのイメージを抱いているからだ。

攻撃性についてのイメージは、幼少期の経験から直接やってくる。たとえば、子どもの頃、欲しいものに手を伸ばすたびに、父親に力で抑えつけられたり、屈辱的な仕打ちを受けたりした経験があったとしよう。そうした経験は、自分の欲しいものを手に入れるために手を伸ばすことがよい方法ではないという確信を子どもに植え付けただろう。子どもはとても創造的なので、おそらく自分が欲しいものや、少なくともその代わりになるものを得るための方法をいろいろ試しただろう。功を奏した方法はどんなものでも、自然な行動として、子どもは採用するだろう。子どもはそれがうまく働かなくなるまで、その行動を継続するだろう。不幸なことに、そうした習慣は捨てがたく、新しい方法を見つけるには努力を要する。というのも、攻撃性は主として否定的なものとみなされているからだ。すべての受動性の下には、抑制せずに感情を爆発させ、欲しいものをつかみ取りたいという敵意に満ちた攻撃的な要素があるのが普通である。セラピーの場でこれが繰り返されると、最終的に、人格の残りの部分と健全な攻撃性を統合することができるようになる。この攻撃性のワークは、受動性を健全な受容性に変えるワークと同時に行われる必要がある。

振り子の円運動がいずれかのチャクラの上で歪めば歪むほど、心理的な歪みが深刻なものとなる。もっとも深刻な左右の分裂は、身体の垂直軸に対して四五度の角度で振り子が前後に動くことによって示される（図表10－2のR3、L4）。振り子の動きが大きいほど、歪みに含まれるエネルギー量が大きくなる。たとえば、チャクラ4BのR6測定値は、当人がどんな状況であっても、自分の欲しいものをただ積極的に手に入れることを示している。

深刻さを測るための同じ一般的なルールは、垂直（［V］、身体の垂直軸に平行）か水平（［H］、身体の垂直軸に垂直）かの振り子の前後の揺れにも当てはまる。垂直の面は、その人が垂直方向の上方にエネルギーを向けていることを示している。ということは、人との交流を避けていることを意味する。水平方向の振り子の動きは、人との交流を避けるために、エネルギーの流れや感情を抑え込み、コンパクトにしていることを示している。たとえば、チャクラ3Aで振り子がV5を示している場合、霊性を高める個人的なつながりにもっぱら集中し、その他の人との私的な関係を避けていることを示している。そのような人は、宇宙の中での自分自身を、霊的な信念の観点から定義し、他人とのつながりを切り捨てているのだ。一方、同じチャクラでH5を示している振り子は、霊的なレベルでも人間的なレベルでも、誰ともつながっていないことを示唆している。その結果、孤立してしまう可能性がある。この特殊な動きは、チャクラの使用不足や圧縮のせいで、チャクラの静止（S）に行きつくことがある。そのような場合には、身体を使った強力な精神力動的なワークが必要となる。

クライアントが、内的な必要性から、あるいは、何らかの外部要因からやむなく心理学的なワークに取り組んでいる場合、特定のチャクラや関与するチャクラが、図表10－2に見られるような混沌とした動きや非対称の動き（CEAS、CCEAS）を示すだろう。この動きは、振り子を無秩序に揺らし、軸の変化を伴う楕円運動を起こさせるのが普通である。最初、こうした動きはクライアントを混乱させるかもしれない。けれども、振り子を長時間チャクラの上にかざしていれば、軸の切り替わりが観察できるだろう。周囲を取り囲む振り子の運動パターンは、図表10－2の最後の二つのパターンのように見えるだろう。このタイプの動きが観察されるときには必ず、クライアントに多くのことが起きているのをヒーラーは知っている。それは、問題を深く掘り下げて取り組むときである。と同時に、クライアントに十分な個人的な時間と空間を与え、自己の検証や変容を促すときでもある。もしこのとき、クライアントが数日仕事を休み、日々の決まりきった仕事に煩わされないようにできれば、この自己変容の重要なときを、すこぶる実りあるものにできるだろう。一週間の集中的なリトリート［一定期間、どこかにこもって集中的なワークをすること］で、深い個人的な変容のワークを受けている人々の中で、そうした現象が起こるのを、私は定期的に観察してきた。

振り子の使用に習熟したヒーラーは、より多くの「資質」を観察し始めるだろう。振り子の揺れる頻度（振り子が動く速さ）は、チャクラを通して代謝されるエネルギーの量を示している。練習を積むことで、セラピストは、堅さ、緊張、高揚感、重苦しさ、悲しみ、悲嘆、平和や明快さなどの資質も「拾い上げる」ことができるようになる。速い揺れは、その領域でのオーバーワーク、緊張、プレッシャーを示す張り詰めた状態を表すことがある。速い揺れはまた、その領域での多くの肯定的な攻撃性を示す高揚感と組み合わさることがある。このように、チャクラを通して流れるエネルギーの質を感知する感覚が開発されてより鋭くなれば、ヒーラーはクライアントの状態についてよりよく知ることができるようになる。チャクラがどの程度安定しているか、その状態がどのくらいの期間続いているか、二つの状態の間を行ったり来たりしているかどうかなどを知ることができるのだ。チャクラが開いている時間は二割かもしれないし、八割かもしれない。感覚的に訓練されたセラピストは、それを「拾う」ことができる。もちろん、これには検証を伴う練習が必要である。

チャクラは、セラピーでの集中的なワークを通して、閉じた状態から開いた状態へと変化し、さまざまな局面を通過する。自分の信念体系を変えるプロセスは、チャクラの動く向きを変える。大きな直径（CC6）でずっと閉じているチャクラは、ある期間、ときどき、直径を縮めて向きを変え、C6になるまで、調和のとれた方向に直径を伸ばすことがある。あるいは、心臓や太陽神経叢のCC6チャクラは、深く泣き叫んでいる間に五分もしないうちに、C6に変化することが頻繁にある。このタイプの変化は長くは続かないだろうが、長期にわたってワークを続けていると、チャクラは開くたびに長く「開いたまま」でいる傾向がある。これは、協調的に機能する時間の割合を増加させ、当人は自分自身をより長い間、幸せに感じるようになる。長い時間をかければ、チャクラは開いた位置に安定し、めったに閉じることがなくなる。その後、普通はプロセスを推し進め、毎日の幸せを妨げている次の不規則な働き方をしているチャクラに取り組む。

セラピーのセッション中に慢性的に閉じているチャクラが開くと、普段開いている別のチャクラが、一時的に閉じてしまうことがよくあることを私は発見した。人格は、最初にある程度の想像上の「保護」がなければ、新しい「開いた」状態に耐えることができないのだ。

集中的なリトリートの症例研究

では、あるケースで実際に測定されたチャクラの形状を見てみよう。一週間のリトリートをするためにニューヨーク州フェニシアにあるフェニシア・パスワーク・センターに二度やってきた女性である。そのリトリートには、自分自身についてのきわめて集中的なワークが含まれていた。一度目は一九七九年、二度目は一九八一年だった。二度目にやってきたとき、新しい夫を伴っていた。彼らはとても集中的なカップル・ワークを行った。週のワークが始まる前に、チャクラの測定が行われ、ワークが終わった後に再度行われた。すべての測定は、女性が非常に落ち着いた状態にあり、しばらくの間、それが続いたときに行われた。それらの測定値は図表10－3に示されている。それらの測定値を解釈するためには、各チャクラの意味を表した図表7－3と図表9－1、それに図表10－2を使用する必要がある。

測定値から読み取ることができるように、もっとも調和のとれた働き方をしているチャクラは、精神のチャクラで、次に感情のチャクラ、最悪なのは意志のチャクラである。つまり彼女は、特に現実の概念化（6A）や、人格と霊性の統合（7）においてうまく機能する素晴らしい知性をもっているということだ。

彼女の精神執行チャクラ（6B）は、ほとんどの時間、左右に分裂している。ということは、段階を踏んで自分のアイデアを実行に移すことに関わる特定の状況において、受容的であるべきところ、攻撃的になる傾向があることを意味する。彼女は何をすべきかを決めて、始めるのにふさわしいときかどうかにかかわらず、段階を踏んで突き進むだろう。最初のリトリートに到着したとき、このチャクラは攻撃的だった。最初のリトリートが終わる頃には、落ち着き、もはや攻撃性はなく静まっていた。この静けさの形状は保たれなかった。また、時が経つとよくあることだが、調和のとれた状態に変化することもなかった。二年後に戻ってきたとき、このチャクラは再び攻撃的になっていて、二度目のリトリートの間、変わらなかった。最後に測定したときにもまだ自分のアイデアを実行に移すときに攻撃的になるという問題を抱えていた。これはチャクラに何の変化もない唯一の症例だった。他のすべてのチャクラ

図表10－3　集中的リトリートの症例研究　チャクラの測定

チャクラ	1979		1981	
	リトリート前	リトリート後	リトリート前	リトリート後
王冠のチャクラ（7）	C6	C6	C5	C5
精神執行意志（6B）	CER4	S	R4	CER4
職業意志（5B）	CC3	CER3	CC3	C4
外面的自我の意志（4B）	C5	C5	CC5	C5
健康の意志（3B）	CER3	CC3	CEH4	C4
性的な意志（2B）	CC4	CC4	CC4	C4
概念的（6A）	C4	C5	C5	C5
受容性 責任感（5A）	L4	CER4	C5	C3
愛（4A）	C3	C4	C4	C4
普遍的知識（3A）	CC4	C3	CC3	C5
性的受容性（2A）	C4	C4	CEAS4	C5

は二度目のリトリートが終わるまでに均衡を取り戻していた。

彼女の他の意志のチャクラにも問題があり、リトリートの週の間、それぞれのチャクラが機能していない時期があった。彼女が一九七九年に初めてリトリートにやってきたとき、チャクラ5B、3B、2Bは正常に機能していなかった。ということは、プライド（チャクラ5B）を捨てきれず、自己破壊的（チャクラ3B）だという点で、ネガティブな攻撃性をもっていたことを意味する。それが性的パワーを衰えさせていたのだ。チャクラ2Bのエネルギーの流れを四つの部分に分裂させ（振り子は四つの明確に異なる別々の円を示している）、元夫と喧嘩するといったネガティブな使い方をすることで、性的なパワーを衰えさせたのだ。最初のリトリートの後、彼女の意志の機能における唯一の改善点は、プライドの領域で見られた。プライドが影をひそめ、職業の領域（5B）でポジティブな機能になっていた。それでもまだ過剰に働く部分があり、その領域での欠如感を補うために用いられるプライドに取って代わっていた。二年後に二度目のリトリートにやってきたときもまだ同じ意志の問題を抱えていた。これらの問題は、二度目の集中的なリトリートの過程で解決され、すべての意志のチャクラが正常に機能し始めた。

感情のチャクラはいくつかの困難を抱えていたが、意志ほどではなかった。ハートチャクラ（4A）は両方の年を通じて開いたままだった（彼女は愛することがとてもうまいのだ）。喉のチャクラ（5A）は、栄養を摂取することに困難があることや、自分の欲求を頭から否定することを示していた。これは最初の週が終わる頃までに緩和された。二年後に戻ってきたときには、もっぱら愛する男性とのすこぶる甘い関係を確立することによって、解決されていた。一方、宇宙の中で自分が何者であるのか、に関係する太陽神経叢のチャクラ（3A）は、最初にやってきたときに閉じていた。それはリトリートの間に開いたが、二年目のリトリートの間には、再び閉じていた。二回目のリトリートが終わる頃までに、再び開き、より多くのエネルギーを代謝していた。

愛する男性との関係がより安定し、リトリートでのカップル・ワークを通じて明確になったとき、彼女の性的なパワーのチャクラの風通しがよくなった。

最初のリトリートの間に、彼女は感情のチャクラを開き、普遍的な感情の世界の中で安全だと感じるようになった。二度目のリトリートでは、意志のチャクラほど堰き止められていなかった感情のチャクラのワークをたくさん行い、意志の誤った使い方に正面から向き合い、バランスを取り戻すこともできた。測定値からわかるように、ほとんどのチャクラは大きな直径を示していた。これは、このエネルギーシステムをもつ人が多大なパワーをもっていることを意味する。

興味深いのは、王冠のチャクラ、第三の目（額のチャクラ）、ハートチャクラが二年間、すべて開いたままであったことだ。ということは、彼女が自分の霊性や概念的な現実としっかりつながっており、愛情を注ぐことができることを意味している。彼女の主要な機能は理性であり、あまりにも攻撃的な意志によって傷つきやすい感情を補い、防衛しているというのがこの人格の全体像である。

前に述べたように、二回目のリトリートが終わる頃までに、意志のチャクラを除くすべてのチャクラが順調に機能していた。そのような状態でいる限り、彼女は精神、意志、感情の機能のバランスを取り、より幸せで安定した人生を送ることができるだろう。

第10章の復習

1. C6の振り子の測定値は、第四チャクラの前面にとって何を意味するのか？
2. CC5の振り子の測定値は、第三チャクラの背面にとって何を意味するのか？

3. V6の振り子の測定値は、第二チャクラの前面にとって何を意味するのか?
4. CC4の振り子の測定値は、第五チャクラの前面にとって、身体的及び心理学的に何を意味するか?
5. H5の振り子の測定値は、第二チャクラの背面にとって何を意味するか?

考えるヒント

6. あなたが誰かと心臓や陰部のチャクラを開くためのワークをし、成功した場合、なぜ彼らは太陽神経叢のチャクラを閉じることがあるのだろうか?　閉じてもいいのだろうか?

第11章　セラピーセッションでのオーラの観察

オーラとは実のところ、生物学と身体医学と心理療法を結ぶ「ミッシングリンク」である。私たちがセラピーで際限なく議論するすべての感情、思考、記憶、行動パターンがある「場所」なのだ。それらは私たちの想像力の中のどこかに単にぶらさがっているのではなく、時間と空間の中に位置づけられている。思考や感情は、生体エネルギーフィールドを介して、時間と空間の中の人々の間を動いている。それについて学ぶことが、この活動をしっかりと把握する方法である。人々が日常生活やセラピーのセッションで動き回るときの、オーラの流動的なエネルギーの流れの一部を見てみよう。下位の四つのオーラの層が色彩豊かに動く形態にまず集中し、後の章で、チャクラの議論に戻ろう。

フィールドの色を知覚する

最初、オーラを読み始めるとき、色の意味を直接理解していないかもしれない。練習すれば、一般的な色の意味が明らかになるだろう。実践者が自分の天賦《てんぷ》の才を用いてより感受性豊かになれば、感じ取った色の意味も読めるようになるだろう（色については第23章で詳しく取り上げる）。

私が観察したもっとも初期の生体エネルギーフィールドの「爆発」の一つはいまだに鮮明に覚えている。一九七二年、バイオエナジェティクスの「原初の叫び」の集中的なワークショップをしている最中、リンダが癌で亡くなった父親の死のことで叫んだとき、クリスマスツリーの電飾のように輝くのを見たのだ。彼女の頭から赤、黄色、オレンジ、何種類かの青の光線が流れ出た。私がまばたきをしても消えなかった。私は目を細めて部屋中を動き回った。残像を探したのだ。その現象はまだ残っていた。私は何かを見ていた。それまでも人の頭の周囲に明らかな色を観察してきたが、もはやその経験を否定することはできなかった。私はその現象をもっと緻密に観察し始めた。

ゆっくりとではあるが、オーラを見ることに熟練してくると、私は発見したことと各被験者の個人的な状態とを関連づけようとし始めた。人々が感情的になったり行動に専念していたりすると、明るい色を点滅させることがわかった。鎮まると、オーリックフィールドはその人にとって安定した「正常」な状態に戻る。

一般的に「正常」または「静穏」なオーラは、図表7－1（カラー口絵参照）のように見えることがわかった。それは、皮膚から〇・六センチから三・八センチほどはみ出した、暗い青紫色か澄んだ色の脈動層をもっている。毎分約一五パルスの速度で絶え間なく脈動しているのだ。脈動は、腕、脚、胴体を下降する波状の動きを形成するのが普通である。最初それは、水色から灰色までの色調の靄《もや》の層に囲まれており、身体に近いほど明るく、遠ざかると色褪せる。青い色は、大方、頭部から約七・五センチから一〇センチ離れたところで黄色に変わる。通常、指先やつま先や頭頂部から出る淡い青の流光がある。私は、多くの人が数分間の練習と明確な指示で、指先から出る光を見ることができることを発見した。それらの光は大体青色だが、その色は赤と紫の領域でも変化する。どんな色にもなりうるのだ。

他人のオーラを観察するためのエクササイズ

第7章で自分の指先のオーラを観察する練習をしたので、今度は他人のオーラを見てみよう。

ここでも、暗くした部屋（真っ暗ではなく、夕方の明るさがよい）を用いる。お互いの顔が容易に見えるぐらいがいいだろう。友人に頼んで、真っ白な壁やスクリーンの前に立ってもらう。目に飛び込んでくる明かりがないことを確認しよう。目はリラックスさせる。

暗闇の中を歩いていると、直接見ない方が、物がよく見えることに気づくが、それと同じように、オーラを見るときには、「夜間の視覚」を用いる。目の中の円錐体《えんすいたい》ではなく、桿状体《かんじょうたい》を用いるのだ。桿状体は、昼間や明るい色のためにある円錐体よりも、低い光量にはるかに敏感だからだ。

友人の頭頂近くか、首から肩にかけての空間を見てもらいたい。目の焦点をぼやけさせて、首から肩にかけてのラインではなく、空間を見るようにしよう。頭から一〇センチから一五センチ離れた空間をやんわりと見つめ、光が目に入ってくるのに任せる。必死になって何かを見ようとするとき、ときどき、目でそれをつかもうとするが、そうではなく、何かが目の中に入ってくるのを許すという感覚でやってもらいたい。時間はたっぷりある。できればあなたが見たものを照合できるよう、オーラを見ることに慣れている人と一緒にそれを行うのが好ましい。

何かが見えたと思っても、「あれだ！」と言う前に、それは消えてしまうだろう。目を逸《そ》らして壁の空白スポットを見ても、同じものが見えないことを確認しよう。それが残像効果である。補色効果や強いコントラストのせいで、目がイメージを保ち続けるのだ。オーリック現象はとても素早く、とどまることはない。脈動するのだ。それが腕を流れ下ったり、上向きにフィールドの外まで色を点滅させるのが見えるかもしれない。身体の周りにぼんやりとした靄がかかっているのが見えることもある。失望しないように。まだ始まりにすぎないのだから。

精神世界の用品を扱っている地元の店でオーラ・ゴーグルを買い求め、説明書の指示に従ってみよう。それはあなたの見る能力を高め、目の感度に累積的な効果を及ぼすだろう。コバルト・ブルーのゴーグルが最高の色だが、手に入れるのは難しい。ほとんどのオーラ・ゴーグルは濃い紫色であるが、性能に問題はない。

これらのエクササイズのいずれも長くやりすぎてはならない。しばらくすると、へとへとに疲れている自分に気づくだろう。あるグループが最初に何かを見たとき、とても興奮するのを私は見た。その後、エクササイズを続けていると、疑念が生じ、各人のエネルギーシステムが疲弊してしまうのを目撃した。すると、部屋の中は鎮まり、疲れた人々でいっぱいになってしまう。だから、毎日少しずつやるようにしよう。そして、あなたが見たものを、後に出てくるイラストや説明で確認しよう。

人が強い感情をもつと、静止状態のオーラが、突然、その感情状態に相関する他の色と形に浸透される。その後、感情が鎮まると、オーラは、元の一般的な外観を取り戻す。それにかかる時間の長さは、個々人によって異なり、いくつかの要因に依存する。当人がその感情を解き放たなかった場合、解き放つまで、（普通は色褪せた状態で）オーラの中にとどまる。感情の一部を放出した場合、その部分が解き放たれる。色彩や形態が急速に点滅し、オーリックフィールドの外に出ていくか、数分かけて、もしくは数週間かけて消えていく。また、層状に他の色や形を重ねられたり、他の色や形に覆い隠されたりすることさえある。後に取り上げるいくつかの形態は、何年間もオーラの中にとどまっている。人がもつすべての思考、感情、経験は、オーラに影響を与え、変化させる。何らかの影響は常に残る。

図表11－1A（以下、カラー口絵参照）は、ある男性の通常のオーラを示している。彼が歌うと（図表11－1B）、オーラが拡大し、明るくなる。彼が新しいフレーズを歌い始める前、息を吸い込む動作

の直後に、稲妻のような閃光と玉虫色の青紫の火花が出る。聴衆が聞くことに集中するようになると、聴衆全体のオーラが広がる。歌手から聴衆へと大きな光のアーチが伸び、二つのオーラがつながる。そして、歌手と観客の間に感情が流れると、共同の形が形成され始める。これらのエネルギーと意識の形態は、構造と色の点で、グループの共同の思考と感情、それに生み出される音楽に関わっている。曲が終わると、これらの形態は拍手によってバラバラに切り離される。拍手は次の創造のためにフィールドをきれいに拭い去る消しゴムの役割を果たす。歌手も聴衆も、音楽によって生み出されるエネルギーを吸収することで充電される。このエネルギーの一部は、身体の中に保持されている障害を壊すために内在化され、次の創造のために使われる。

別の人が自分の好きなテーマについて講義をすると、その人のオーラは膨張し、図表11－1Cに示すように、銀色がかった金色や玉虫色の青の火花を伴ったイエローゴールドになる。そして、講演者と聴衆の間に同様な現象が起こるが、今回は精神的なエネルギーに力点が置かれており、それがイエローゴールドとして現れる。講義の後、本人が仕事をやり終えたことで高揚していれば、オーラはしばらくの間、拡大したままとなる。相互のエネルギー意識の交換があったのだ。聴衆の中には、今でも、講演者のレベルに合わせて振動している人もいる。図表11－1Dは、教育について情熱をもって話している人のオーラを示している。聞いている人は、おそらくピンクがかった栗色の一部を拾い上げるだろう。これは、調和のとれた誘導によって、波動を自分のレベルに引き上げる過程で起こる。愛はオーラの中で、柔らかく美しいバラのように輝く。また、ときどき、金色を伴っている。霊的な感覚は広範囲の色をもっている。真実を語る人の青、霊性を語る人の紫、純粋さを語る人の銀色がかった金色など。

ときに人々は自分が着たい色に似た色を放射することがある。図表11－1Eは、コアエナジェティクスのクラス（感情を出させて参加者が自らの精神力学を理解するのを助けることに焦点を当てた身体的なエクササイズのクラス）を指導した後の女性を示している。彼女がよく身につけているこの緑は、身体的な健康と癒しを連想させる。別の例として、図表11－1Fは、自分の好みの色のシャツと同じライラック色をたびたび放射する男性を示している。この色は、彼の中の愛の感情や優しさと相関しているように見える。図表11－1Gは、多くの色（その一部は流動的な動きで彼女の前面をしたたり落ちている）を表示した自分のフィールド内で、エネルギーを増加させるために瞑想している女性を示している。肩甲骨の間の彼女の意志のチャクラが、部分的に見えている。

女性が妊娠すると、フィールドが広がり、ずっと明るくなる。図表11－1Hは、女の子を妊娠して約六ヶ月の女性を示している。母親となる女性は、両肩を転がり落ちる青、ピンク、黄色、緑の美しい柔らかいボールをもっている。

これらは、生体エネルギーフィールドが、純粋に身体的、心理的なレベルで発生しているすべてのものと結びついており、本質的につながっていることを示すほんの一例にすぎない。

怒りとその他のネガティブな感情

赤は常に怒りを連想させてきた。しかし、ある日、私のとても幸せそうで元気な一一歳の息子が、楽しそうに遊んでいる最中、図表11－2Aのように、頭から明るい赤みがかったオレンジ色を放射していた。赤という色の性質は怒りを表している。だが、明るい赤みがかったオレンジ色は怒りではなく、生き生きとした生命力に関係している。図表11－2Bには、「原初の叫び」のワークショップでの女性のためらいのない反応が描かれている。彼女は一度に多くの感情をもっている。多くの色があるのはそのためだ。それらはきわめて鮮烈で、オーラの中に、身体から直線的に放出される明るく強い光線として表れている。

怒っている人は、暗い赤色をもっている。この怒りが表現されるとき、図表11－2Cに見られるように、その人から発する稲妻や丸い火花のような閃光となって相手を撃ち倒す。私はこれをグループやセッションの中で何度も見てきた。

これに対して、図表11－2Dは、怒りや痛みを解放しなかった例を示している。赤い点が喉のあたりから出てきて、ゆっくりと外側に移動していった。次の瞬間、グループのリーダーが、私が思うに彼女を傷つけるコメントをした。その瞬間、赤い点が素早く彼女の肉体の方に戻ってきて、心臓のあたりに入り込んだ。それが心臓に当たると、彼女は泣き始めた。カタルシスをもたらすような泣き方ではなかった。「犠牲になったかわいそうな私」といった感じだった。私の解釈では、自分の怒りで自分の心臓を刺したのではないかと思う。

一方、恐怖は、「恐怖で真っ青になる」というように、オーラの中に、白っぽい灰色のとげだらけのように見えるものをもっている。見た目はとても不愉快で、不快な臭いがする。妬みは「ものすごくうらやましい（green with envy）」というように、暗く汚れた緑色でベタついているように見える。悲しみは、頭上に暗い雲がたれこめている人の風刺画のように、暗い灰色で重そうに見える。欲求不満と苛立ちは、おそらく暗い赤みを帯びた色調（怒りで赤くなる）をもっているだろうが、もっとも明らかなのは、他人のエネルギーフィールドを叩き、すこぶる不快な感覚を引き起こす不規則な波動をもっていることだ。通常、友人は、このような妨害に対して、ネガティブな感情を直接表現することで対応する。その方が対処するのにはるかに快適なのだ。たとえば、一方が、「怒っているの？」と言うと、もう一方が「いや！」と怒りっぽくつぶやく。このようにして、この煩わしい妨害の一部が解放される。

オーラへの薬物の効果

LSD、マリファナ、コカイン、アルコールのような薬物は、オーラの鮮やかで健康的な色に有害であり、病気と同じように「エーテルの粘液」を生み出す。図表11－2Eは、コカインの吸引が人のオーラにどんな効果を及ぼすかを示している。土曜日の夜にコカインを吸うたび、火曜日の午後のセッションでは、顔と頭の右側に灰色の粘つくエーテルの粘液がたくさん出ていたが、左側は比較的きれいな状態を保っていた。私は彼に、片方の鼻の穴をもっぱら使っているのかどうか尋ねたが、彼はそのようなことを意識していないようだった。彼がコカインを吸入するとき、片方の鼻の穴を用いることを、私はいつでも指摘することができた。そのことで何度も彼と衝突した挙句、彼の「エーテルの鼻水」をリアルに描写してやった。それが彼にその悪癖をやめさせる助けになった。

図表11－2Fは、何度もLSDトリップをし、アルコールを大量に飲んだ男のオーラを示している。汚れた緑褐色をしている。汚れた緑の点はゆっくりと下に向かって移動したが、解放されず、彼の怒り、嫉妬、痛みなどが入り混じった混沌とした行き場のない感情と混じり合った。彼がそれらの感情を分離し、根っこにあるものを理解し、それらを表現し、解放することができれば、緑の点は、赤、緑、灰色のより明るい鮮明な色合いに分かれ、その後、消え去っただろう。けれども、フィールドにある暗い汚染物質の量が多いので、感情を浄化し、動かすことができるようになるレベルまで引き上げる前に、たくさんエネルギーの浄化をし、エーテルの粘液を除去しなければならない。

オーラの「見かけの」重量

図表11－2Gは、ＬＳＤやマリファナのような薬物に長年溺れていたために、汚れた緑色のオーラをもつに至った男性を表している。老廃物が右上に現れている。それが重そうに見えるのは、いつも同じ角度で、頭を傾けているからだ。この老廃物は何週間もの間、常に同じ位置にとどまっていた。私が彼にそれを指摘すると、彼はそれを見ることができた（鏡を使った）。老廃物を取り除くためには、（すでに述べたことに加えて）薬物を摂取するのをやめて、自分のフィールドを浄化しなければならないだろう。そのようなときボディワークに加えて、断食と浄化食を私は勧める。そうすれば、エネルギーフィールドの強度を高め、蓄積された老廃物の中に侵入し、消散させることができるだろう。

粘液の濃度に関わる「見かけの」重さの興味深い表示が、図表11－2Hに示されている。この女性は何年もの間、「いい子」タイプであったが、最終的に反抗的態度に行きついた。彼女は「いい子」であることをやめ、セッション中に怒り狂った。部屋の椅子を倒し、ティッシュボックスを踏みつけ、バラバラに引き裂いてしまったのだ。彼女は解放された気分でセッションを終えた。ところが翌週、しかめ面をし、沈んだ様子で、ひどい頭痛を抱えて私の診療所にやってきた。動きが慎重で、耳のあたりまで両肩をいからせていた。この時点で、私は彼女の頭頂に粘液の大きな「塊」を観察した。どうやら以前のセッションで粘液が解放され、そこに蓄積したようだった。（バイオエナジェティクスのワークによる毒素放出の現象はよく知られている。強いエネルギーの流れが、組織に溜まっていた毒素を解き放つのだ。ときどき、深いワークの後、「病気」になる人もいる。その病は「まぐれあたりの風邪〈Flukey Flu〉」と呼ばれる）。私のクライアントは、もはや「反抗的」ではなく、むしろ自己処罰のようなマゾヒスティックな振る舞いをしていた。私はセッションを、身体を動かすことから始めることを提案した。鞭打つときにするように、上半身を前屈させるよう頼んだのだ。すると、粘液の球が前に飛び出してきて、彼女の前に七五センチほど伸びた。それが大きな重りになったかのように、彼女は前に倒れかけた

（図表11－2H）。彼女が体勢を立て直すと、ゴム紐に引っ張られたかのように、粘液が頭の方に跳ね返ってきて、彼女は危うく後ろに倒れそうになった。彼女はこの動作を繰り返すのを怖がったので、私たちは、足の感覚を感じる、両足でしっかりと立つ、自分を支えている大地とのつながりを感じるといったことに焦点を当てるボディワークをたくさん行った。そのプロセスはグラウンディングと呼ばれている。セッションが終わる頃には、粘液が身体の上に薄く分散していた。頭痛もなくなっていた。粘液の層を完全に取り除くには、数週間のボディワークが必要だった。

エネルギーフィールドの見かけの重さを体験するためのエクササイズ

合気道のクラスでよく行われる運動は、オーラの中の重さの効果を経験する助けになるだろう。

二人の人にあなたの両側に立ってもらう。彼らはあなたの上腕の上の部分と下の部分をつかんであなたを持ち上げようとする。あなたを持ち上げるとき、どちらか片側にあなたを押すのではなく、まっすぐ上に持ち上げていることを確認しよう。片側に押されると、あなたの根が壊されてしまうかもしれないからだ。

まず、どれだけあなたが重いかを感じる練習をしてみよう。彼らがあなたを持ち上げるのがいかに簡単か（困難か）を感じ取ろう。次に、少し時間をかけて、あなたのエネルギーフィールドを上方に送ってみよう。「上」を考え、天井に集中するのだ。うまく集中することに成功し、天井にとどまることができたら、彼らにあなたを持ち上げるよう頼もう。楽になっただろうか？

次に、地面とのつながりを強化することに集中する。指先や足の裏から地面に深く根を張るところをイメージする。うまく集中できたら、また持ち上げてくれるよう彼らに頼もう。多分、あなたは重くなって持ち上げにくくなっているだろう。

オーラの中で「解離した思考形態」

長年、バイオエナジェティクスの演習を重ねる過程で、私は「動く現実空間」と呼ぶ現象を観察してきた。これらの「空間」は、地形学の研究で述べられているものに似ている。与えられた「集合」ないし「領域」が、その領域内で可能な数学的操作を決定する一連の特性を含んでいるのだ。精神力学の観点からすると、そこには、現実についての概念や思い違いと結びついた一連の思考形態を含む「現実の空間」または「信念体系」が存在する。それぞれの思考形態は、「すべての男性は残酷である」「愛は弱い」「冷静さは安全で強い」といった独自の現実の定義を含んでいる。私の観察によると、人々は日々の経験の中で動いているとき、一連の思考形態によって定義される、異なった「空間」やさまざまなレベルの現実を通して行動している。世界は、いろいろなグループや現実空間の中で、さまざまに経験されているのだ。

これらの思考形態は、エネルギーに満ちた観察可能な現実であり、さまざまな強度で色を放射する。その強度と形は、人がそれらに与えたエネルギーや重要性の結果決められる。思考の形態は、当人の習慣的な思考によって創造され、構築、維持される。思考がより明確であればあるほど、形もより明確になる。思考に関連した感情の性質と強さが、形に色や強さ、パワーを与える。これらの思考は、意識的なものかもしれないし、そうでないかもしれない。たとえば、「彼は私を捨てようとしている」というような恐怖を常に考えることから、一つの思考形態が構築されることがある。そのような思考形態の持ち主は、あたかもそれが起こるかのように振る舞うだろう。その思考形態のエネルギーフィールドは、当人のフィールドにネガティブな影響を与えるだろう。おそらく、その人を遠ざけるような効果があるだろう。意識的に、あるいは無意識的にエネルギーを注ぎ込むことによって、その思考形態に力が与えられれば与えられるほど、恐れている結果が生み出されやすくなるだろう。普通、これらの思考形態は、自然に人格の一部となっているので、個人はそれに気づきさえしない。これらの思考形態は子どもの頃に形成され始め、子どもの推論に基づいており、人格に統合される。それらは、人が自分自身の中にも持ち歩いている余分な荷物のようなものであり、大きな影響を及ぼすにもかかわらず気づかれない。これらの複合的な思考形態、つまり信念体系は、外的な現実の中で、多くの「効果」を引き寄せる。

これらの思考形態は、無意識の中に深く埋もれているのではなく、意識の境界線にあるので、コアエナジェティック・ボディワーク、言葉の連想ゲーム、瞑想などの方法で取り戻すことができる。また、関連する感情を表現し、放出することによって、それらを意識化すれば、変えることが可能となる。そうしたプロセスにより、思考形態を構成している現実についての仮定を、より明確に見ることができるようになる。無効な仮定（それらが子どもの頃の論理に基づいていることを思い出してほしい）が露見し、手放せば、より成熟した曇りのない現実の見方がそれに取って代わり、肯定的な人生経験の創造につながる。

一部の人格の中では、これらの形態が相互に関連しており、本人の意識が、一つの空間に完全に没頭し、他のほとんどの空間を意識しないということはめったにない。それゆえ、日常生活の中で、高度なバランスを維持している。

一方、それとは異なるタイプの人格は、一つの現実空間から他の空間へと勢いよく流れていくが、それらの空間にどんなつながりがあるか気づかないかもしれない。そのため、このダイナミックな流れを統合したり、理解したりすることができず、混乱の中で生きるかもしれない。慢性の周期的な流れが内部で誘発されている場合は特にそうである。その結果、次から次へと自動的に継続する思考の流れに巻き込まれ、絶望的な状態に陥ったまま、すべてが終わるまで、その慢性的な周期から抜け出せない。

その後、異なる現実の状態に移行できるようになるのは思考の周期的な活動で、エネルギーをすべて使い果たしたときだけである。その場合でも、自分がどうやって周期的なパターンから抜け出したのかわからないだろう。そのため、次に周期が巡ってきたとき、抜け出すことができない。このような現実の状態は、多幸感を伴うことがある。それは、自分が偉大なことを成し遂げるだろう、有名になるだろう、あるいは、金持ちになるだろうと思っているものの、そのような目標を達成するまでに、とてつもない量の試練が待ち受けていることに気づかない状態に似ている。また、その逆もありうる。自分が実際よりもはるかに悪い状態にあると思い込むのだ。いずれの場合も、自分自身や人生の状況について真実を突いていない。どちらの状態も、おそらく自分の一部を見て、それを誇張しているのだ。最初の状態では、自分が夢見ている偉大なことをすべて創造する潜在能力をもっているかもしれないが、多くの作業と時間が必要である。一方、二番目の否定的な状態では、変える必要がある自分自身の一部を見ているが、変更が可能であることを忘れている。

ウィリアム・バトラーは、自著『オーラの読み方（*How to Read the Aura*）』の中で、特定の思考形態は、内的または外的なエネルギーの入力によって誘発されるまで、エネルギーフィールドの中に静止したままであると主張した。その後、これらの形態は、慢性的な順序でオーラの中を移動するが、解き放たれることはない。自分自身を使い切り、再び動くのに十分なエネルギーを得るまで、休眠するのだ。思考形態は、個人のあいまいな習慣的思考とそれに関連する感情を通してエネルギーを獲得する。また、他人から似たような思考や感情を引き寄せることでもエネルギーを得る。換言すれば、あなたが何かについて自分を絶えず裁いているなら、あなたの行動や感情があなたの判断に追従することになり、すぐに、あなたの知っている人たちは、あなたの行動と感情を通して、あなたの考えを理解し、同意するようになるだろう。そのようにして、あなたに同意するという形で、彼らはあなたにエネルギーを送るのである。たとえば、あなたが、自分は間抜けだ、価値がない、醜い、デブだと自分自身に言い続ければ、すぐに他人も同意するようになるだろう。このエネルギーは、あなたの思考形態が誘発されるのに十分なエネルギーをもつ（臨界質量に達する）まで、あなたの個人的な備蓄リストに加えられる。その後、自分は間抜けだ、価値がない、醜い、デブだと確信させられる状態に陥る。思考形態のエネルギーが消散するまでそれが続く。もちろん、エネルギーの爆発的増加で、外部の出来事を引き寄せることができるかもしれない。どっちみち、プロセスは同じである。そのような引き金は、必ずしも否定的ではない。個人が治療の過程にある場合、慢性的な周期から脱却し、実質的にその周期を壊し、次回にそれが誘発されても十分に対処できるようになるかもしれない。

もしセラピストがこれらの現実を認識し、説明することができれば、あるいは、クライアントが納得するのを助けることができれば、クライアントが一つの現実から次の現実へと移行することで自分自身を解放するのを助けることができるかもしれない。セラピストの説明は、クライアントにプロセスの全体像をつかませるだろう。この全体像は、クライアント自身が、客観的な内なる観察者を育む助けになるだろう。そうすれば、一つ一つの空間に出入りしながら、その空間を定義することもできる。こうした作業によって、クライアントとセラピストは、クライアントの慢性的な周期をより明確に定義し、そこから抜け出す方法を一緒に見つけることができるようになる。そして、次にそれが始まったときに、それを断ち切るための方法を見つけることができるのだ。

たとえば、重度の分裂質性格構造のクライアント（第13章参照）がそのような思考形態にはまって動けなくなったとき、私はためらうことなく黒板のところに行って、クライアントが表現する先からそれらの思考を描き、ラベルを貼り始める。クライアントが大声で思考の表現を繰り返すと、私は前の思考から表現されている思考へと矢印を描く。すぐに、すべての循環する思考が黒板に描き出される。これらの思考の範囲は、非常に限られているのが普通である。つまり、クライアントはきわめて狭い現実に生きており、定義や区別が単調でネガティブなもの（たとえば、他人はすべて遠くにいる、あるいは、危険でさえあるなど）が多いということである。また、自分を人生の被害者であると完璧に信じきっていることもある。クライアントが、特に強い感情的な内容をもつ思考の一つを、感情を表現するのに十分な時間、保てるようになるとき、突破が起こる。普通、クライアントが、その思考に関連した怒りや痛みを我慢することができれば、慢性的な周期から抜け出して、その思考のより深いレベルに降りていって、つながることができる。

図表11－3はそのような例を示している。この特定のケースでは、私が思考形態を描いたとき、クライアントは全体像を見た。この理解の深まりによって、クライアントは自分を取り戻し、慢性的な悪循環から自分自身を解放することができた。彼女は自分の怒りに入り込んで、それを表現し、その後、より深い問題が含まれていることに気づいたのだ。この特定の思考形態を取り巻く外側の思考の大半は、自分の責任を認めようとせず、あるいは自分で責任を取ろうとせずに他人を責める仮面である。彼女は自分を「よい子」と見せかけるために、それを行っている。もちろんこれは、その思考形態の核心であるより深い現実に到達するまでは、彼女を無力にしたままにする。幼少期のトラウマから、自分が内的に単純明快な「悪い子」で、それに関して何もできなかったと感じたとき、そのクライアントは、将来、全体の構造を見て、理解するという選択肢をもっていることを理解したのである。まず閉じ込めていると感じている自分の怒りに入り込み、その後、その思考形態の根底にある痛みに入り込んだのだ。普段、彼女はその思考形態の表面にとどまることによって、この痛みを避けていた（したがって、非現実の中

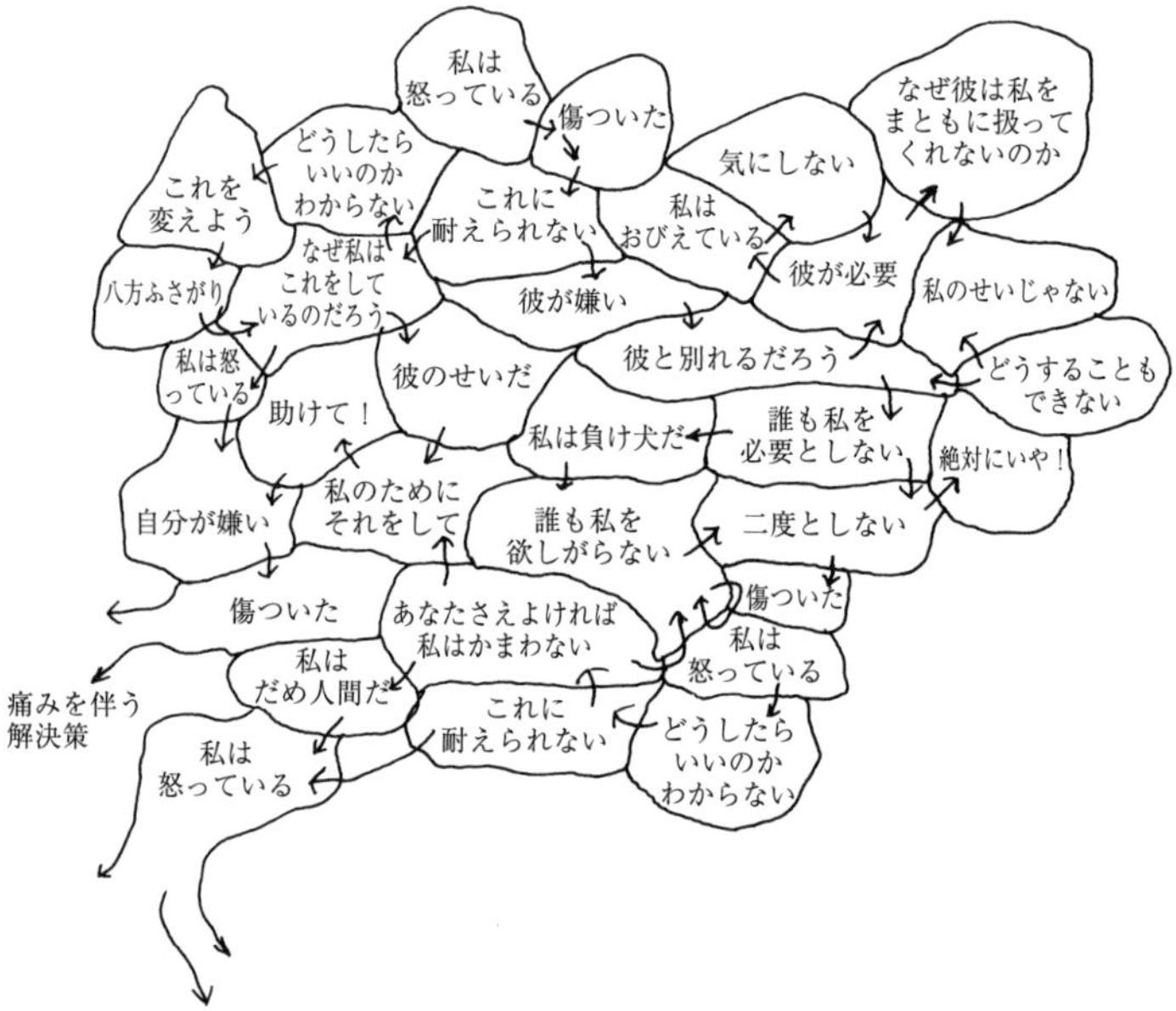

図表11－3　解離した思考形態

で生きていたのだ）。痛みを感じることによって、自分は「悪い子」だと感じている内なる子どもを、そうでないことを知っている内なる大人と統合することができるのである。

通常、感情を表現し、解き放つことが、悪循環の思考パターンから抜け出すための鍵となる。ほとんどの場合、これらの思考形態は、当人がそれらに含まれている感情を経験しないよう、そもそも解離されてしまっている。本人は、日常生活の中で、不要な感情を呼び起こす可能性のあるその思考形態を動かさないよう、多大な努力をしている。けれども、たとえそのような感情を呼び起こすような状況を避けても、その思考形態を再充電し続けているため、完璧にはうまくいかない。本人が治療のプロセスを続けていくうちに、時間の経過と共に、その思考形態は人格の残りの部分とますますつながるようになる。ネガティブな側面がポジティブな機能に変換され、形のない明るい色として、当人の「正常な」オーラに統合されるのである。

セラピーセッションでのオーラのクリーニング

コアエナジェティクスは、人々が集中と身体的な動きを通じて、オーリックフィールドからブロックを取り除くのを助けるよう工夫されている。図表11－4はちょうどそのような解放を図に示している。パッド入りのスツールの上に背中をつけて、身体を後ろに反らすことによって、胴体の筋肉がストレッチされ、リラックスし始める。それがエネルギーの解放をもたらし、ブロックを取り除くのだ。そのクライアントは、横隔膜が背骨に付着している部分に、強いエネルギーのブロックをもっていた。彼がスツールを使ってバイオエナジェティクスのワークをしている最中、突然そのブロックが、エネルギーの爆発と共に解き放たれた。その「エネルギーの雲」は素早く背骨を上昇した。それがクライアントの頭

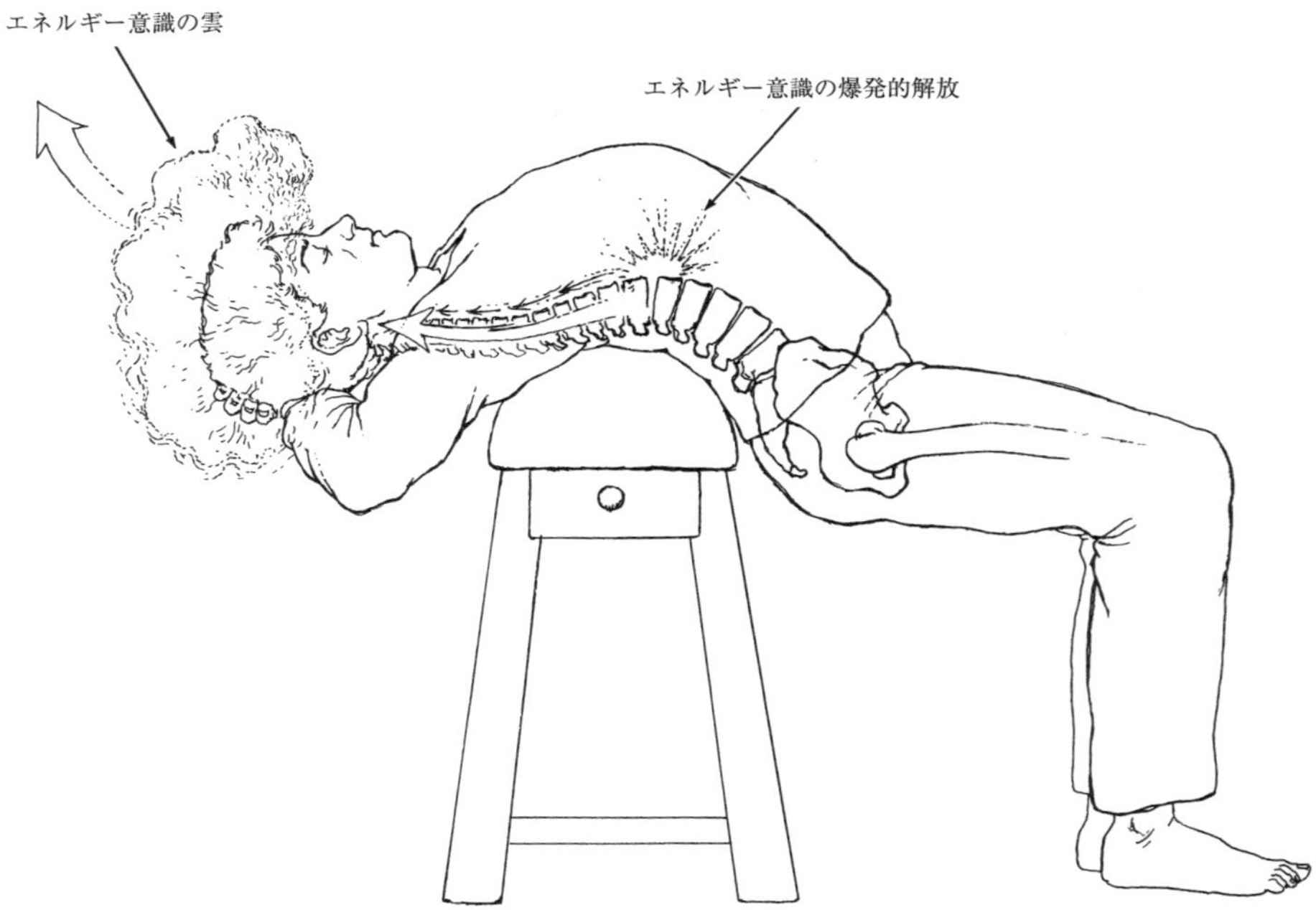

図表11－4　バイオエナジェティクスのスツールを使ったワーク

部に達し、意識の中に侵入すると、彼が別のリアリティ空間の中に入り込むのが見えた。すると泣き出して、幼少期の痛みを表現し始めた。自分の感情を表現することで、彼は次々にエネルギーの雲を放出し、それが彼のエネルギーフィールドから出ていった。

以下は、典型的なセラピーセッションで起こることの説明である。まず、私がスーザンと呼ぶクライアントのバックグラウンドをいくつか紹介しよう。

スーザンは二〇代後半の美しい金髪の女性で、プロのセラピストであり、結婚して二歳になる娘がいる。夫もセラピストで、大変実りある安定した結婚生活を送っていた。同業者の中ではリーダー的存在だった。二人は出会い、若くして結婚した。スーザンの父親は、娘が生まれる二週間前に不慮の事故で亡くなった。母親は、生まれたばかりの赤ん坊と二人の男の子の世話をしなければならなかった。彼女はほとんど、というよりまったく収入がなく、他人に頼んでスーザンの面倒をみてもらわなければならなかった。スーザンは二つの家で育った。一つはとてもきれいな整然とした厳格なキリスト教徒の家、もう一つは、母親の散らかった家である。母親は、そのような重要な時期に夫を失った傷を癒すことができなかった。再婚こそしなかったが、母には多くの恋人がいた。

スーザンの早婚は、男性に面倒をみてもらいたいという彼女の欲求を満たした。というのも、実質的に父親をもったことがなかったからだ。スーザンは、(母親のように)結婚生活を成功させられないのではないだろうかと恐れた。また、滞りのない結婚生活を送るには(宗教的な家族のように)完璧でなければならないと考え、いつもビクビクしていた。

ある朝、セッションにやってきたとき、スーザンは明らかに幸せそうで陽気だった。夫との一週間について話したが、話しながら腕を動かすとき、ピンクと白の「幸せ」の雲(図表11－5、カラー口絵参照)を吐き出した。しかし、この幸福は彼女のエネルギーフィールドによって明らかにされたより深い感情を覆い隠す役目を果たしていた。私の観察では、太陽神経叢（胃のあたり）に暗い灰色の点として見えるブロックがあり、それが恐怖やその他の感情に結びついていた。二番目のブロックは、額《ひたい》（薄い灰色で、精神的な混乱を示す）にあった。これは彼女の心臓（赤）の感情的な痛みに直接つながっている。彼女は頭の両側（黄色）に多くの精神活動（高エネルギー）があることを示した。また、骨盤（赤みがかったオレンジ）には多くの活力に満ちた生命－性エネルギーをもっていた。

彼女が腕を動かし、ピンクと白の柔らかい雲を吐き出しながら陽気に話し続けていると、頭の側面から放射される明るい黄色のエネルギーが、灰色の額の問題領域を覆い始めた。彼女は、黄色の（精神的な）エネルギーで灰色を覆い隠すことによって、自分が幸せだと文字通り自分自身を納得させていたのだ。私が見えているものを説明すると、即座に彼女は「偽りの」ピンク色の雲を作るのをやめた。そして、頭の中の灰色の領域が、元の範囲を取り戻した。

スーザンの落ち着きは、すっかり恐怖と感情的な痛みに取って代わった。そして、彼女は実際に起こっていることを話し始めた。週一のセッションに来る直前、スーザンは母が目の麻痺のようなもので入院したことを知った。担当の医師は、多発性硬化症のような深刻な病の兆候だと匂わせていた。スーザンはその状況にひどく動揺しており、母親に対するさまざまな感情を乗り越えるための強さを必要としていた。ところが彼女は、骨盤の生命－性のエネルギーを堰き止め、エネルギーが脚を流れ落ちるのを阻むことによって、地球上の人間としての足場や基盤から自分自身を切り離していた。それゆえ、セッションのこの時点で、そのエネルギーを地中に流し、彼女をエネルギー的な土台である脚と骨盤のパワーにつなげることが重要だった。

私たちは、脚と骨盤のエクササイズを通して、骨盤のエネルギーを脚に沿って下降させ、より難しいワークのための土台を作った。そのエネルギーは急速に脚を下降し、彼女を地面につないだ。それから全身に流れ、組織の隅々まで充電した。骨盤のブロックが取り除かれると、エネルギーが変化し、彼女自身の性的な感情と生命力の感情の中で、安心感を与えた。この骨盤のブロックは、自分の性的エネルギーにうまく対処しなかった彼女の母親に関係していた。スーザンは依然として母のようになることを恐れていたのだ。だが、スーザンの中では、心とセックスがつながっていたので、実際のところその危険はなかった。だから、エネルギーが急速に脚を下降し、地面へと入っていったのだ。一旦、そのエネルギーが地面に接すると、スーザンは楽しい感情をもちながらも、それをコントロールし、自分が望むことをする選択ができることを知った。

次に、スーザンは母親の病気について心の中で感じていた痛みについて話せるようになった。彼女は泣き出し、それによって、心臓のあたりの赤い色が解放された。そこで、私たちは、太陽神経叢にある大きなブロックの治療に取りかかった。それは母親を拒否する原因となった子どもの頃の満たされない欲求に関連していた。彼女のエネルギーフィールドは、内的な葛藤を示していた。一方で、そのとき、重い病を患っていた母親に、痛みと愛の感情を抱いていた。他方で、「あなたは私の世話をしてくれなかったでしょう。なのに、今、どうしてあなたの世話をしなければならないの？」といった拒絶の怒りを感じていた。こうした葛藤を意識させ、理解を促してやると、額の灰色の部分が解放され始めた。

太陽神経叢の暗い点を解放するには強力なボディワークが必要だった。スーザンはバイオエナジェティクスのスツールに背中を押し当てて後ろに反らし、ブロックを緩めた。それからブロックとそれが象徴するすべてのものを吐き出すために、上半身を前方の下の方に屈める激しい動きを見せた。それが象徴していたのは、母親への拒絶だけではない。スーザンが今まで経験してきたすべての剥奪（与えられるべきものを与えられなかったこと）に関して、母親を非難する意図もあった。スーザンは現在の生活の中で、「安全な」剥奪状態を維持していた。幼少期の剥奪は、習慣を通して自己剥奪に置き換えられていたのだ。太陽神経叢の暗点（直径一〇センチ）は明るくなり、より大きな領域（直径二〇センチ）に広がったが、その一部はエネルギーフィールドにとどまったままで、この問題が完全には解決されていないことを示していた。この暗い点は、主要な人生の問題を含んでいたので、解放するのに長い時間がかかるだろう。

私が「安全な」剝奪状態という表現で言わんとしているのは、彼女がある程度の剝奪を快適に感じていたということである。それが彼女にとっては正常のことのように思えたのだ。私たち人間は、実際に正常であるかどうかにかかわらず、自分が正常だと考えるものの中でもっとも安全だと感じる。そのような規範は幼少期の環境の中で確立される。

たとえば、スーザンの場合、その「規範」は彼女の生活空間を通して現れていた。子どもの頃、家庭についての混乱があった。どれが彼女の本当の家庭だっただろう？　どれも本当の家庭ではなかった。その問題はずっと続いた。彼女は八年間の結婚生活のほとんどすべてを未完成の家で暮らしていた。実のところ、家具つきの自分の家をもったことがなかったのだ。

彼女の治療が進むにつれて、スーザンの生活空間は、より調和のとれた調度品で飾られ、美しく完成されたものになった。彼女の場合、それは本当に内的状態の現れだった。

こうしたエネルギーフィールドの観察から、あなたは病気と心理的な問題のつながりをより明確に見るようになるだろう。私たちは、エネルギーの流れを堰き止めることで、自分の感情を押しとどめる。それが体内に淀んだエネルギーの溜まりを生み出し、そこに長くとどまっていると、肉体的な病気につながる。これについては、第四部で詳しく取り上げる。このような方法で病気を眺めると、治療とヒーリングの間のつながりが明らかになる。治療者の広々とした視野は、人間の全体性を網羅している。ヒーリングでは、身体と心、感情と精神は分離していない。健康な人間を創造するには、すべてのバランスを整える必要があるのだ。ヒーラーは肉体的、心理的、精神的な機能不全に焦点を当てる。人格の心理レベルに影響を与えずにヒーリングを行うことは不可能である。ヒーラーがクライアントの精神力学を理解すればするほど、クライアントが自らを癒すのを助ける力がつくようになる。

第11章の復習

1. エネルギーブロックとは何か？
2. 生体エネルギーフィールドの中で、エネルギーブロックはどのようにして生み出されるのか？
3. 生体エネルギーフィールド内のブロックが解放されたことを、あなたはどのようにして知るのか？
4. 誰かが、感情を抑えているのではなく解き放っていることがどうしてわかるのか？
5. オーラの現象と身体的兆候、どちらが最初に起こるのだろうか？
6. 以下に挙げる感情は、オーラの中でどんな色に見えるか？　恐怖、怒り、愛、喜び、混乱、嫉妬、憎しみ。
7. どの色がオーラの中で最高だろう？　骨盤近くの明るい赤か、それとも胸－太陽神経叢のあたりの素晴らしい豊かな緑色か？
8. 大麻の吸引はオーラにどのような効果をもたらすか？　短期の影響は？　長期の影響は？
9. 「解離した思考形態」とはどのようなものか？

考えるヒント

10．他人のオーラを観察する訓練をして、見たことを記述しよう。

11．自分がとらわれている思考形態の一つの周期を最初から最後までたどってみよう。最初のきっかけは何か？　その原因はどこにあるのか？　どのようにすればそこから抜け出すことができるのか？それはどのような深い感情を覆い隠し、感じないようにさせているのか？

第12章　オーラのエネルギーブロックと防衛システム

人々のフィールドで多くのブロックを観察した後、私はそれらをタイプ別に分類し始めた。そして、六つの一般的なタイプのエネルギーブロックを見つけた。また、人々が想像しうる不快な経験から自分を守るための防衛手段として自分のフィールドを使っていることに気づいた。彼らは自分のオーリックフィールド全体を、私がエネルギー防衛システムと呼んでいるものに組織化していた。

まず、私が観察してきた六つのタイプのエネルギーブロックを見てみよう。

エネルギーブロックのタイプ

図表12－1と図表12－2は、これらのブロックが私にどのように見えるかを示している。図表12－1Aの憂鬱ブロックは、感情やエネルギーが停滞し、その部分に体液が溜まるまで、感情やエネルギーを抑圧した結果である。その場合、身体は膨張する傾向がある。このブロックは通常、高いエネルギーをもたず、どちらかというと強度は低い。それは絶望に関連しているのが普通である。このブロックが居

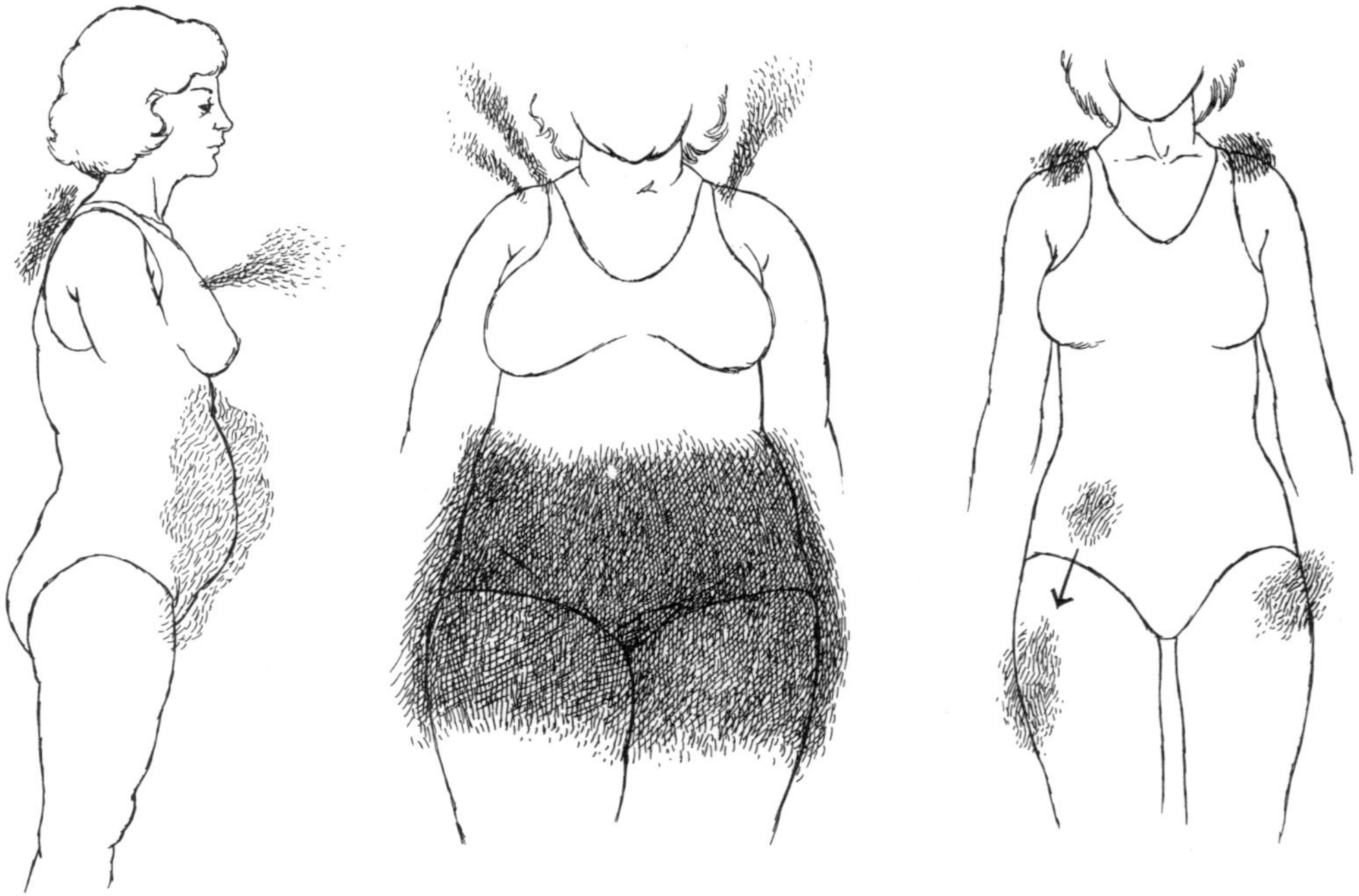

図表12－1　エネルギーブロック（障害）のさまざまなタイプ

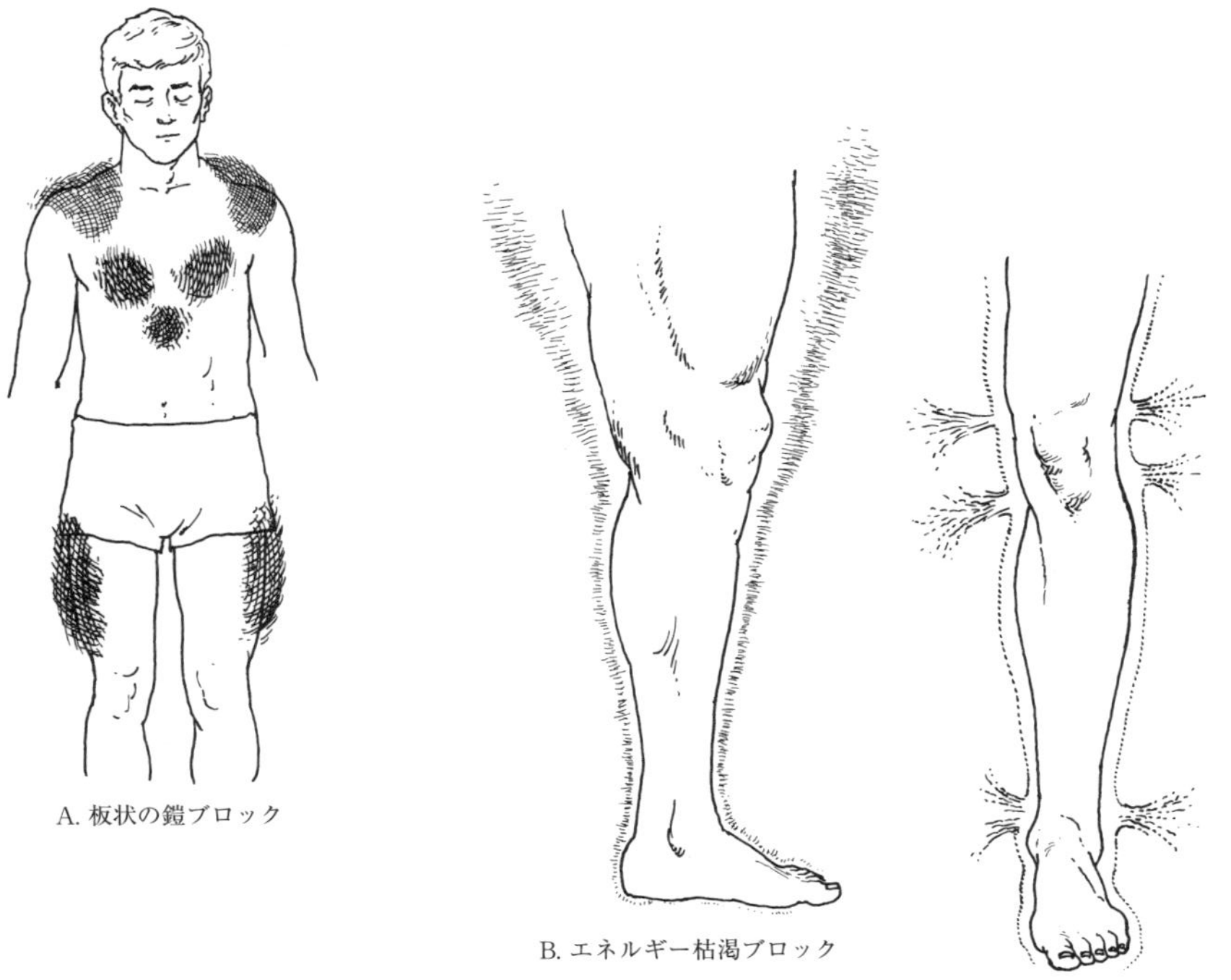

A. 板状の鎧ブロック

B. エネルギー枯渇ブロック

C. エネルギー漏れブロック

図表12－2　エネルギーブロック（障害）のさまざまなタイプ

座ると、大腸炎や狭心症といった病気になる可能性がある。その色は普通、灰色がかった青だ。粘液の塊のような粘りがあって重い感じがする。そこには人を責めるといった類の怒りがあることもある。そのような人は諦めていて、無力感を感じている。たとえば、不幸な結婚をして、結婚生活のために自分のキャリアを諦めてしまった女性は、そのようなブロックをもっていた。五〇代になった今、彼女はビジネスの世界に戻ってキャリアを再スタートさせることが不可能であることに気づいた。代わりに、自分の不幸を夫のせいにして責めた。そして、自分がしてこなかったことを娘たちにするよう要求した。彼女は娘たちを通して自分の人生を生きようとしたが、もちろんうまくいかなかった。

一方、感情を抑圧する圧縮ブロック（図表12－1B）には、火山のように蓄積された怒りがたくさん含まれている。それは濃い赤色をしていて、火山の噴火の被害者になりたくない観察者には、かなり不吉に見える。このエネルギーブロックは、その部分に体脂肪の蓄積を招いたり、無駄な筋肉をつけさせたりする。そうした圧縮が長期間続くと、骨盤内炎症性疾患のような病気を引き起こす危険がある。当人は普通、怒りを自覚し、罠にはめられた気分になっている。というのも、怒りの解放は屈辱感と結びついているからだ。私が会ったある女性は、性的感情をもつことは屈辱感をもたらすと幼少期に決め込んでいた。若いときに、父親に性的な辱《はずかし》めを受けたのだ。それ以来、自分の強い性的感情を堰き止め、骨盤の中にしっかりと押しとどめた。抑えつけられた性的感情は、徐々に怒りに変わっていった。屈辱を恐れて怒りが解放されなかったため、骨盤に停滞したエネルギーが蓄積し、感染症をもたらしたのである。慢性的な小さな感染症が何年も続いた後、最終的に、骨盤内炎症性疾患と診断された。

網の目状の鎧ブロック（図表12－1C）は、なんらかの人生の状況下やセラピーの最中に試練にさらされたとき、素早く動いて周りを取り囲み、恐怖の感情を避けるのを助けてくれる効果的なブロックである。たとえば、セラピストが運動やディープマッサージを通してブロックを解放しようとすると、そのブロックは身体の他の部分に移動するにすぎない。多分、このタイプのブロックは、他のタイプのブロックのようにたやすく病気を引き起こすことはないだろう。この患者の人生においては、すべてが素晴らしく見える。世俗的な成功を収め、「完璧な」結婚をし、模範的な子どもをもつだろうが、それでも何かが足りないという漠然とした感覚を拭いきれない。こういう人物は、ほんの短い間だけしか深い感情に耐えることができず、すぐに自分をそうした感情から引き離してしまう。最終的には、より深い感情に入り込むために、人生において何らかの危機を生み出すだろう。この危機は、突然の予期せぬ病気や事故、不倫など、どのような形でも取りうる。

図表12－2Aに示されている板状の鎧ブロックは、あらゆる種類の感情を凍結させることで抑圧する。これらの感情は、全身の高緊張のフィールドによって、身体の周りに維持される。このブロックは、外的なレベルで秩序ある生活を築くのに効果を発揮する。立派な体格で、筋肉は硬くなる傾向がある。個人的なレベルでは、板状の鎧が効果的にすべての感覚を無効にするので、人生はそれほど充実したものとはならないだろう。このブロックは全身に高い緊張を生み出し、その結果、いくつかのタイプの病気を引き起こす可能性がある。張り合いのない生活の中で、過労による潰瘍《かいよう》になったり、肉体的に「無理強い」されることで心臓病になったりするのだ。当人は自分の身体を十分に感じ取ることができないので、筋肉に過度のストレスをかけ、過労性脛部《けいぶ》痛や腱鞘炎《けんしょうえん》を引き起こすだろう。また、このような人は、「完璧」な人生を送っているように見えても、深い個人的なつながりを欠いている。ゆくゆく、前述したような、なんらかの人生の危機を生み出すだろうが、それが自分のより深い現実につながる契機になるかもしれない。一部の男性にとって、心臓発作がよくそうした役割を果たす。たとえば、私の知人の大成功を収めた実業家は、膨大な発行部数を誇る雑誌社をいくつか所有していた。彼はとても忙しく働いていたので、家族との絆を失った。心臓発作を起こした後、子どもたちが彼のところにやってきて言

った。「仕事を辞めなければ、死んじゃうよ。お父さんの仕事を手伝うから、そのやり方を教えて」。彼はその通りにし、子どもたちは学び、家族は絆を取り戻した。

エネルギー枯渇ブロック（図表12－2B）は、手脚を末端に向かって流れるエネルギーを減少させる。手脚にエネルギーが流れないようにすることで、手脚の機能を切り捨てるのだ。これは手脚を弱体化させ、場合によっては、その領域の発達不足さえ引き起こす。このような人は、弱さの感情を避けるために、さらには、より深いところに結びついた感情、たとえば、人生において自分の足で立つことができないとか、人生に失敗したという感情を避けるために、手脚の使用を避けるようになる。

エネルギー漏れブロック（図表12－2C）は、人が自分のエネルギーを手脚に流すのではなく、関節からエネルギーを逆らせるときに起こる。当人はこれを（無意識のうちに）手脚を流れるエネルギーの流れを減少させるために行っている。その結果、環境の中で、特定の経験に反応する力や感情を持てなくなる。なぜ反応したがらないかというと、反応することが不適切であるとか、危険でさえあるという幼少期の体験に基づいている。たとえば、子どもの頃、欲しいものに手を伸ばそうとしたら、手をひっぱたかれたかもしれない。そうした経験をすると、手脚の使用を避けるようになる。それが手脚のひ弱さを招き、手脚を協調的に動かすのを難しくさせる。このようなタイプのブロックはいずれも、手脚の冷えをもたらす。エネルギーの漏れが発生している箇所では、とても傷つきやすくなるのが普通である。このタイプのブロックは、関節の病気を引き起こす。

人がどのようなブロックを発達させるかは、性格や幼少期の環境を含む多くの要因にかかっている。私たちは誰でも、これらのブロックのいくつかを組み合わせて用いている。あなたはどれを好んで使っているだろうか。

エネルギー防衛システム

私たちは、世の中を安全ではないとみなしているので、誰でもブロックを生み出す。自分のエネルギーシステム全体を包含するパターンでブロックする。私たちのエネルギー防衛システムは、入ってくる力に対して攻撃的または消極的に反撃や防御をするよう設計されている。また、力を誇示することで、侵略者を怯え上がらせたり、自分が望んでいることを認めずに、間接的に自分に注意を向けさせるよう設計されている。

私が観測してきたエネルギー防衛システムの例が図表12－3に示されている。これらの防衛システムは、個人が危機感を感じたときに採用される。

「ヤマアラシ型」（通常は灰白色をしている）の場合、その人のオーラは、とげとげしくなり、触ると痛い。鋭く尖っているのだ。本人が望んでいないのに、身体の上に手を置くと、手にとげが刺さるのを何度も感じることができた。大抵の人は距離を置くことによって、そうした防衛に対処する。

「撤退型」の防衛では、その人の脅かされている意識とオーラの一部が、その人の身体を、水色のエネルギーの雲の中に置き去りにするだけである。本人は、目が虚ろなのに、あなたの言うことをしっかりと聞いているふりをする。

「脱出型」の人にも、同じことが言える。この特殊な防衛システムは、数秒から数時間までしか続かない撤退型よりも長期に及ぶ。「脱出型」の兆候は、長期間、おそらく数日から、場合によっては数年も続くのが普通である。私は、何らかの心的外傷や過去の手術によって、何年間にもわたって部分的に体外に出ている人を見たことがある。その中に、二歳のときに開胸手術を受けた二一歳の若い女性のケースがあった。彼女のエネルギーフィールドがもっとしっかりと身体に収まる手伝いをするのが私の狙い

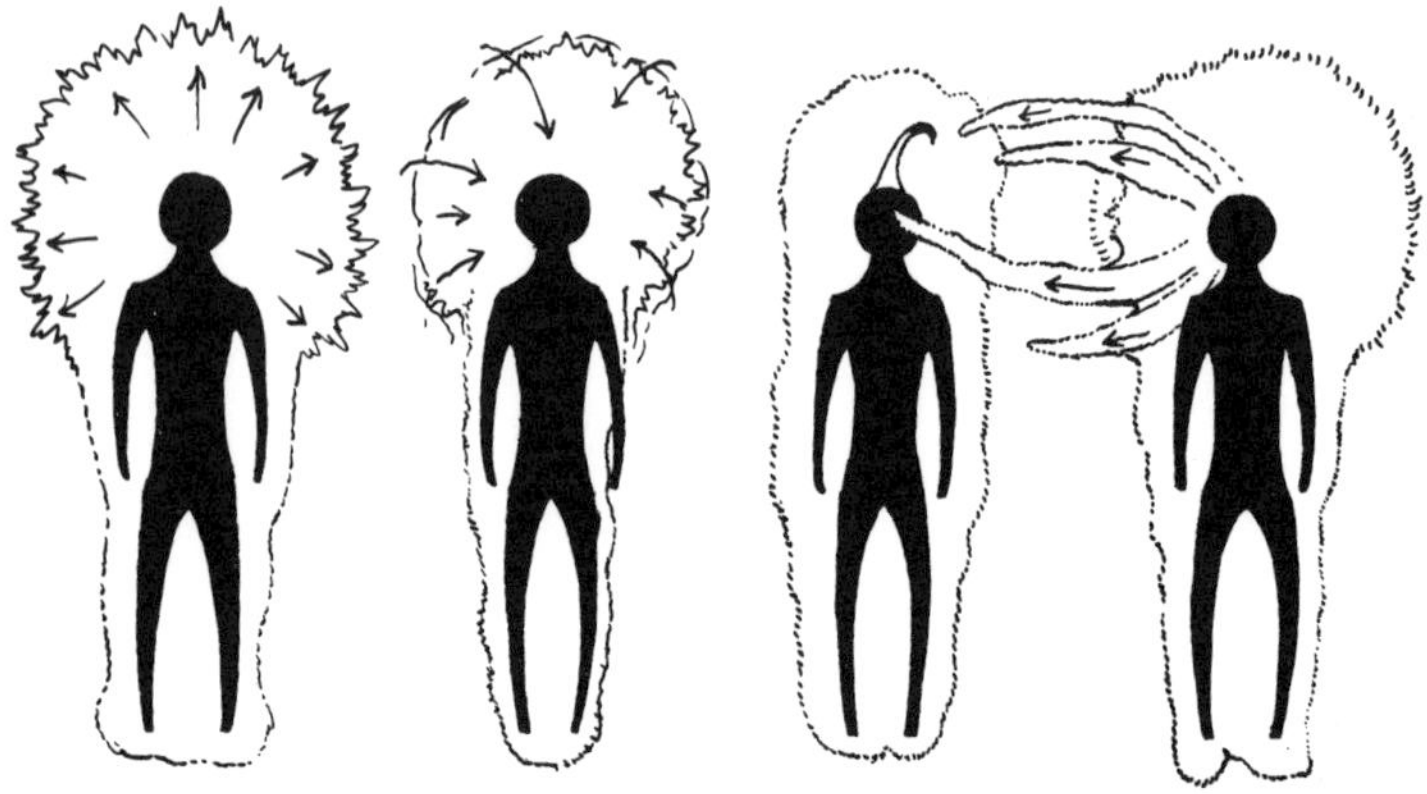

言葉による否定型　口唇吸引型　フック（鉤手）型　精神的に相手を「つかむ」型

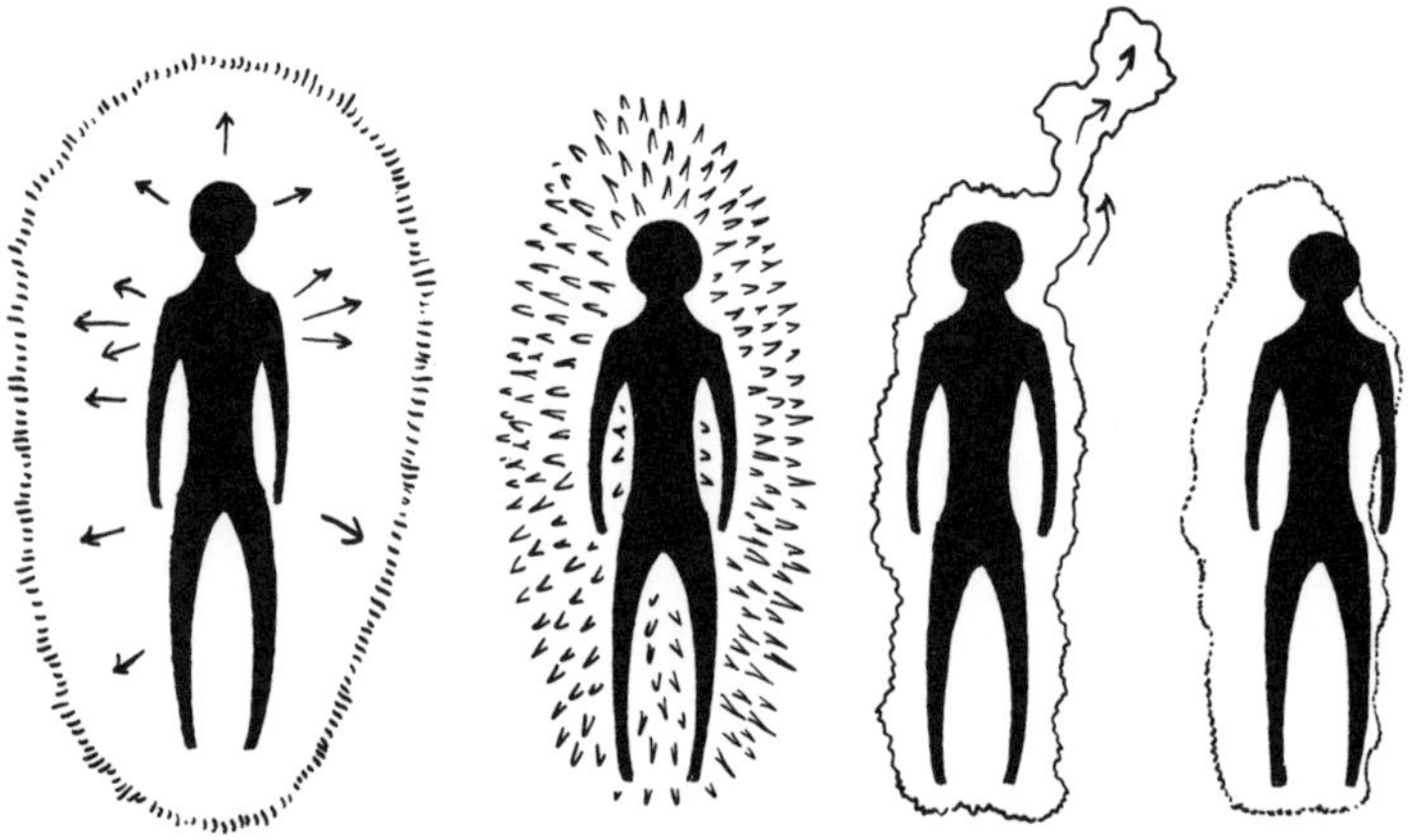

権力／意志型　ヤマアラシ型　撤退型　脱出型

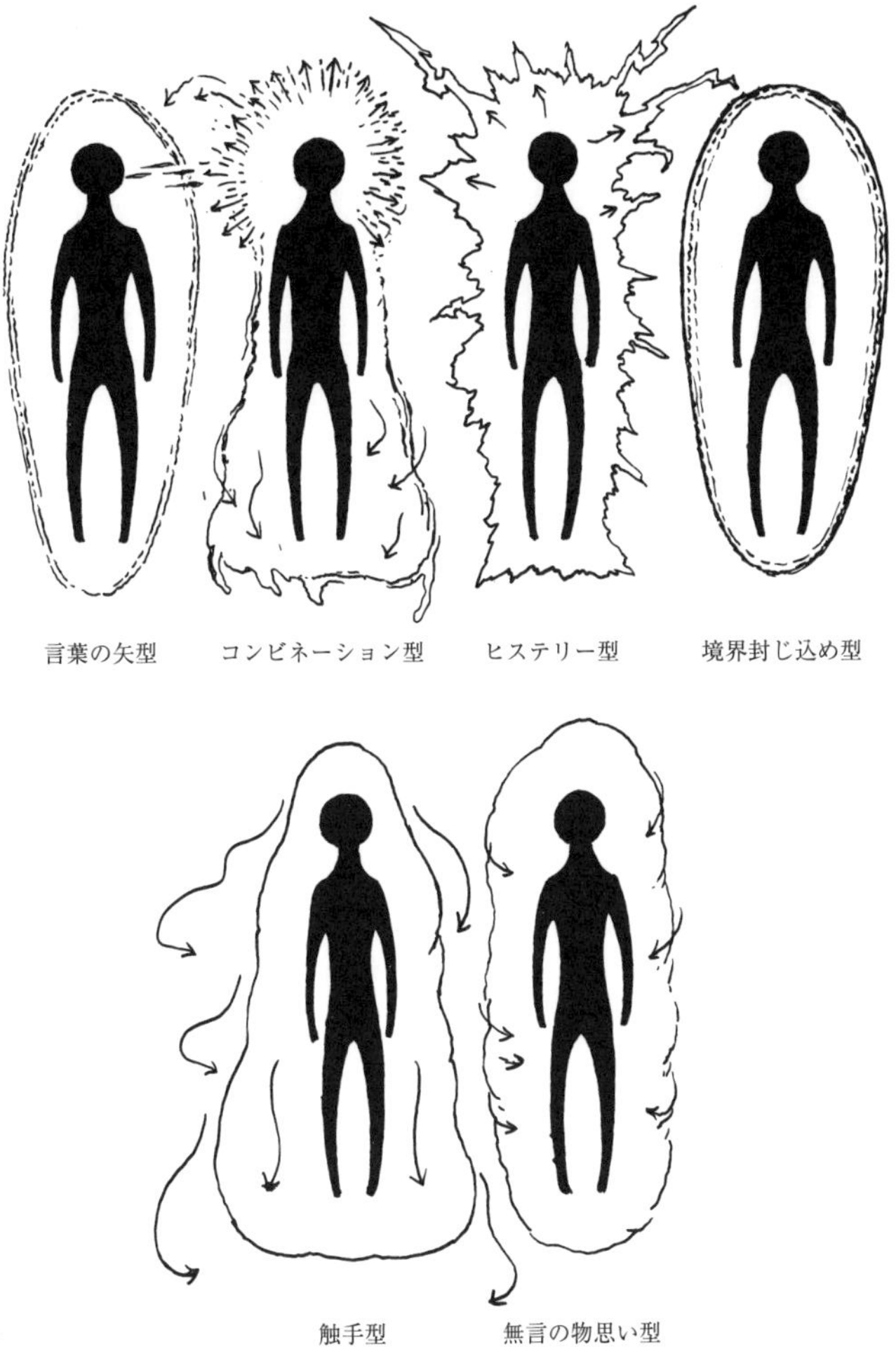

図表12－3　エネルギー防衛システム

だった。彼女のハイアーボディが部分的に分離し、彼女の上や後ろに浮き出ていた。この分離によって、感情とのつながりが断たれてしまっていたのである。

「言葉による否定型」の防衛は、通常は黄色い頭の中のエネルギー、重度の首のブロック、青色で静止している下半身の枯渇したエネルギーに関連している。そういう人は、現状を維持するために、生きている感覚をある程度もち続けようと、活発な言語活動をし続ける。この言葉のやりとりが、頭の中のエネルギーの流れを維持する。

「口唇吸引型」は、言葉による否定と密接に関係している。言葉による否定が、自分のフィールドを満たすために、周囲の人からエネルギーを吸い上げるのに効果的だからだ。そのような人は、普段、周りの自然環境から十分なエネルギーを補給することができない。言い換えれば、周辺の大気から供給されるオルゴンエネルギーを代謝する能力に何らかの問題を抱えており、吸収しやすいようにあらかじめ調整されたエネルギーを、他人からもらう必要性に迫られているのだ。聞き手にとって退屈なうんざりするおしゃべりにそれを感じ取ることができる。また、一部の人がもっている「掃除機」のような目にそれを見て取ることができる。これらの人々は、社交上の付き合いで他の人たちと一緒にいるのを好む。一方に、過剰なエネルギーを発散する必要がある被虐型の人もいて、口唇吸引型の人とよいパートナー関係を作る。共に、お互いのニーズをとても上手に満たし合うのだ（第13章参照）。

私がある人たちの頭上に見た「フック（鉤手）型」は、たいていの場合、精神病型の人格構造をもつ人々や、いわゆる人々の集団に立ち向かっている人々についていた。彼らはそのような状況にとても怖気づき、頭のてっぺんに「フック」を形成する。状況が抜き差しならぬほど加熱すると、彼らは攻撃者とみなす人に誰彼かまわず「フック」を投げつける。この「フック」は口頭による発言を伴っているのが普通だ。一方、このタイプの人が誰かに立ち向かいたくなった場合、精神的なエネルギーで相手の頭をつかもうとすることがよくある。頭をつかまれた者の受難は、攻撃者が、自分のエネルギーフィールドの中で、自分の主張をはっきりさせ、望み通り受け入れられたと確信するまで続く。この種の「防衛／攻撃」は、受け手にとってはなはだ恐ろしいものである。というのも、見かけ上は、「正しい」結論に導く非常に理性的な段階を踏んで論理的にアプローチされているように見えるからだ。だが、実際に伝わってくる「行間のメッセージ」は、受け手は同意した方がよいというものだからだ。このようなやりとりは、大方、攻められている側が「悪」で間違っており、攻めている側が「善」で正しいという暗黙の含みを伴っている。

「触手型」は、じくじくして滑りやすく、静かで重い。「触手」は、あなたのみぞおちに手を伸ばし、あなたのエッセンスをとらえて引っ張り出そうとするが、安全を守るあなたのセキュリティにむさぼり食われる。このような人は自分のエッセンスで満たされているが、どうしたらいいかわからないのだ。というのも、エッセンスを動かすのは、屈辱を意味すると思っているからだ。こうして、絶望にとらえられ、自分のエッセンスとのつながりを失うことさえある。彼はしばらくの間、黙り込んで物思いに耽るかもしれない（無言の物思い型）。すると「触手」が自分自身のエッセンスに働きかけ、衰弱させる。けれども、彼の物思いは、エネルギーのレベルではなはだ騒々しいものである。彼は積極的に楽しんでいる人々でいっぱいの部屋の中で際立っている。そのため、彼を助けたいと望む人々にすぐ取り囲まれるようになる。彼は無意識ではあるが、如才なく丁重に、助けを申し出てくれた人めいめいに感謝し、差し出された助けが効果のない理由を説明し、他の提案を求める。そのようにしてゲームが続いていく。「触手型」の人は、外部から何かを必要としていると考えるが、彼が必要とするのは何かを放つことである。したがって、誰かを挑発して怒らせるために、言葉の矢を放とうとするかもしれない（言葉の矢型）。これらの矢は、痛い言葉であるだけではなく、エネルギー的にも痛い。空気中を飛んでいって、大変正確かつ効果的に受け手を撃つのである。射手は無意識のうちに、それが相手を怒らせるだけの痛みを引き起こすことを願う。そうすれば、屈辱を感じることなく、自分自身の怒りを解き放つ口実が得られるからだ。この身勝手で緻密な心理作戦で、相手に恥をかかせると同時に、下半身に感情をもたせないようにしている。

「ヒステリー型」の防衛を用いる人は、爆発することで、「矢」に喜んで反応するだろう。ヒステリー型の人は、パワーと混沌の絶大なる力で脅し、威嚇するような激しい怒りの中で、すべての人のフィールドを稲妻と炸裂する色で爆破するのである。その目的は、全員の部屋をきれいにすることである。

「境界封じ込め型」の防衛を用いている人は、影響を受けないように境界を強化し、厚くしながら、その状況から自分自身を引き離すだけである。そのようにして伝えられるメッセージは、優越感だ！

「権力／意志型」の人は、しっかりと秩序づけられ、よく制御された「権力／意志」を示し、自分の優位性を表明するだけかもしれない。それがその人のオーラを膨らませ、明るくするため、誰がその場を牛耳っているか、誰が弄ばれるべきではないか、疑問の余地がなくなるのだ。

自分の主要な防衛を見つけるエクササイズ

以上に紹介した防衛システムをそれぞれ試してみよう。あなたはどれを使うだろう？　何人かのグループで試してもらいたい。全員がそれぞれの防衛システムを用いて部屋を歩き回る。それぞれのシステムにどれくらいなじみがあるだろう？　異なった局面で、あなたはどの防衛システムを使うだろう？

実際には、もっとたくさんの防衛システムが使われているだろう。他にも、あなたが使っているものや友達が使っているものなど、きっと思いつくはずだ。忘れないでもらいたいのは、全員がそれらを使用しているということだ。そして、意識的であろうと無意識的であろうと、そのような方法でお互いに交流することに私たちが同意しているということである。誰もそうした相互作用を強制されているわけではなく、自発的に行っている。私たちの人格のあるレベルでは、たまにそうした防衛を楽しんでさえいる。お互いにそれを見たとき、驚く必要はない。いつでも私たちは、防衛的ではなく、寛容に応対する選択肢をもっている。誰かが防衛的になるときには、必ず理由があることを覚えていなければならない。たとえば、私たちや自分自身から、あるいは双方から隠しておきたい自分自身の傷つきやすい部分を、制御下に置いて守るという理由である。私たちは人生の早い時期に、こうしたシステムのほとんどを発達させる。第8章で示されているように、子どものオーラは、身体同様、完全には成熟しきっていない。オーラもまた、個人が成長するにつれて、いくつかの段階を経て成長し、強さと弱さの両方を表す基本的な性格パターンを示す。

第12章の復習

1. エネルギーブロックの主要な六つの型の名前を挙げ、説明せよ。
2. 主な防衛システムとそれがどう働くかをリストアップしよう。あなたはどれを使っているだろうか？　あなたが使っているシステムは、あなたにとって効果的だろうか？　あなたの人生経験を処理するためのよりよい方法は何だろうか？

考えるヒント

3. あなたの主要な防衛は、どのような個人的な信念体系に基づいているか?

4. もしあなたが防衛システムを使わなかったら、あなたの人生はどのようによくなった（悪くなった）だろうか?

5. あなたが自分の身体／エネルギーシステムの中に作り出したブロックの種類と場所をリストアップしよう。それぞれ、どのような幼少期の経験が関係しているだろうか?

第13章　主要な性格構造のオーラとチャクラのパターン

性格構造とは、多くの身体心理療法家が、特定の身体的、心理的な類型を説明するために用いる用語である。オーストリア生まれの精神分析医ヴィルヘルム・ライヒは、膨大な観察と研究の末、自分が扱った人々のほとんどが五つの主要なカテゴリーに収まると結論した。似たような幼少期の体験や親子関係をもっている人々が、同じような体型をしていることを発見したのだ。さらに、似たような体型をしている人々が、似たような基本的な心理的力学をもっていることも発見した。どのような力学をもっているかは、親子関係の類型だけではなく、子どもがトラウマとなるような人生の経験を初めてする年齢にも関わっている。その経験を契機に、子どもの感情すなわちエネルギーの流れが堰き止められ、後に習慣となるような防衛システムが発達し始めるからだ。子宮内で経験されるトラウマは、口唇期、肛門期、潜伏期といった発達段階に経験されるトラウマとはまったく異なった仕方で、エネルギー的にブロックないし防衛される。個人とそのフィールドはさまざまな発達段階で著しく異なっているので、これはごく自然なことである（第8章参照）。

この章では、それぞれの性格構造について、病因、体型、およびオーラの形状を含め、基本的な説明をしたい。また、各構造のハイアーセルフの性質や個人的な人生の使命についても、可能な範囲で論じるつもりである。一人一人のハイアーセルフや人生の使命は、独自のものだが、ある程度の一般化はできる。

人のハイアーセルフは、それぞれの個人の中にある神のひらめき、あるいは神性とみなされている。それは私たちがすでに神と一つになっている場所だ。この内なる神の意識を含む私たちの物質的、霊的身体のすべての細胞に、神のひらめきが宿っている。

人生の使命には二つの種類がある。第一に、個人レベルでは、新たな自分を発掘して表現する方法を学ぶという目的をもった個人的な使命がある。神と一体化していない魂の部分は、創造主と一体になりながら個性を保つ方法を学ぶために、特定の転生をするのを助ける。社会的使命は、それぞれの魂が物質的な生命として生まれ、社会に贈り物を与えること。多くの場合、それは、早い段階で自然に訪れるライフワークと同じである。芸術家は芸術作品を生み出し、医師は癒しの才能に恵まれ、音楽家は楽曲を作曲し、母親は子どもを育て愛する。あるときには、さまざまな仕事の経験を積んで、最終的に自分のライフワークだと気づけるものに踏み出す努力も必要である。どれだけのパワーと明晰さをもって人生の使命に取り組めるかは、個人の学習の成果に大きくかかっている。

個人の肉体は、それぞれの人間を取り巻き、その一部でもあるエネルギーフィールドが物理的世界に結晶化したものである。これらのエネルギーフィールドは各々の魂の使命を含んでいる。したがって、性格構造は、その人が転生して解決することを選んだ基本的課題、あるいは個人的な使命の結晶化とみなすことができる。課題（使命）は肉体に結晶化され、個人が簡単にそれを見て、取り組めるようにそこに保持される。肉体との関わりで性格構造を研究すれば、自分自身を癒し、個人的な使命や社会の中での使命を見出す鍵を発見できる。

これまで一緒に仕事をしてきたすべての人に私が見出した基本的な病は、自己嫌悪である。私の考えでは、自己嫌悪は私たち全員の基本的な心の病であるが、自己嫌悪や自己否定がどのように顕在化するかは、性格構造の違いによって変わってくる。日常的に自分のダイナミックな心の動きを理解することに努めていれば、やがて自分自身を受け入れられるようになるだろう。私たちは、神の意志（内なる神）や真理や愛によって長年生きていくことができるが、それらはすべて自己実現へのステップである。無条件に愛せるようになるまで、真の故郷にはたどり着けないのだ。まず必要なのは、自分自身を見つめ直すことである。自分の欠点がわかっても、無条件に自分自身を愛することができるだろうか？　大きなヘマをしでかしても、自分自身を許すことができるだろうか？　失敗しても、すぐにもち直し、「まあ、この失敗から学ばなきゃ」と言うことができるだろうか？　「私は神の子だ。光を導きにし、自分の中の神性と真の故郷に戻る道を見出すために、必要なことを何でもやり抜くつもりだ」と言えるだろうか？　以上のことを念頭に置いて、性格構造に目を向けてみよう。そもそも、なぜ私たち一人一人が、特定タイプの、あるいはいくつかのタイプが組み合わさった性格構造をもっているのかを徹底的に論じようとしたら、おそらく、一生かかるだろう。

アル・ローワン医師とジョン・ピエラコス医師は、共同研究を通して、身体レベルと人格レベルで、性格構造の主要な側面の類型化を独自に行った。ジョン・ピエラコス医師はそれらに霊的側面とエネルギー的側面を付け加えた。彼は、ライヒが開発した純粋に生物学的な病の原因に、霊的次元を付け加えることによって、性格構造の意味を変えたのだ。その作業の一環として、チャクラの機能を性格構造に関連づけた。私はその作業をさらに推し進め、第12章で取り上げたエネルギーの防衛システムや図表13－5から8で示されているような、それぞれの性格構造の一般的なオーラのパターンを開発した。

図表13－1から3は、各構造の主な特徴を示す表である。これらの表は、一九七二年にジム・コック

図表13－1　個々の性格構造の主な側面　個性の装い

	分裂質	口唇期	精神病型	被虐型	硬直型
発達の停止	出生前または出生時	赤ちゃんの授乳期	幼少期	自立段階	思春期、生殖器
障害	敵意ある母	捨てられる	誘惑　裏切り	コントロール 食事や排泄機能の無理強い	性の否定 ハートの裏切り
パターン	つながる	しがみつく	支える	抑制	抱え込む
性	生命力を感じるための性、ファンタジー	親密さと接触を求める性	敵意／弱さ 同性愛 ファンタジー	不能 ポルノへの強い関心	軽蔑を込めた性
欠点	恐れ	強欲	偽り	憎しみ	プライド
～の権利の要求	在る／存在する	大切にされること 満たされること	支えられること 励まされること	自立	感情がない(愛／性)
口にする不平	恐れ／不安	消極的疲れる	敗北感	緊張	感情なし
否定的意図	私は分裂するだろう	私は君にそれを与えさせる 私は必要としない	私の意志は果たされるべきだ	私は否定することを愛する	私は屈しないだろう
否定的意図の背後にある工夫	統一 対 分裂	必要 対 放棄	意思 対 降伏	自由 対 従属	性 対 愛
必要性	境界を強める	必要性を自覚し、二本足で立つ	信頼	自己主張する 自由になる、 霊的つながりに心を開く	ハートを生殖器につなげる

図表13－2　個々の性格構造の主な側面　肉体的（物理的）とエネルギーシステム

	分裂質	口唇期	精神病型	被虐型	硬直型
肉体のつくり	伸長 右／左 不釣り合い	うすい 陥没した胸	ふくらんだ胸にてっぺんが重い	頭が前傾 重い	硬直した背中 骨盤が後ろに傾いている
身体の緊張	緊張の輪 協調性のない 弱い関節	たるんだやわらかい筋肉 抑え込み	上半身 堅くしまった下半身 けいれん	圧縮された緊張	けいれん 板状の鎧 網の目状の鎧
身体の循環	冷えた手／足	冷たい胸	冷たい脚／骨盤	冷たいお尻	冷たい骨盤
エネルギーレベル	超活動的 地に足がついていない	低活性 低エネルギー	過活動の後に崩壊	低活動 （内面化されたエネルギー）	過活動 （高エネルギー）
エネルギー位置	コアが凍っている	頭の中 全体的に枯渇している	上半身	内部で沸騰	コアから外された周辺部 プライド
主に機能するチャクラ	第七チャクラ 第六チャクラ前面 第三チャクラ前面 第二チャクラ背面 非対称	第七チャクラ 第六チャクラ前面 第二チャクラ前面	第七チャクラ 第六チャクラ 第四チャクラ背面	第六チャクラ前面 第三チャクラ前面	意志のチャクラ 第六チャクラ前面
開いたチャクラの精神力学	霊的 精神的 意志	霊的 精神的 愛	精神的 意志	精神的 感情 意志	意志 精神的
エネルギーの防御システム	撤退型 「ヤマアラシ」型 我を忘れる	口唇吸引 言葉による否定 ヒステリー	フック（鉤手）型 精神的に相手を「つかむ」型 ヒステリー	無言の物思い型 「触手」型	権力／意志型 境界封じ込め型

図表13－3　個々の性格構造の主な側面　対人関係

	分裂質	口唇期	精神病型	被虐型	硬直型
引き起こす	知性化	マザーリング（母性化）	従属	からかい	競争
逆転移反応	内への後退 外への後退	受け身 欲ばり 依存	抑制の行使	罪悪感 恥 抑制	内への後退と抑圧
～でコミュニケーションする	絶対的なもの	疑問	口述	あわれっぽい 嫌悪	制限（資格）を加える人、与える人
言葉	没個性	間接的	直接操作 （君は～すべきだ）	間接操作 （ていねいな言い方	魅惑的
二重拘束	存在することは死ぬこと	私が求めればそれは愛ではない もし求めなければ愛を得られない	私は正しくなければならない さもないと私は死ぬ	もし私が怒ると、私は辱められるだろう。たとえ怒らなくても、私は辱しめられるだろう。	どちらの選択も間違っている
仮面の発言	君が私を拒む前に私が君を拒む	私は君を必要としない 私は求めない	私は正しい 君は間違っている	君にやられる前に自分で自分を殺す （傷つける）	うん、 だけど……
低次の自己	君も存在していない	私の面倒をみてくれ	私が君を支配しよう	私は君を軽蔑し怒らせるだろう	あなたを愛するつもりはない
高次の自己	私は実在している	私は満足している	私は降伏する	私は自由だ	私は愛に身を委ねます

ス博士が行ったバイオエナジェティクスのトレーニング・クラスと、私が学んでいた一九七五年のジョン・ピエラコス医師によるコアエネルギーのトレーニング・クラスによって編集されたものに、私が、自分自身の研究で学んだエネルギーフィールドの情報を追加したものだ。

分裂質性格構造

最初の（人生のもっとも早い時期に生命エネルギーの流れが断ち切られるという意味での最初）性格構造は、分裂質性格構造と呼ばれている。このケースでは、最初のトラウマ（心的外傷）をもたらす経験が、出生前や出生時、あるいは生後数日以内に起こる。そのトラウマは通常、親の怒りや子どもを欲しがらない親、あるいは出産過程でのトラウマ（母親が感情的に子どもとのつながりを断ち切り、子どもが見捨てられたと感じる）など、親から直接受け取った敵意に関わるものである。そうした出来事の影響力は子どもによって大幅に異なる。ある子どもにとっては、母子間のわずかな断絶がきわめて深刻なトラウマになる可能性があるが、他の子どもにはまったく影響がないかもしれない。これは、生まれてくる魂の性質と、その魂がこの世でどのような使命を自ら選んだかに関わっている。

人生のこの段階で、こうしたトラウマに対して用いられる自然なエネルギー的防衛は、魂がやってきた霊界に戻ることである。分裂質構造の人の中では、そうした防衛が育まれ、用いられるようになるが、やがては、霊界の「遠い」どこかにいとも簡単に引きこもるようになる（図表12－3参照）。この防衛は習慣となり、当人は脅かされていると感じるどんな状況でも、それを用いるようになる。逃げるという防衛を隠すために、人格レベルで正気を保とうとするのだ。そのような人の基本的な欠点は、自分には存在する権利がないのではないかという恐怖を抱いている点にある。セラピストであれ、友人であれ、他者と交流する際には、客観的な言語を用いて揺るぎない態度で話し、知的であるように見せかけようとする。これは人生から遊離し、実のところ存在していないという経験を増やすだけである。

分裂質の人がセラピーの場で漏らす不満は、大体が恐れと不安である。セラピーが進むと、問題の所在がわかってくる。自分が存在していると感じるには、自分の統一性を感じなければならないのに、生き残るためには、分裂しなければならないと信じているのだ。つまり、ネガティブな分裂意志をもっているということである。それが、二重拘束（存在することは死ぬことを意味する）を生み出す。セラピーでこの問題を解決するには、自分が何者であるかを規定する境界線を強化し、物理的な世界で自分の強さを感じる必要がある。

セラピーの過程で、クライアントがセラピストに対して「よい人」を装おうとするのをやめ、真剣に治療に取り組み始めるとき、最初に遭遇する人格の層は、責任を転嫁して他人を責める部分である。ときにそれは仮面と呼ばれ、「あなたに拒絶される前に、私はあなたを拒絶する」という態度をとる。人格を深く掘り下げる作業を行うと、低次の自己とか影の自己と呼ばれている根本的な感情が、「あなたも存在していない」と言うだろう。そして、治療の効果が出始めると、ときにハイアーパワーとかハイアーセルフと呼ばれる人格のより高度に発達した部分が現れ、「私は実在している」と言う。

分裂質の人は簡単に肉体を離れることができ、定期的にそうしている。その結果、しっかりと結合されていない、あるいは統合されていない断片の組み合わせのように見える肉体をもつようになる。そうしたタイプの人たちはたいてい背が高くて痩せているが、場合によっては太った肉体をもっていることもある。体内の緊張は、肉体をリング状に取り囲む傾向がある。関節は大体弱々しく、冷たい手足をバランスよく動かすことができない。極度に活動的で、地に足がついていないのが普通だ。頭蓋骨の付け根に近い首に主なエネルギーブロックがあり、濃い灰色がかった青に見える。通常、頭蓋骨の底部からエネルギーが噴出している。多くの場合、背骨にはねじれがある。これは、肉体から部分的に抜け出そうとするときに、物質的現実から身をよじって逃れようとする習慣から生み出されたものだ。手首、足首、ふくらはぎは弱々しくて細く、肉体は大地とつながっていない（テニスをしていないにもかかわらず）。片方の肩がもう一方より大きいことがある。多くの場合、頭が片方に傾いており、虚ろな目をしている。魂の一部がどこか他のところにあるかのようだ。事実、そうなのだ。ときどき、「影が薄い」と言われる。こうした人たちの多くは、幼年期の早い時期から自慰行為を覚え、性を通して生命力とつながることができるを発見する。周囲の人たちとつながることができないために、自慰行為によって「生きている」ことを実感しようとするのだ。

分裂質性格構造をもっている人が防衛システムを使って避けてきたのは、内なる恐怖、すなわち消滅の恐怖である。

もちろん、赤ん坊のときは、それに対処することができなかった。というのも、自分が恐れを感じた人たちに完全に依存していたからだ。この世に誕生する過程で、もっとも保護を必要としているとき、その人たちに見捨てられたと感じていた。分裂質の人は、生き残っていくために依存している両親の少なくとも一人から、直接、敵意を感じていた。その経験が実存的な恐怖の始まりとなったのである。

分裂質性格構造の人は、大人になって、自分の恐怖が何よりも内なる怒りに関係していることに気づいたとき、内なる消滅の恐怖から解放される。この怒りは、世界を、非常に冷たく、敵意に満ちた場所として経験し続けることから生じる。生き残りたいと願うすべての人が孤立を強いられる場所である。分裂質の人の一部は、それが物質的現実の本質だと信じきっている。この怒りの下にあるのは、自分が、他者との愛に満ちた温かいつながりや、成長の糧となるやりとりを必要としていることを知ることによってもたらされる切ない痛みである。だが、多くの場合、自分の人生でそれを生み出すことができなかったのだ。

分裂質性格構造の人が恐れているのは、自分自身の怒りで、自分がこっぱみじんとなり、宇宙に飛び散ってしまうのではないかということである。彼にとって重要なのは、逃げることで防衛せずに、少しずつ自分自身の怒りと向き合うことだ。地に足をつけて、恐怖や怒りを吐き出すことができれば、内なる痛みや他者とのつながりを求める憧れから解放され、セルフラブ（自分を心底愛する）を育てる場所を作れるだろう。セルフラブを養うには練習が必要である。私たちは、どんな性格構造の組み合わせをしていようが、全員、セルフラブを必要とする。セルフラブは、自分自身を裏切らない生き方をすることによって育まれる。自分の内なる真実がどのようなものであれ、それに従って生きることによって育つのだ。本書の最終章（第27章）で、簡単なセルフラブのエクササイズを紹介しているので、それを活用して練習を積んでもらいたい。

分裂質性格構造のエネルギーフィールド

分裂質性格構造は、主として不均衡や亀裂など、連続性が断たれたエネルギーフィールドによって特徴づけられる。主要なエネルギーは、当人のコア（核）の奥深くに保持されており、セラピーやヒーリングのワークによって解放されるまで、通常はそこに凍結されている。図表13－4は、関節のところでエネルギー漏れを起こしているこの構造のエーテルボディの細い破線を示している。普通、その色はとても明るい水色だ。次の層と精神界ボディは、ときに、しっかりと固定されて凍りついているように見えるが、前後左右のエネルギーのバランスが取れていないまま無作為に動き回っているように見えるときもある。フィールドは、片側と後頭部がより多くのエネルギーをもって明るくなっているのが普通で

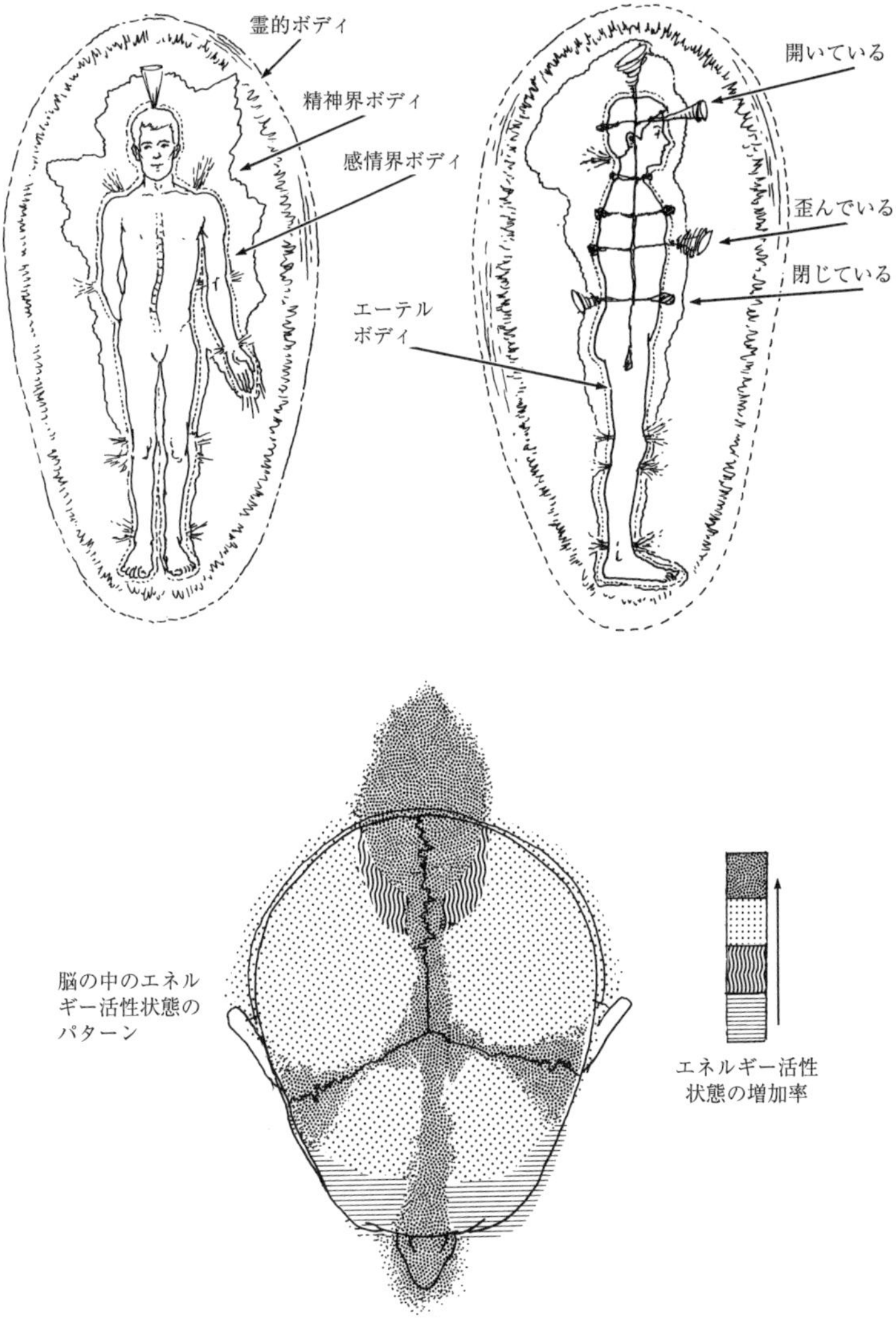

図表13－4　分裂質性格構造のオーラ
（診断上の見方）

ある。分裂質の霊的ボディは大体強くて明るく、オーラの第六層、つまり天空界ボディの、たくさんの鮮やかに輝く色を伴っている。楕円形、もしくはケセリックテンプレート層は、きわめて明るい外見をし、金色よりも銀色に近い。通例、それは拡散する境界をもっており、ときどき弱さが見られる足元がすぼまった卵形は、完全には膨らんでいない。

主として下位の三つのボディに見出されるオーラの不均衡は、プロセスワークを始めていない分裂質性格構造の人の場合、チャクラにまで及んでいる。多くのチャクラが反時計回りに回転しているのだ。これは、チャクラが取り込むよりも多くのエネルギーを送り出していることを意味する。乱れたチャクラは、変容を必要とする性格構造の質に相当する。時計回り（開いている）のチャクラは通常非対称である。これは、「開いている」にもかかわらず、バランスの取れた方法で機能していないことを意味している。チャクラの一部には、別の部分よりも多くのエネルギーが流れており、左右のバランスが悪いのが普通である。つまり、チャクラの左側よりも右側を流れるエネルギーが多いことがあるのだ。そのため、そのチャクラが司る人生の領域において、受動的ではなくより行動的に、さらに言えば、より攻撃的にすらなる傾向がある。この非対称性については、行動的／受動的の分裂という観点から、第10章で詳しく説明している。振り子によって測定された斜めや楕円の形は、図表13－4に示されているような、透視能力者の視覚に見える非対称のチャクラを示している。

普段、開いているチャクラは、仙骨（第二チャクラ）、太陽神経叢（第三チャクラ）、額（第六チャクラ）、王冠（第七チャクラ）である。第六と第七のチャクラは、当人が人生においてとても強く望んでいる精神的な霊性に関わっている。この性格構造の人は意志（第二チャクラ）を通しても機能している。これらのチャクラの形状は変わりやすく、変容のワークの最中に変化する。個人が三次元の世界にいて、物質的に生きていることを受け入れれば受け入れるほど、より多くのチャクラが開く。ワークを始めるとき、多くの場合、背面の性のチャクラは開いていない。

図表13－4の下の図は、脳の領域で活動している明るいエネルギーの相対的な度合いを示している。もっとも明るく活動的な場所は、後頭葉ないし後頭部で、もっとも不活発なのは、前頭葉である。二番目に活動的なチャクラは、第三の目と脳の第三脳室の領域で、それらは明るいエネルギーの橋でつながれている。その次に言語に関連する側頭葉がくる。あまり活動していないように見える領域が脳全体に広がっている。

前頭葉の低エネルギーは、分裂質の人によく見られる、空虚な「魂の抜けた」ような表情から見てとれる。そういう人は通常、エネルギーを背骨に沿って上昇させて後頭葉から出し、後頭部の方にエネルギーの膨らみを作っている。それが、身体的な次元で「今、ここ」での接触を避ける方法なのだ。

分裂質の人が主に使うエネルギー的な防御システムは、第12章の図表12－3で説明したように、ヤマアラシ型、撤退型、そして脱出型である。もちろん、どのような性格構造の人であっても、さまざまなときに種々の防衛を使うことができる。

分裂質性格構造のハイアーセルフと人生の使命

個人の成長過程では、自己の欠点に関して自分に正直になり、それらを変容させることに取り組むことが常に大切である。しかし、自分のネガティブな部分にあまり長くこだわっているのは健全なことではない。変容を必要とするこれらの部分に注意することはもちろん必要だが、ハイアーセルフの本質を見出し、それを支え、強化し、それが表に現れるよう注意を向けることも大切であり、そのバランスを常に取らなければならない。結局のところ、それが変容ということではないだろうか？

分裂質の人や人格構造の中にその傾向がある人は、かなり霊的であることが多い。彼らは深遠な人生の目的感覚をもっていて、多くの場合、周囲の人々の平凡な日常に、霊的な真実をもち込もうとする。彼らは、多くの才能と創造的なアイデアをもつ飛び抜けて創造的な人々であり、多くの部屋をもつ美しい大邸宅にたとえられる。各部屋が文化も時代も異なるさまざまな様式で上品に、豪華に装飾されている邸宅である。各部屋がそれ自体優雅なのは、分裂質の人が広範囲の才能（飾られた部屋）を育む多くの人生を歩んできたからだ。問題は、それらの部屋がお互いに行き来できる出入口をもっていないことにある。一つの部屋から別の部屋に行くためには、窓から出て梯子を降り、別の梯子を登って、窓から次の部屋に入っていかなければならないのだ。これはすこぶる不便である。分裂質の人は自らの存在を統合し、美しい部屋と部屋の間に、出入口を設ける必要がある。そうすれば、自らの存在のあらゆる部分に簡単に近づくことができるだろう。

一般的に、分裂質性格構造の個人的な使命は、自分の途方もない創造性を具現化する能力を妨げる、内的な恐怖と怒りに向き合うことだと言えるかもしれない。その恐怖と怒りは、実際に、人格のさまざまな部分を分離したままにさせる。自分の創造的な才能のすべてが、強力に結びつくのを恐れているからだ。彼の使命はまた、物質的な世界で、自分の霊性を物質化または具現化することに関連している。これは、自分の創造性、たとえば、文筆業、発明、人助けなどを通して霊的な真実を表現することによって実現されるかもしれない。これらの作業はきわめて個人的なものであり、一般化すべきではない。

口唇期性格構造

口唇期性格構造は、口唇期の成長段階で正常な発達が停止したときに生じる。原因は育児放棄である。

幼少期に、母親の死、病気、離婚などによって、母親を失う経験をしたのだ。母親は子どもに愛情を注いだが、十分ではなかった。何度も母親は「与えるふり」をした、もしくはその気がないのに与えた。子どもは、その喪失感を、あまりにも早く「自立」することによって、たとえば、とても早い時期に話したり歩いたりすることで補った。こうして、感受性を混乱させ、自分が本当に必要とするものを求めることを恐れるようになった。心の奥底でそれが与えられないことを確信しているからだ。面倒をみてもらわなければならないという子どもの気持ちは、結果的に、依存、執着心、貪欲、攻撃性の低下などをもたらす。それを自立した行動で埋め合わせるが、ストレスがかかると、そうした行動は崩壊する。子どもの受容性は、その後、意地悪な受動性になり、攻撃性は貪欲になる。

口唇期構造をもつ人は、基本的に恵まれず、空虚さや虚しさを感じており、責任を取りたがらない。肉体は未発達で、ひょろ長いたるんだ筋肉をし、弱々しい。成熟した大人には見えない。冷たく平べったい胸をし、呼吸が浅く、目はあなたのエネルギーを吸い取るかもしれない。精神力学的に言うと、その人格は捨てられることを恐れて、他人にしがみつく。一人になることができず、他人の温もりやサポートを必要とせずにはいられないのだ。そのような人はどうしようもない心の虚しさを埋めるために、「外」から温もりを得ようとする。そして、強烈な渇望と攻撃性の感情を抑え込み、見捨てられたことに対する怒りをもち続ける。性は親密さや接触を得るために利用される。

口唇期構造の人は、人生において多くの失望を味わい、手を差し伸べようとして拒絶される経験をたくさんしている。そのため、冷酷になり、何を手に入れても、十分だと感じない。満足することができないのだ。自分が否定する心の渇望を、他の何かで埋め合わせることによって満たそうとするからだ。人格レベルでは、養育され、満たされることを求めている。他人との付き合いでは、相手の母性を喚起する遠回しな言い方で話す。だが、本人は子どもではなく大人なので、それでは満たされない。

セラピーの場で、この性格の人が口にする不満は、消極的であるということと疲れるということだ。セラピーが進むと、問題は、生活の中で糧となるものを見出すことだということがわかってくる。ところが、自分のニーズを満たすためには、他人から捨てられるリスクや、他人に言い含められるリスクを冒さなければならないと信じきっている。こうして、「私にそれを与えるよう仕向ける」、さもなければ、「いらない」という否定的な思いを抱くようになる。次に、それが、「もし求めれば、それは愛ではない。求めなければ、愛を得られない」という二重拘束を生み出す。セラピーでこの問題を解決するには、自分の欲求を見出してしっかりと自覚し、それを満たすような生き方をする方法を学ぶ必要がある。自分の二本の足で立つことを学ぶ必要があるのだ。

セラピーの過程で、最初に出会う人格の層は仮面である。それは「あなたを必要としていない」とか「求めない」と言う。人格を深く掘り下げる作業が進むと、低次の自己または影の自己が、「私の面倒をみてくれ」と言うだろう。その後、問題が解決すると、ハイアーセルフが現れ、「私は満足し、満たされている」と言うのだ。

口唇期性格構造のエネルギーフィールド

口唇期性格構造（図表13－5）は、穏やかで静かな枯渇したフィールドをもつ傾向がある。主要なエネルギーは頭の中にある。エーテルボディは皮膚の近くにしっかりと張り付き、やはり水色をしている。ほとんど色のない感情界ボディも皮膚の近くに保たれ、総じて劣化している。精神界ボディは明るく、普通、黄色がかった色をしている。高次のオーラの層はさほど明るくはない。外側の卵形（第七層）は、完全に膨らんでいるわけではなく、明るくはない。銀色の側面に銀色がかった金色の輝きがあり、足元

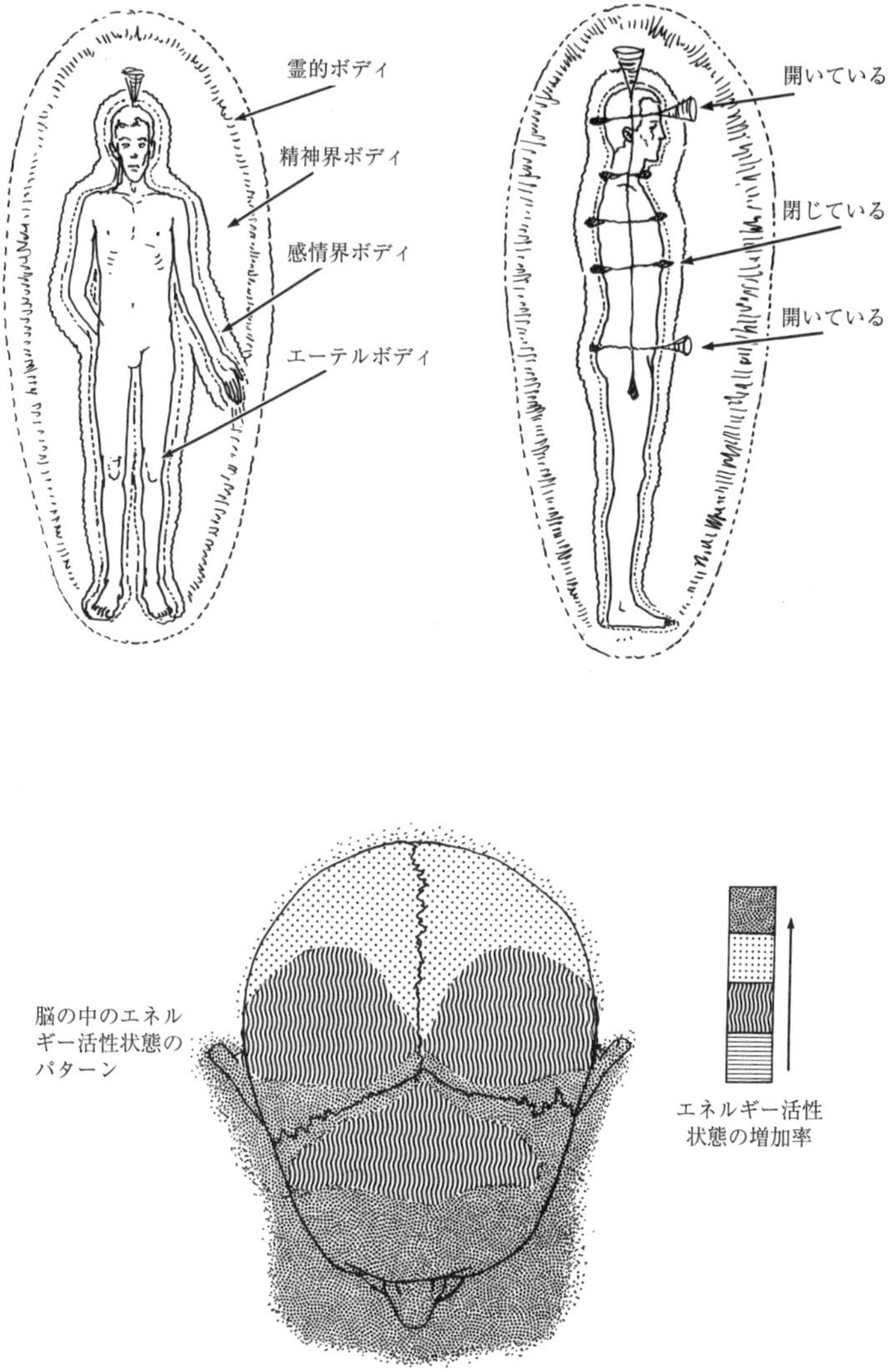

図表13－5　口唇期性格構造のオーラ
（診断上の見方）

のあたりで色褪せている。

プロセスワークをあまりしていない口唇期性格構造の人の中では、チャクラはほとんど閉じているか、エネルギーの供給を断たれているかもしれない。そのような人は、王冠と額のチャクラを開いていることが多い。これは精神的、霊的に明晰であることを示している。個人的な成長のワークを行うと、前面の性的チャクラも開く可能性がある。そうすると、性に興味を抱き、性的感情をもつようになる。

頭の中のエネルギーフィールドの活動形態が、図表13－5の下の部分に示されている。それによると、エネルギーの大部分が前頭葉と側頭葉にあり、後頭葉のエネルギーがもっとも少ないことがわかる。このように、口唇期性格構造の人は、身体的活動ではなく、知的な言語活動に重きを置いている。口唇期の人によって主に使用される防衛システムは、「言葉による否定」、「口唇吸引」、さらには、怒りを誘発するのではなく、注意を引くために「言葉の矢」を放つといった方法である。それは第12章で述べたような被虐型性格構造をもつ人が用いる言葉の矢とは異なっている。

口唇期性格構造の人の人生の使命とハイアーセルフ

口唇期性格構造の人は、宇宙の豊かさを信頼し、人から奪い取るというやり方を改める必要がある。簡単に言えば、与える必要があるのだ。被害者の役割を放棄し、自分が得ているものを認めなければならない。そして、一人になることを恐れる気持ちを見据え、内部の虚しさの中に深く入り込み、人生と歩調を合わせる方法を見出す必要がある。自分が何を必要としているかを自覚し、自分の二本の足で立つようになれば、「私にはそれがある」と言い、コアエネルギーを解き放って流れさせることができるだろう。

口唇期性格の人の内面風景は、ストラディバリウスのような極上の楽器に似ている。自分の楽器を微調整し、独自の交響曲を作曲する必要がある。人生という交響曲の中で、唯一無二の旋律を奏でるとき、心から満たされるだろう。

ハイアーセルフが解放されると、口唇期性格の人は、芸術や科学の創造的な仕事で自分の知性をうまく活用することができる。そういう人は生まれながらの教師と言えるだろう。とても多くのことに興味をもっており、いつでも自分の知っていることを、心の中の愛と結びつけることができるからだ。

転位性格構造もしくは精神病型性格構造

精神病型性格構造をもった人は、幼少期に、異性の親から密かに誘惑される経験をしている。その親は子どもから何かを欲したのだ。精神病型の人は両親と三角関係にあり、同性の親からのサポートを得ることが困難だと気づく。そこで、異性の親に味方するが、自分が必要とするものを得られず、裏切られたと感じ、その親を操ることによって埋め合わせようとする。

そうした状況への彼の対応は、どんな手を使ってでも他者を操ろうとすることだった。そうするには、自分自身をしっかりと保ち、必要とあらば、嘘さえつかなければならない。この性格の人は支えられ、励まされることを要求するが、他人とのやりとりで、「あなたは……すべきだ」というような直接服従を強いる操作的な言葉を口にする。それが他人から支えを得るのを難しくしている。

否定的な面では、こうした性格構造をもつ人は、猛烈な権力衝動をもち、他人を支配したいという欲求を抱いている。それを実行に移す方法は二つある。一つはいじめることや、力で圧倒すること、そして、もう一つは、誘惑することで密かに傷つけることである。多くの場合、そのような人の性欲は敵意に満ち、多くの妄想を伴っている。自分自身の理想像に気を配り、強い優越感と軽蔑心をもっているが、それが根深い劣等感を覆い隠している。

セラピーを始めるときに当人が口にする不満は、敗北感である。本当は勝ちたいのだが、支えられるのは降伏することであり、敗北を意味すると信じている。こうして、その人の否定的な意図は、「私の望みは叶えられる」となる。これは、「私は正しくなければならない。さもないと、死ぬ」という二重拘束を生み出す。セラピーで、この問題を解決するには、信頼することを学ばなければならない。

セラピーの過程で、最初に遭遇する人格の層は仮面である。「私は正しく、あなたは間違っている」と仮面は言う。人格を深く掘り下げると、低次の自己もしくは影の自己が「あなたを操ってやる」と言う。そして、問題が解決すると、ハイアーセルフが現れて、「私は降伏する」と言う。

上半身が膨らんでいるように見え、上半身と下半身の間のエネルギーの流れが不足している。骨盤は充電不足で冷たく、きつく固定されている。両肩や頭蓋骨の底部、そして両目に、著しい緊張があり、脚は弱々しく、地に足がついていない。

精神病型性格構造のエネルギーフィールド

精神病型性格構造の人は、失敗と敗北の恐怖に押しつぶされないよう踏ん張っている。人への依存心と人を支配したいという欲求の間で引き裂かれているのだ。支配され、利用されることを恐れ、自分にとって屈辱以外の何物でもない犠牲者の立場に追いやられることを恐れている。性は権力ゲームの手段として活用される。征服欲を満たすのが第一で、快楽は二の次にすぎない。他人に自分を必要とさせることで、自分の依存心を気づかれないようにしているのだ。

主要なエネルギーは上半身にある。エネルギーレベルは最初、極端に活発だが、後に崩壊する。精神病型の人（図13－6）は、すべてのオーラのレベルで、下部が枯渇し、上部が充電された一般的なエネルギーフィールドをもっている。そのため、卵形もそれに応じて歪められている。エーテルボディは足元に向かうほど影が薄れ、総じて、分裂質や口唇期よりも濃い青色をし、色調も強い。感情界ボディも天辺にいくほど充実している。精神界ボディは身体の背面というより前面に向かって突き出している。一方、感情界ボディは肩甲骨の間にある、通常、大きく広がっている意志のチャクラのところに膨らみをもっているように見えるかもしれない。上位のオーラの層もまた、上半身でより強く、明るくなっている。

精神病型性格構造のチャクラの形状は、一般的に肩と首の付け根に開いた意志のチャクラを示している。肩甲骨の間にある意志のチャクラは極端に大きく、酷使されている。額のチャクラと王冠のチャクラは開いているが、他はほとんどが閉じている。特に感情のチャクラはそうだ。背面の性のチャクラは部分的に開いているかもしれない。このように、精神病型性格構造をもつ人は、もっぱら精神と意志のエネルギーを通して機能している。

脳内のエネルギー活動は、前頭葉において強くて明るい。このエネルギー活動は後頭部に向かうに従って弱まり、後頭部では、著しく鎮まり、暗くなるのが普通である。これは、その人が主に知的な追求に興味をもち、意志の働きを活発にしてくれない身体活動には興味がないことを示している。知性もまた意志に仕えさせるために活用される。

精神病型の人が、精神的に相手をつかむタイプの防衛において、他人の頭に向かって伸びていくエネルギーのアーチを送り出すのは、強力な前頭葉からである。また、何らかの言葉による否定も用いる。ヒステリー型の防衛システムで用いられるものに似た火山のような怒りを爆発させるかもしれないが、

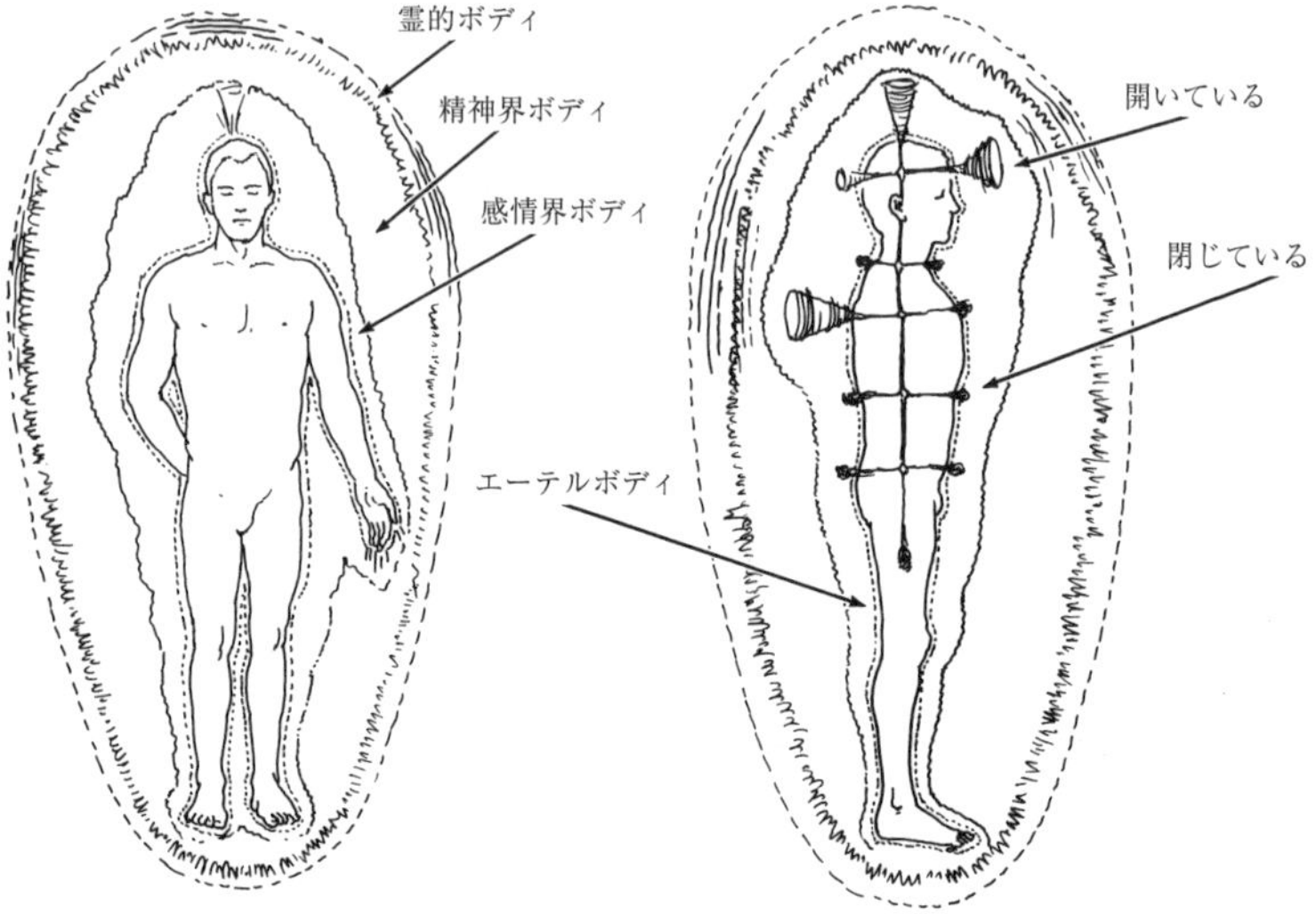

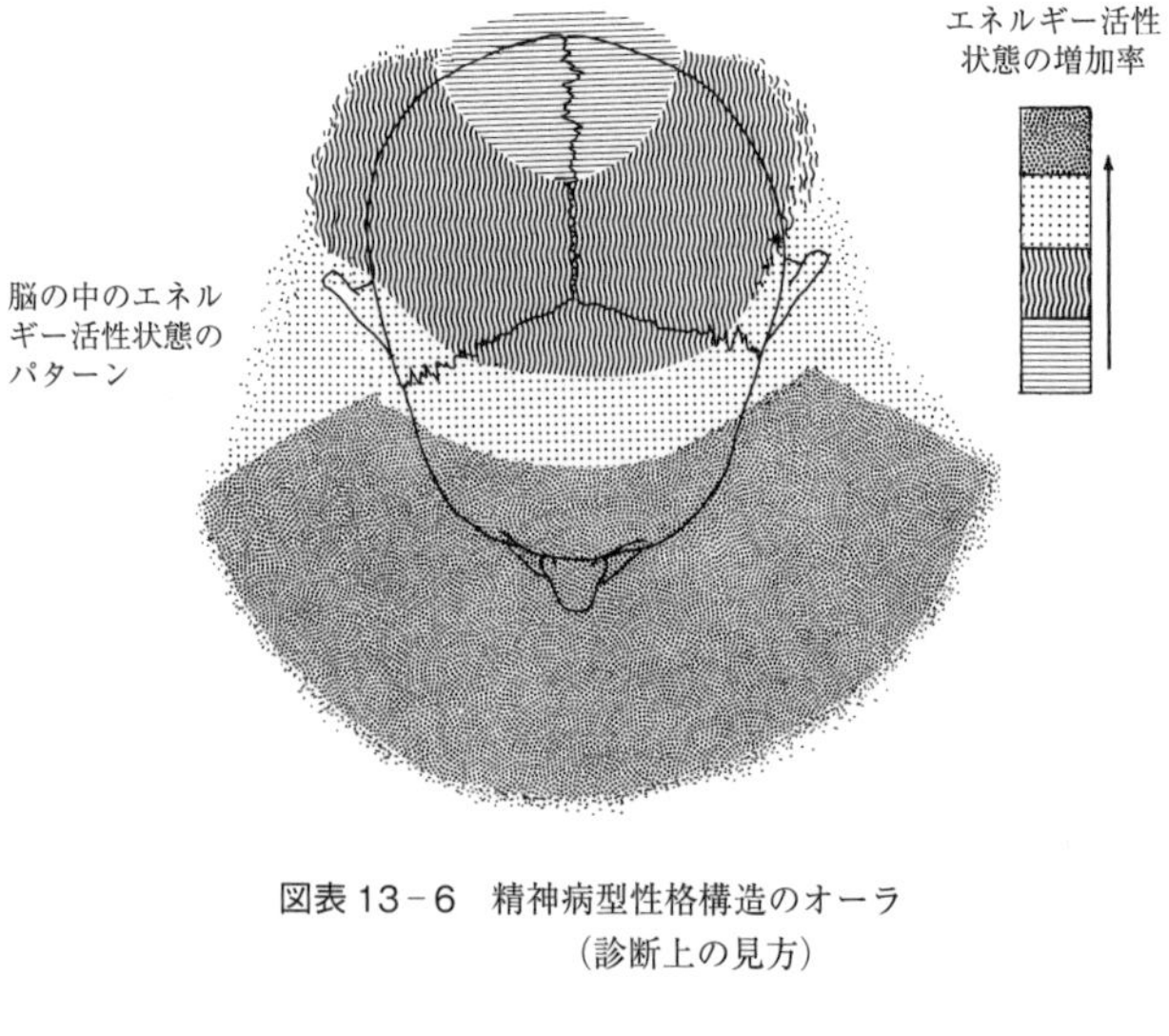

図表13－6　精神病型性格構造のオーラ
（診断上の見方）

火山の爆発のようなカオスを生み出さない制御されバランスの取れたエネルギーの形態で行われる。

精神病型性格構造の人の人生の使命とハイアーセルフ

精神病型の人は、膨らんだ上半身を徐々にすぼめ、他人を支配したがる傾向を手放すことで、また、より深いところの自分や性的な感情に屈することで、明け渡すことの真の意味を見出す必要がある。そうすることで、現実の中で生き、友人たちと語らい、人間らしく感じたいという深い願望を満たすことができるのである。

精神病型の人の内面風景は、栄光の空想と冒険に満ちている。ここでの勝者は、この上なく誠実で正直な者である。世界は忍耐と勇気によって支えられた崇高な価値を中心に回っている。それを現実世界の物理的な環境に持ち込むことを、どんなにか切望しているだろう？　いつの日かそうするだろう。

ハイアーセルフのエネルギーが解放されるとき、精神病型の人はとても正直で誠実さに溢れている。高度に発達した知性は、他者がそれぞれの真実を見つけるのを助けることによって、意見の食い違いを解決するのに用いることができる。自らの正直さを通して、他人が正直になるよう導くことができるのだ。このタイプの人は複雑なプロジェクトを取り仕切るのがきわめて上手で、愛に満ちた大きなハートをもっている。

被虐型性格構造

幼少期、被虐的な人格に与えられた愛は条件付きだった。母親は食事や排泄機能に至るまで支配し、しいたげていた。その子どもは、自己主張することや自由を宣言しようとすることに、罪悪感を感じさせられていた。自分に課せられた途方もないプレッシャーに抵抗しようとする試みは、すべて打ち砕かれた。現在、罠にはめられ、打ち負かされ、辱められたと感じている。こうした状況に対して、当人は自分の感情と創造性を抑制することで対応した。事実、何もかも抱え込もうとしたのだ。それが怒りと憎しみを招いた。被虐型の人は自立することを求めるが、他人と交流するとき、間接的に他人を操るために、泣き言まじりの嫌悪感を込めて、馬鹿丁寧な話し方をする。それが他人からからかわれる原因となり、本人の怒りを誘う。元々、怒ってはいたが、今や、それを表現する権利を与えられる。こうして、依存し続ける悪循環にはまり込む。

否定的な面では、この性格の人物は、苦しみ、愚痴や不平をこぼし、表向きは従順なままでいるが、実は決して服従しない。内側には、悪意、否定、敵意、優越感、そして、暴力的な怒りを爆発させるのではないかという恐怖などの強い感情が封じ込められている。男性なら性的に不能で、ポルノグラフィに強い関心をもっているかもしれない。女性なら、性的な絶頂感を得ることができず、自分の性を不潔だと感じやすい。

セラピーに臨むとき、本人が口にする不満は緊張である。実は緊張からの解放を望んでいるが、緊張を解き放って、内部にあるものを受け入れると、服従と屈辱を味わわされることになると無意識のうちに信じているのだ。こうして、ブロックされたまま、「否定することを愛する」というネガティブな意志を無意識のうちにもつようになる。それが、「私が怒れば、辱められるだろう。だが、怒らなくても、辱められるだろう」という二重拘束の状態を生み出す。セラピーでこの問題を解決するためには、自己主張ができるようになって自由になり、霊的なつながりをオープンにする必要がある。

セラピーの過程で最初に遭遇する人格の層は仮面で、「君にやられる（傷つけられる）前に、自分で自分を殺す（自分自身を傷つける）」と言う。内的な風景を探るワークがある程度進むと、下位の自己が意識的になり、「私は君を軽蔑し怒らせるだろう」と言う。それが最終的にハイアーセルフを解き放ち、「私は自由だ」と言って、現状を打開する。

肉体的には重く、発達しすぎた筋肉で引き締まり、首とウエストが短くなっている。首や顎、喉、下に押し込まれた骨盤に強い緊張がある。お尻は冷たい。エネルギーが喉のあたりで詰まり、頭が前に突き出している。

精神力学的には、自制して泥沼にはまり込み、泣き言や不平を言ったり、感情を抑え込んで挑発的なことを言ったりする。そうした挑発が成功すれば、怒りを爆発させる口実が得られるだろう。本人は自分の挑発を意識しておらず、相手を喜ばせようとしていると思っている。

被虐型性格構造のエネルギーフィールド

主要なエネルギーは内面化されている。活動的ではないにもかかわらず内部で沸騰している。被虐型性格構造のフィールド（図表13－7）は限界まで膨らんでいる。エーテルボディは濃密で、厚く、粗く、青というよりもむしろ濁った灰色に近い色をしている。感情界ボディは、エーテルボディと同様に、膨らみ、多色で、かなり均等に配分されている。精神界ボディは大きく、下半身でさえ明るい。知性と感情は統合されている。天空界ボディは藤色、栗色、青などの色で、ボディの周囲全体が明るくなっている。卵形は十分に膨らんでいて、濃い金色をしている。底部の方がやや太りすぎており、卵形というよりは楕円形をなしている。その外縁はやや過剰な緊張と厚さで強調されている。

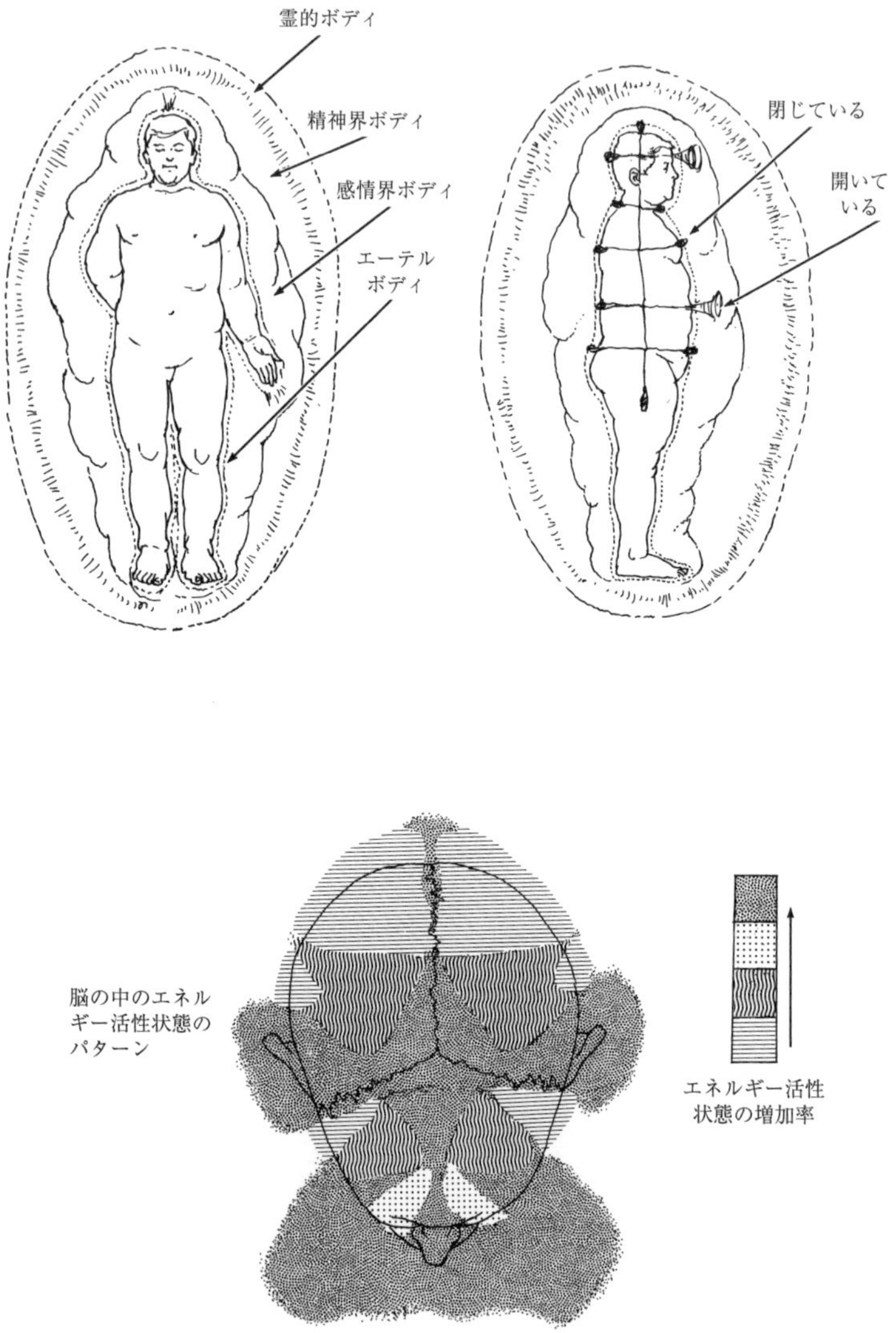

図表13－7　被虐型性格構造のオーラ
（診断上の見方）

コア・プロセスワークを始める前、被虐的人間の中で、普段開いているチャクラは、額と太陽神経叢である。場合によっては、背面の性のチャクラも一部開いていることがある。このように被虐的な人は、人格の精神的、感情的、意志の側面で機能している。脳のエネルギー活動パターンは、前頭葉、頭頂、脳室の領域での活動を示している。その一部は、あまり活発ではない領域に囲まれている後頭部の小さな中心領域まで広がっている。自虐的な人によって一般に採用されている防衛システムは、触手型、無言の物思い型、言葉の矢型である。

被虐型性格構造の人生の使命とハイアーセルフ

被虐的な人は、攻撃性を解放することで、自分自身を屈辱から解き放つ必要がある。いつでも好きなときに、自分好みの方法で、自分を積極的に表現する必要があるのだ。

被虐的な人の内面風景は、金銀の線条細工に似ている。創造力は、繊細で入り組んだデザインで表現されている。その一つ一つが個別の特徴と味わいをもっている。微妙な違いが大切なのだ。そのような人がこの高度に発達した創造性を表現するとき、世界は畏敬の念を抱くだろう。

被虐的な人のハイアーセルフのエネルギーは、他人への思いやりに満ちている。生まれながらの交渉人なのだ。大きなハートをもち、他人を助けることをいとわず、エネルギー的にも、理解力を示す点でも、与えるものをたくさんもっている。深い思いやりに満ちていると同時に、楽しむことや喜ぶことにいたって寛容である。創意に満ちた遊び心と軽やかさをもっており、天から授かったこうした才能をいかんなく発揮し、自分のしたいことには何にでも秀でているだろう。

硬直型性格構造

硬直型性格構造の人は、幼少期に、異性の親から拒絶される経験をしている。子どもはそれを愛の裏切りとして経験する。というのも、子どもにとって、性的快楽も性も愛もすべて同じものだからだ。この拒絶を埋め合わせるために、子どもは、拒絶にまつわるすべての感情、痛みや怒りはもちろん、よい気持ちも抑え込むことによって制御しようと心に決める。このような人にとって感情を明け渡すのは恐ろしいことである。抑え込んでいた感情のすべてを再び解放することを意味するからだ。したがって、自分の欲求に直接手を伸ばそうとはしないが、欲しいものを手に入れるために小細工する。プライドは愛の感情と結びついている。性的な欲求を伴う愛の拒絶はプライドを傷つけるのだ。

精神力学的には、硬直型性格構造の人は愚か者に見られないように、感情を隠し、行動を抑制する。世俗的な欲にふけり、とても野心的で、攻撃的な競争心をもっている。「自分は優れており、あらゆることを知っている」と当人は言う。だが、内面には、裏切られることに対する深い恐怖心がある。弱みを見せることは、何としてでも避けなければならない。傷つけられるのを恐れているのだ。

硬直型性格構造の人は誇りをもって頭を高くかかげ、背筋をまっすぐに伸ばしている。表向きには、高度に発達した制御能力をもち、物理的な現実に適応している。この強い自我の立場が、自制心を失うことを避けるための口実として用いられる。自我によって操作できない、人間の内部の不随意のプロセスを恐れているのだ。そのような人の内なる自己は、感情が勢いよく流出したり、流入したりしないよう壁で仕切られている。セックスをするときには、愛ではなく軽蔑を込めて行う。

感情を抑えることで本人が生み出すのは、より多くのプライドだけである。他者に愛や性的感情を要求するが、彼らと交流する段になると、誘惑するかのような修飾語を駆使して、深入りしないままでいようとする。それは、愛ではなく闘争を招く。プライドを傷つけられると、さらに闘争的になる。望むものが得られない悪循環に陥るのだ。

セラピー（もし間違いなく来るとしたら）で当人が口にする不満は、心を動かされるものがないということである。感情に身を委ねたいのだが、傷つくだけだと信じているのだ。そのため、「私は身を委ねない」という否定的な意図をもつようになる。硬直型の人は愛よりもセックスを選ぶが、それでは満足できない。それが「どちらを選んでも間違っている」という二重拘束を生み出す。身を委ねれば傷つくし、プライドを保とうとすると、感情を抑え込むことになる。セラピーでこの問題を解決するには、性的欲求とハートを結びつける必要がある。

セラピーの過程で、仮面は、「うん、だけど……」と言うだろう。少しして、下位の自己または影の自己が意識に現れ、「あなたを愛するつもりはない」と言うだろう。その後、ボディワークで感情が流れ始めると、ハイアーセルフが現れて、「私は愛に身を委ねます」と述べ、その状況を解決するだろう。

肉体は均整の取れたプロポーションをし、十分にエネルギーが充電され、統合されている。だが、二種類のブロックをもっている可能性がある。肉体につける鋼板のような金属板の鎧と、網目状のスーツのようなメッシュの鎧だ。骨盤は前傾し（反り）、冷たい。

硬直型性格構造のエネルギーフィールド

主なエネルギーはコア（核）から離れた周縁にある。硬直型性格構造の人（図表13－8）は極端に活動的で、バランスよくまとまっているという特徴をもっている。それは、肉体全体にほぼ均等に配分されている強く明るいオーラとして示されている。エーテルフィールドは強くて幅広く、均一で、青みがかった灰色をし、ほどほどの粗さがある。感情界ボディは落ち着いたバランスを示し、均等に配分されている。もしその人が感情を表に出すためのワークをしていなかったら、他のいくつかの性格構造のエネルギーフィールドほど色彩に富んでいないかもしれない。また背面の方が大きいかもしれない。背面では、すべてのチャクラが開いているからだ。精神界ボディは発達していて明るい。天空界ボディは、本人が無条件の愛や自分の霊性に広く心を開いていなければ、さほど明るくないかもしれない。コーザルあるいはケセリックテンプレートの卵形は、強くて回復力に富み、すごく形が綺麗で、明るい色――金色が強い金銀色――をしている。

プロセスワークを始める前に多分開いている硬直型性格構造のチャクラは、背面の意志のチャクラ、性のチャクラ、精神のチャクラである。つまり、硬直型性格構造の人は主に精神と意志によって生きているのだ。王冠と太陽神経叢のチャクラは開いているかもしれないし、開いていないかもしれない。プロセスワークを始め、自分の感情に心を開くと、前面の感情のチャクラが開き始める。

脳の活動パターンは、脳の両側面と中央の後ろの部分で活発であることを示している。当人が集中すると決めた生活の領域によるが、前頭葉も同じように活動的な場合もある。もしそれが知的な追求だったとしたら、この領域も同じように明るく、活動的になるだろう。そうでなければ、二番目に活動的な領域になるのが普通である。絵画や音楽、その他の芸術的な創作活動を追求していた場合には、側頭葉がより明るくなることに私は気づいた。人々が何かを追求する過程で成長し、見識が高められるようになると、脳の活動パターンが側頭葉、前頭葉、後頭葉での活動と調和するようになることがわかった。頭に直接、橋が形成され始め、上から見ると十字を形作る。霊性を発達させ、瞑想などによってさまざまな霊的体験をし始めると、脳の中心部での活動が増えることに気づいた。

硬直型性格構造の人がもっとも頻繁に用いるエネルギーの防衛システムは、権力／意志型、境界封じ

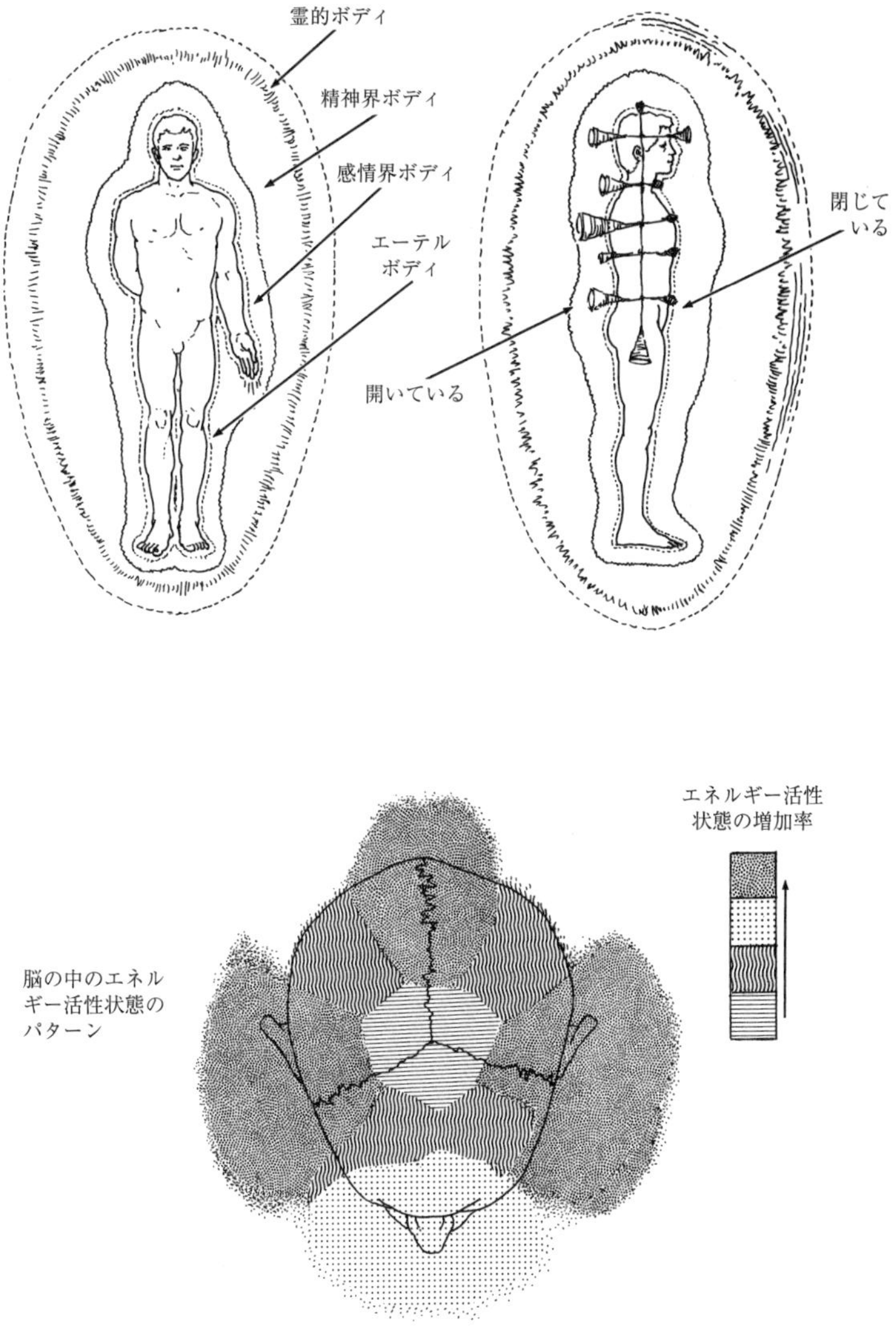

図表13－8　硬直型性格構造のオーラ
（診断上の見方）

込め型、そしてときにはヒステリー型である（図表12－3参照）。

硬直型性格構造の人の人生の使命とハイアーセルフ

硬直型性格構造の人は、感情のチャクラを開いて感情を流れさせ、他人に見られるようにする必要がある。どんな感情であれ、自分の感情を分かち合う必要があるのだ。それが、存在のコアへのエネルギーの流出入を可能にし、ハイアーセルフの独自性を解放する。

硬直型性格の人の内面風景は、冒険と情熱と愛に満ちている。登るべき山があり、擁護すべき原因があり、恋愛すべき恋人がいる。この性格の人は、イカロスのように太陽に向かって飛ぶだろう。モーゼのように、約束の地に人々を導くだろう。人生への愛と情熱で、他の人々を鼓舞するだろう。したがって、自分が望むほとんどの職業において、生まれついてのリーダーとなるだろう。このタイプの人は他人や宇宙と親密に交わることができるし、宇宙の中で遊び、人生をあますところなく楽しむことができるだろう。

ヒーリングを行うとき、患者の全体的な性格構造を心にとどめておくと、とても助けになる。ヒーラーとしてのあなたが、めいめいの患者に具体的にアプローチし、ヒーリングの効果を最大限にするのを助けてくれるからだ。それぞれの患者の境界線との関係に照らして、ヒーリングにアプローチするだけでも、とても役に立つ。分裂質性格構造の人は、自分の境界線を確認し、強化してもらう必要がある。自分の霊的な現実を追認してもらう必要もある。超感覚的知覚がこれを大いに助けてくれる。分裂質性格構造の人のオーラもエネルギーを充電してもらう必要があり、エネルギーを保存する方法を教えてもらわなければならない。エネルギー漏れは止めなければならないからだ。口唇期性格構造の人のオーラも、エネルギーを充電してもらう必要がある。チャクラを開かなければならないのだ。境界は強化する必要がある。チャクラを開くとどのように感じるか、教えてもらわなければならない。そうすれば、運動や瞑想を通して、チャクラを開いたままにしておく術《すべ》を学べるだろう。たくさん触れ合うことも必要である。精神病型性格構造の人は、自分のエネルギーフィールドの下半分を充電し、下位のチャクラを開き、意志よりもハートを通して生きることを学ぶ必要がある。この性格構造の人の性的な問題は、できるだけ優しく扱うことが重要である。第二チャクラは、よく理解し、受容的な態度で、注意深く対処しなければならない。ヒーラーは、下半身に触れるとき、細心の注意を払って慎重でなければならない。被虐的なエネルギーフィールドをもっている人は、自分が堰き止めているすべてのエネルギーを動かし、解放する方法を学ばなければならない。そのような人の境界は何よりも尊重されなければならない。決して許可なしで触ってはならない。自分自身で癒すことができるようになればなるほど、早くよくなっていくだろう。その人の癒しは常に創造性と関わっている。内部に隠されている創造性を引っ張り出し、表現させる必要があるのだ。硬直型性格構造の人のオーラは柔らかくする必要がある。ハートチャクラを開き、愛の感情やその他の感情とつながる必要があるのだ。オーラの第二層を活性化し、その活動を意識的なものにしなければならない。これはヒーラーによってゆっくりと行われ、一回につき短時間、感情を体験するものでなければならない。手を身体に当てることを通して、人格のより深いコアエネルギーに触れる必要がある。そのとき、ヒーラーが愛情をもって人格を受け入れることが大切である。

性格構造を超えて

めいめいの人が、精神力学的、肉体的、霊的に自分自身のワークを行えば、オーラが変化する。オーラはバランスの取れたものになり、チャクラはどんどん開いていく。否定的な信念体系の内部にある現実像や現実についての誤った観念が消え去り、エネルギーフィールド内に、淀みの少ないより多くの明るさやより高い波動を生み出す。フィールドは回復力を増し、流動的になる。エネルギー代謝システムの効率が高まるにつれ、創造性が増す。フィールドが拡大し、より深い変化が起こり始める。

多くの人々が、頭の中心に、金色がかった銀色の美しい光の点をもち始め、それがまばゆい光の球へと成長する。その人が成長するにつれ、この光の球は次第に大きくなり、身体を超えて広がっていく。それは、天空界ボディに光をもたらし、より明るい進化した器官へと成長させる種子のように見える。その器官が物質世界を超えた現実を感知し、相互作用し始める。この光の場所は、脳下垂体と松果体がある王冠のチャクラと第三の目のチャクラの根元部分にあるように見える。精神界ボディがより明るくなると、物理的な世界を超えた現実への感受性が高まる。人の生き方は、宇宙とのエネルギー交換と変容の自然な流れへと変化していく。私たちは、全体と完璧に統合された宇宙のかけがえのない一部として自分自身を見始める。私たちのエネルギーシステムは、環境からエネルギーを取り込み、それを分解して変容させ、再合成してより高い霊的な状態で、宇宙に送り出すエネルギー変容システムとみなされる。このように、私たちはそれぞれ生きている変容システムなのだ。私たちが変容させるエネルギーは意識をもっているので、私たちは意識を変容させているのだ。私たちは、真の意味で霊的な物質なのである。

性格構造と人生の使命

性格構造はそれぞれ失敗した変容システムの雛形である。まず、私たちはエネルギーを妨害する。すると、エネルギーは目詰まりを起こし、エネルギーシステムの内部で、停滞する。ネガティブな信念に従って生きることによって、そうなるのだ。実のところ、私たちは多くの時間、現実の外にいる。あるがままの宇宙ではなく、頭の中で考えた宇宙に反応し、生きているからだ。しかし、これは長くは機能しない。日々の生活に痛みを生み出すからである。遅かれ早かれ私たちは、何か間違ったことをしているというメッセージを聞く。その痛みを和らげるために、自分自身とエネルギーシステムを変える。システムの詰まりを取り除き、エネルギーを変容させるのだ。それを行うことで、私たちは自分の個人的な否定的信念を一掃するのを助けるだけでなく、周囲の人々にも肯定的な影響を与える。このようにして、私たちはエネルギーを変容させる。

ブロックを解放し始めると、自分の個人的な使命を果たすようになる。エネルギーが自由に流れるようになるので、ずっと人生でやりたいと思っていたことができるようになるのだ。私たちが幼少期からもっていた深い憧れ、その秘密の夢、それが当人の人生の使命である。あなたが人生で何よりもやりたいと思っていたことが、あなたの人生の課題なのだ。あなたはそのためにここにいるのだ。個人的なブロックを取り払うことで、あなたは自分のもっとも深い憧れを実現するための道を切り開く。あなたの憧れを道しるべにし、従ってみよう。きっとあなたを幸福にしてくれるだろう。

あなたは自分の人生の使命を果たすためのツールとして、自分の身体とエネルギーシステムを設計してきた。それは、あなたが転生することにもっとも適したエネルギーと意識の組み合わせからなっている。そのような組み合わせをもっている人は他にいないし、あなたがやりたいことをそっくりそのままやりたがる人も皆無である。あなたは唯一無二の存在だ。自分の使命を果たすために作り上げたエネルギーシステムの中で、エネルギーの流れを遮断するとき、あなたは自分の使命も遮断しているのだ。これらはすべての人々が行うブロッキングの一般的なパターンは、性格構造や防衛システムと呼ばれている。これらはすべて、社会レベルの使命としてあなたがやろうとしていることから、習慣的に自分自身を切り離す手段である。それらはまた、あなたがこの世に生まれてきて学ぼうとしている、人生について知らないことを直接表すものでもある。だから、あなたは自分の身体とエネルギーシステムに、自分のレッスンを結晶化させたのだ。あなたは、自分自身の考えに従って、自分の教室を築き、作り上げてきた。そして、その中に住んでいるのだ。

これから学ぶように、エネルギーの遮断は最終的に身体の不調を招く。逆に、これらの障害は、あなたの性格構造や、創造的なエネルギーを遮断する方法にまで遡ることができる。したがって、どんな病気であれ、それはあなたの人生の使命に直接関わっている。あなたの病気は、エネルギーシステムを通して、あなたのもっとも深い憧れに直接関わっているのだ。あなたが病気になるのは、もっとも深い憧れに従っていないからである。だから、いま一度尋ねたい。あなたが自分の人生で、何よりも一番やりたいと思っていることは何だろう？　あなたが自分自身を引き止めている方法を探り出してもらいたい。そして、それらの障害を取り除いてもらいたい。自分がやりたいことをやれば、きっと元気になるだろう。

自分の性格構造を見つけるためのエクササイズ

鏡で自分自身を観察してみよう。あなたの肉体はどんな性格構造のタイプに見えるだろう？　それぞれの表と性格構造について読んでもらいたい。それから、質問7から10に答えよう。

第13章の復習

1. 五つの主要な性格構造のそれぞれについて、一般的な生体エネルギーフィールドの形状を述べよ。
2. 主要な性格構造の最高の資質を述べよ。
3. オーラで見た場合、それぞれの性格構造で、脳のどの領域がもっとも活発だろうか？

考えるヒント

4. それぞれの性格構造の人生の使命は何か？
5. 性格構造は人生の使命にどのように関わっているか？
6. 病気は当人の人生の使命とどのように関わっているか？
7. あなたの性格／肉体を構成する各々の性格構造を、比率で表してみよう。たとえば、

50パーセント　分裂質
20パーセント　口唇期
15パーセント　精神病型
5パーセント　被虐型
10パーセント　硬直型

8. 図13－1を参考にして、列挙されている各項目について、あなたの性格的特徴を見つけよう。
9. 図13－2を参考にして、列挙されている各項目について、あなたの肉体的およびエネルギー的特徴を探してみよう。

10. 図13－3を参考にして、列挙されている各項目について、他人とどのように関係しているか、あなたの性格構造から探してみよう。

11. 前述の三項目の答えから推察して、あなたの個人的な人生の使命は何か、また社会に貢献する使命は何か？

12. もしあなたに身体的な不調があるなら、それらを質問11に関連づけてみよう。

13. では、あなたの患者一人一人に、7から12の質問をしてみよう。

（下巻へ続く）

This translation published by arrangement with Bantam Books, an imprint of Random House, a division of Penguin Random House LLC, through Japan UNI Agency, Inc., Tokyo.

www.barbarabrennan.com

光の手（上）

2021年10月20日　初版印刷
2021年10月30日　初版発行

著者　バーバラ・アン・ブレナン
訳者　菅 靖彦
装丁　永松大剛
発行者　小野寺優
発行所　株式会社河出書房新社
〒151-0051 東京都渋谷区千駄ヶ谷2-32-2
電話　03-3404-1201（営業）03-3404-8611（編集）
https://www.kawade.co.jp/
印刷　中央精版印刷株式会社
製本　大口製本印刷株式会社

Printed in Japan
ISBN978-4-309-30013-9
落丁本・乱丁本はお取り替えいたします。